工业和信息化精品系列教材

新能源汽车技术

U0688975

纯电动汽车
结构原理与故障诊断
微课版｜配套活页实训工单

袁红军 华奇｜主编

蔡龙 虞琳｜副主编

NEW
ENERGY AUTOMOBILE

人民邮电出版社

北 京

图书在版编目（CIP）数据

纯电动汽车结构原理与故障诊断 ：微课版 ：配套活页实训工单 / 袁红军，华奇主编. -- 北京 ：人民邮电出版社，2022.1
工业和信息化精品系列教材. 新能源汽车技术
ISBN 978-7-115-56694-2

Ⅰ．①纯… Ⅱ．①袁… ②华… Ⅲ．①电动汽车－结构－高等职业教育－教材②电动汽车－车辆修理－高等职业教育－教材 Ⅳ．①U469.72

中国版本图书馆CIP数据核字(2021)第116928号

内 容 提 要

　　本书全面系统地介绍了纯电动汽车结构原理与故障诊断技术，以纯电动汽车结构组成与故障诊断为主线，分五个项目，分别为纯电动汽车的基本认知与安全操作、纯电动汽车动力蓄电池系统的认知与故障诊断、纯电动汽车电驱动系统的认知与故障诊断、纯电动汽车整车控制器的认知与故障诊断、纯电动汽车充电系统的认知与故障诊断。每个项目都包括项目目标、项目导入、知识准备、项目实训和项目小结，并配有活页项目实训工单；活页项目实训工单主要包括实训参考题目、实训实际题目、实训目标、接受实训任务、实训任务准备、制订实训计划、实训计划实施、实训小组讨论、实训质量检查、理论考核试题等，便于学生学习和教师授课。其中，具体实训车型和故障类别由指导教师根据实际情况确定，灵活方便。

　　本书既有理论基础知识，又有实用的技能实训，操作性强，可作为高校新能源汽车技术专业教材，还可作为汽车培训企业参考书。

◆ 主　　编　袁红军　华　奇
　　副主编　蔡　龙　虞　琳
　　责任编辑　刘晓东
　　责任印制　王　郁　彭志环
◆ 人民邮电出版社出版发行　　北京市丰台区成寿寺路 11 号
　　邮编　100164　　电子邮件　315@ptpress.com.cn
　　网址　https://www.ptpress.com.cn
　　涿州市般润文化传播有限公司印刷
◆ 开本：787×1092　1/16
　　印张：13.75　　　　　　　　2022 年 1 月第 1 版
　　字数：320 千字　　　　　　2025 年 7 月河北第 3 次印刷

定价：59.80 元

读者服务热线：(010)81055256　印装质量热线：(010)81055316
反盗版热线：(010)81055315

党的二十大报告提出："推进新型工业化，加快建设制造强国"和"推动制造业高端化、智能化、绿色化发展"。当前我国已将新能源汽车与节能汽车、智能网联汽车并列作为我国汽车产业发展的重要战略方向。大力发展智能网联是深化供给侧结构性改革，推动新旧动能持续转换，建设制造强国、网络强国、交通强国的重要支撑，是培育经济发展新动能的重要引擎。

《新能源汽车产业发展规划（2021—2035 年）》《节能与新能源汽车技术路线图（2.0）》明确提出，到 2035 年，我国新能源汽车要占汽车总销量的 50%以上，其中纯电动汽车占新能源汽车的 95%以上，纯电动汽车已成为汽车的重要发展方向。

本书的内容主要是介绍纯电动汽车的结构原理与故障诊断，包括纯电动汽车的定义与特点、组成与工作原理、驱动形式、高压系统和高压安全操作；动力蓄电池的作用与要求、动力蓄电池的主要性能指标、动力蓄电池的结构类型与组合方式、锂离子蓄电池、蓄电池管理系统和动力蓄电池系统的故障诊断；驱动电机的类型与要求、驱动电机的主要性能指标、异步电机、永磁同步电机、电机控制器、变速器及电驱动系统、驱动电机系统的故障诊断；整车控制器的技术要求与功能、结构与原理、工作模式与实例和故障诊断；纯电动汽车对充电设备的要求与类型、车载充电机与非车载充电机、充电方法和充电方式及充电注意事项、充电系统故障诊断等。

五个项目实训工单分别是纯电动汽车高压系统的检测与维护、纯电动汽车动力蓄电池系统的故障诊断、纯电动汽车驱动电机系统的故障诊断、纯电动汽车整车控制器的故障诊断和纯电动汽车充电系统的故障诊断，项目实训工单不指定具体车型和具体故障，由指导教师根据实际情况选择实训车型和故障类别，增强了项目实训工单的灵活性和可操作性。项目实训工单既包括实训考核，也包括理论考核。通过考核，可以巩固学习效果，最终培养学生分析问题和解决问题的能力，以及纯电动汽车故障诊断与维修技能。

本书内容与市场销售的纯电动汽车紧密结合，如动力蓄电池只介绍了锂离子蓄电池，驱动电机介绍了异步电机和永磁同步电机，而对在纯电动汽车上基本不用的铅酸蓄电池、镍氢蓄电池和直流电机、开关磁阻电机等不再介绍。通过对本书的学习，读者既能掌握纯电动汽车所涉及的知识和技术，又能掌握纯电动汽车故障诊断技能，为从事纯电动汽车的相关工作奠定基础。

本课程的总课时约为 48 学时，各实训工单的参考课时见以下的课时分配表。

项目	项目内容	课时分配	
		讲授	实训工单
项目 1	纯电动汽车的基本认知与安全操作	4	4
项目 2	纯电动汽车动力蓄电池系统的认知与故障诊断	4	8
项目 3	纯电动汽车电驱动系统的认知与故障诊断	4	8

续表

项目	项目内容	课时分配	
		讲授	实训工单
项目 4	纯电动汽车整车控制器的认知与故障诊断	4	4
项目 5	纯电动汽车充电系统的认知与故障诊断	4	4
课时总计		20	28

　　本书由江苏信息职业技术学院袁红军、华奇任主编；江苏信息职业技术学院蔡龙、虞琳任副主编。

　　由于编者学识有限，书中不妥之处在所难免，恳盼读者给予指正。

编　者

2023 年 5 月

本书课程思政元素

本书课程思政元素从"格物、致知、诚意、正心、修身、齐家、治国、平天下"等中国传统文化角度着眼，再结合社会主义核心价值观"富强、民主、文明、和谐、自由、平等、公正、法治、爱国、敬业、诚信、友善"设计出课程思政的主题，然后紧紧围绕"价值塑造、能力培养、知识传授"三位一体的课程建设目标，在课程内容中寻找相关的落脚点，将正确的价值追求有效地传递给学生，以期培养学生的理想信念、价值取向、政治信仰、社会责任，全面提高大学生缘事析理、明辨是非的能力，把学生培养成为德才兼备、全面发展的人才。

每个课程思政元素的教学活动都包括内容导引、问题思考、展开研讨（思政内涵与升华）、思政落脚点等。在课程思政教学过程中，教师和学生共同参与其中，在课堂教学中教师可结合下表中的内容导引、问题思考和思政落脚点，引导学生展开研讨（思政内涵与升华）。

序号	页码	内容导引	问题思考	思政落脚点
1	2	纯电动汽车的定义	1.什么是新能源汽车？ 2.什么是纯电动汽车？	能源意识 环保意识 创新意识 可持续发展
2	3	纯电动汽车的特点	1.纯电动汽车有什么特点？ 2.给动力蓄电池充电的电力来源有哪些？	科学精神 科学素养 全球议题 国家竞争
3	4	纯电动汽车的组成与工作原理	1.纯电动汽车结构的组成是怎样的？ 2.纯电动汽车的工作原理是怎样的？	专业水准 专业能力 科技发展 基本国情
4	15	纯电动汽车的高压系统	1.纯电动汽车的电压等级是如何划分的？ 2.纯电动汽车的高压系统主要包括哪些系统或部件？	规范与道德 纪律 法律意识 安全意识
5	35	动力蓄电池的作用	1.动力蓄电池在纯电动汽车中有什么作用？ 2.铅酸蓄电池在纯电动汽车中有什么作用？	专业与社会 科技发展 适者生存 环保意识
6	36	动力蓄电池的要求	1.电动汽车对动力电池有哪些要求？ 2.选择电动汽车动力电池优先考虑哪些因素？	安全意识 行业发展 专业能力 科技发展

续表

序号	页码	内容导引	问题思考	思政落脚点
7	46	锂离子蓄电池	1.锂离子蓄电池有什么特点? 2.为什么目前电动汽车主要采样锂离子蓄电池作为动力电池?	科学精神 终身学习 专业与社会 科技发展
8	53	蓄电池管理系统	1.什么是蓄电池管理系统? 2.蓄电池管理系统主要有哪些功能?	团队合作 集体主义 专业水准 实战能力
9	61	动力蓄电池系统的故障诊断	1.动力蓄电池系统故障如何分级? 2.动力蓄电池系统常见故障有哪些?	专业能力 专业水准 爱岗敬业 工匠精神
10	70	驱动电机的类型	1.驱动电机有哪些类型? 2.为什么直流电机一般不作为电动汽车驱动电机?	专业水准 适者生存 工业化 现代化
11	71	驱动电机的要求	1.电动汽车对电机有哪些要求? 2.选择电动汽车电机优先考虑哪些因素?	努力学习 专业能力 专业与社会 专业与国家
12	73	异步电机	1.异步电机的结构是怎样的? 2.异步电机的工作原理是怎样的?	科学精神 职业精神 创新能力 爱岗敬业
13	78	永磁同步电机	1.永磁同步电机的工作原理是怎样的? 2.为什么我国电动汽车驱动电机是以永磁同步电机为主?	民族自豪感 热爱祖国 基本国情 产业报国
14	88	电机控制器	1.电机控制器有哪些功能? 2.电机控制器由哪几部分组成?	求真务实 科学精神 大国复兴 产业报国
15	108	驱动电机系统的故障诊断	1.驱动电机系统故障是如何分类的? 2.驱动电机系统的故障模式有哪些?	努力学习 自主学习 职业精神 全面发展
16	121	整车控制器的功能	1.整车控制器有哪些功能? 2.什么是制动能量回收?	节能意识 环保意识 社会责任 大局意识

序号	页码	内容导引	问题思考	思政落脚点
17	125	整车控制器的原理	1.整车控制器的控制原理是怎样的？ 2.整车控制器对动力蓄电池系统如何控制？	大局意识 核心意识 团队合作 沟通协作
18	139	纯电动汽车充电设备的要求	1.充电设备是否是制约电动汽车快速发展的重要因素之一？ 2.纯电动汽车对充电设备有哪些要求？	安全意识 专业能力 科技进步 行业发展
19	153	纯电动汽车的充电方式	1.电动汽车常用充电方式有哪些？ 2.比较电动汽车常用充电方式的优劣？	辩证思想 适应发展 安全意识 行业发展
20	153	纯电动汽车的充电方式	1.什么是无线充电方式？ 2.什么是移动充电方式？	科学精神 职业精神 创新意识 创新能力

注：教师版课程思政内容可以联系出版社索取。

项目 1　纯电动汽车的基本认知与安全操作 ··· 1

【项目目标】 ··· 1

【项目导入】 ··· 1

【知识准备】 ··· 2

　1.1　纯电动汽车的定义与特点 ·· 2

　　1.1.1　纯电动汽车的定义 ··· 2

　　1.1.2　纯电动汽车的特点 ··· 3

　1.2　纯电动汽车的组成与工作原理 ··· 4

　　1.2.1　纯电动汽车的组成 ··· 4

　　1.2.2　纯电动汽车的工作原理 ·· 11

　1.3　纯电动汽车的驱动形式 ··· 11

　　1.3.1　前轮驱动 ··· 12

　　1.3.2　后轮驱动 ··· 12

　　1.3.3　四轮驱动 ··· 14

　1.4　纯电动汽车的高压系统 ··· 15

　　1.4.1　纯电动汽车高压系统的组成 ·· 15

　　1.4.2　高压配电箱 ··· 18

　　1.4.3　电源变换器 ··· 21

　1.5　纯电动汽车的高压安全操作 ··· 24

　　1.5.1　安全防护用品和专用工具 ·· 24

　　1.5.2　安全防护要求和操作注意事项 ··· 28

　　1.5.3　高压电连接类维修保养要求 ·· 29

　　1.5.4　高压系统检测项目 ··· 30

【项目实训】 ··· 33

　　项目实训工单 1　纯电动汽车高压系统的检测与维护 ·· 33

【项目小结】 ··· 33

项目 2　纯电动汽车动力蓄电池系统的认知与故障诊断 ··· 34

【项目目标】 ··· 34

【项目导入】 ··· 34

【知识准备】 ………………………………………………………………………………… 35

2.1　动力蓄电池的作用与要求 ………………………………………………………… 35

　　2.1.1　动力蓄电池的作用 ………………………………………………………… 35

　　2.1.2　动力蓄电池的要求 ………………………………………………………… 36

2.2　动力蓄电池的主要性能指标 ……………………………………………………… 36

2.3　动力蓄电池的结构类型与组合方式 ……………………………………………… 41

　　2.3.1　动力蓄电池的结构类型 …………………………………………………… 41

　　2.3.2　动力蓄电池的组合方式 …………………………………………………… 43

2.4　锂离子蓄电池 ……………………………………………………………………… 46

　　2.4.1　锂离子蓄电池的类型 ……………………………………………………… 46

　　2.4.2　单体锂离子蓄电池的基本结构 …………………………………………… 50

　　2.4.3　锂离子蓄电池的工作原理 ………………………………………………… 51

　　2.4.4　锂离子蓄电池的应用实例 ………………………………………………… 52

2.5　蓄电池管理系统 …………………………………………………………………… 53

　　2.5.1　蓄电池管理系统的定义与组成 …………………………………………… 54

　　2.5.2　蓄电池管理系统的功能与工作模式 ……………………………………… 56

　　2.5.3　动力蓄电池的热管理与不一致性 ………………………………………… 57

2.6　动力蓄电池系统的故障诊断 ……………………………………………………… 61

　　2.6.1　动力蓄电池系统的故障分级 ……………………………………………… 61

　　2.6.2　动力蓄电池系统的常见故障 ……………………………………………… 61

　　2.6.3　动力蓄电池系统的故障诊断实例 ………………………………………… 63

【项目实训】 ………………………………………………………………………………… 68

　　项目实训工单 2　纯电动汽车动力蓄电池系统的故障诊断 ……………………… 68

【项目小结】 ………………………………………………………………………………… 68

项目 3　纯电动汽车电驱动系统的认知与故障诊断 ………………………………… 69

【项目目标】 ………………………………………………………………………………… 69

【项目导入】 ………………………………………………………………………………… 69

【知识准备】 ………………………………………………………………………………… 70

3.1　驱动电机的类型与要求 …………………………………………………………… 70

　　3.1.1　驱动电机的类型 …………………………………………………………… 70

　　3.1.2　驱动电机的要求 …………………………………………………………… 71

3.2　驱动电机的主要性能指标 ………………………………………………………… 72

3.3　异步电机 …………………………………………………………………………… 73

　　3.3.1　异步电机的结构 …………………………………………………………… 73

　　3.3.2　异步电机的工作原理 ……………………………………………………… 75

3.4 永磁同步电机 78

　3.4.1 永磁同步电机的类型 78

　3.4.2 永磁同步电机的结构 80

　3.4.3 永磁同步电机的工作原理 88

3.5 电机控制器 88

　3.5.1 电机控制器的功能 89

　3.5.2 电机控制器的组成 91

　3.5.3 电机控制器的工作原理 91

3.6 变速器及电驱动系统 95

　3.6.1 单挡变速器 95

　3.6.2 两挡变速器 102

　3.6.3 电驱动系统 106

3.7 驱动电机系统的故障诊断 108

　3.7.1 驱动电机系统的故障分类 108

　3.7.2 驱动电机系统的故障模式 108

　3.7.3 驱动电机系统故障分类举例 110

　3.7.4 驱动电机的故障诊断 113

　3.7.5 电机控制器的故障诊断 115

　3.7.6 驱动电机故障诊断实例 115

【项目实训】 119

　项目实训工单3　纯电动汽车驱动电机系统的故障诊断 119

【项目小结】 119

项目4　纯电动汽车整车控制器的认知与故障诊断 120

【项目目标】 120

【项目导入】 120

【知识准备】 121

4.1 整车控制器的技术要求与功能 121

　4.1.1 整车控制器的技术要求 121

　4.1.2 整车控制器的功能 121

4.2 整车控制器的结构与原理 123

　4.2.1 整车控制器的结构 123

　4.2.2 整车控制器的原理 125

4.3 整车控制器工作模式与实例 127

　4.3.1 整车控制器工作模式 127

　4.3.2 整车控制器实例 130

4.4 整车控制器的故障诊断 132

4.4.1 整车控制系统的故障分级 132

4.4.2 整车控制器的常见故障 133

【项目实训】.. 137

项目实训工单 4 纯电动汽车整车控制器的故障诊断 137

【项目小结】.. 137

项目 5 纯电动汽车充电系统的认知与故障诊断 138

【项目目标】.. 138

【项目导入】.. 138

【知识准备】.. 139

5.1 纯电动汽车充电设备的要求与类型 139

5.1.1 纯电动汽车充电设备的要求 139

5.1.2 纯电动汽车充电设备的类型 139

5.2 车载充电机与非车载充电机 143

5.2.1 车载充电机 143

5.2.2 非车载充电机 147

5.3 纯电动汽车的充电方法和充电方式及充电注意事项 152

5.3.1 纯电动汽车的充电方法 152

5.3.2 纯电动汽车的充电方式 153

5.3.3 纯电动汽车的充电注意事项 158

5.4 纯电动汽车充电系统故障诊断 159

5.4.1 纯电动汽车充电系统故障分类 159

5.4.2 纯电动汽车充电系统常见故障 160

【项目实训】.. 161

项目实训工单 5 纯电动汽车充电系统的故障诊断 161

【项目小结】.. 162

参考文献 163

项目 1
纯电动汽车的基本认知与安全操作

【项目目标】

完成本项目，学生应该达到以下目标。

知识目标

（1）掌握纯电动汽车的定义与特点。

（2）掌握纯电动汽车的组成与工作原理。

（3）了解纯电动汽车的驱动形式。

（4）掌握纯电动汽车高压系统的组成。

（5）掌握纯电动汽车的高压安全操作。

技能目标

（1）能够在纯电动汽车上识别出高压部件。

（2）能够对纯电动汽车高压系统进行检测与维护。

素质目标

（1）培养敬业精神和服务意识。

（2）培养沟通、协调、合作的能力，逐步形成良好的心理素质。

【项目导入】

我们目前在大街上会经常看到挂有绿色车牌的纯电动汽车在行驶，纯电动汽车已经走进了人们的生活。图 1-1 所示为比亚迪宋纯电动汽车。究竟什么是纯电动汽车？纯电动汽车的结构和原理与传统燃油汽车有什么不同？纯电动汽车高压系统包括哪些主要部件？如何对纯电动汽车高压系统进行检测与维护？本项目将带领大家学习纯电动汽车的基本知识和高压系统检测技能。

图 1-1 比亚迪宋纯电动汽车

【知识准备】

1.1　纯电动汽车的定义与特点

纯电动汽车是一种绿色环保的交通运输工具，也是汽车智能化和网联化的最佳载体，是我国汽车转型的重点发展方向。到 2035 年，我国新能源汽车要占汽车总销量的 50%以上，其中纯电动汽车占新能源汽车的 95%以上。

纯电动汽车的定义与特点

1.1.1　纯电动汽车的定义

纯电动汽车是新能源汽车最重要的车型。新能源汽车是指采用非常规的车用燃料作为动力来源，或使用常规的车用燃料，采用新型车载动力装置，综合车辆的动力控制和驱动方面的先进技术，形成的具有新技术、新结构的汽车。目前市场上众多的低速纯电动汽车和场地电动车还不属于新能源汽车。新能源汽车主要包括纯电动汽车、混合动力电动汽车和燃料电池电动汽车，其中混合动力电动汽车又分为插电式混合动力电动汽车和非插电式混合动力电动汽车。我国把非插电式混合动力电动汽车划分到节能汽车系列中。

在我国，新能源汽车主要是指纯电动汽车、插电式混合动力电动汽车和燃料电池电动汽车。新能源汽车的技术体系是"三纵三横"式的，如图 1-2 所示。"三纵"是指纯电动汽车、插电式混合动力（含增程式）纯电动汽车和燃料电池纯电动汽车，布局整车技术创新链；"三横"是指动力电池与管理系统、驱动电机与电力电子技术、网联化与智能化技术，构建关键零部件技术供给体系。其中，网联化与智能化技术表示新能源汽车要向智能网联汽车方向发展。

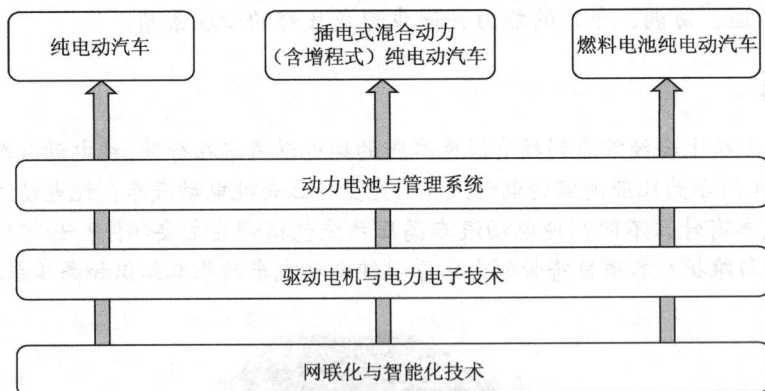

图 1-2　新能源汽车的技术体系

纯电动汽车没有发动机和燃油箱，动力输出装置和能源类别与燃油汽车相比发生了巨大变化，用驱动电机取代了发动机，用动力蓄电池取代了化石能源燃料。

纯电动汽车是指驱动能量完全由动力车载电源提供、由驱动电机驱动、符合《中华人民共和国道路交通安全法》规定的汽车，如图 1-3 所示。本书介绍的纯电动汽车主要是指已在工业和信息化部备案、能够挂牌上路行驶的纯电动汽车。

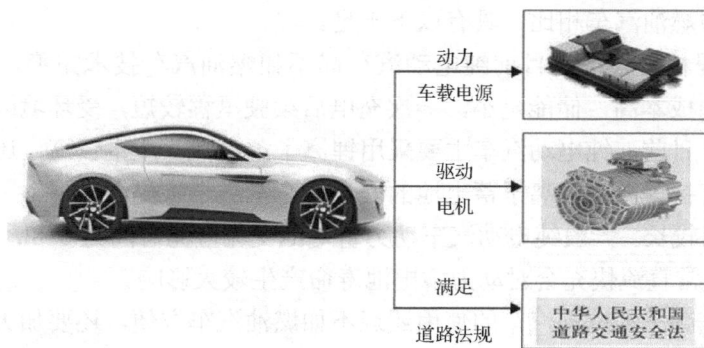

图 1-3 纯电动汽车的定义

图1-4所示为蔚来 ES6 纯电动汽车，驱动形式为四轮驱动，外形尺寸为 4850mm×1965mm×1731mm，轴距为 2900mm；风阻系数为 0.28；前电机采用永磁同步电机，后电机采用交流异步电机；前电机峰值功率为160kW，后电机峰值功率为240kW，总峰值功率为400kW；总峰值转矩为725N·m；动力蓄电池为三元锂蓄电池，电池能量为70kW·h；最高车速为200km/h，0~100km/h 加速时间为 4.7s；新欧洲驾驶周期（New European Driving Cycle，NEDC）综合工况续驶里程为430km；直流（Direct Current，DC）快充时间为 0.8h（0~80%），交流（Alternating Current，AC）慢充时间为 8h（0~80%）。

| （a）外形图 | （b）底盘图 |

图 1-4 蔚来 ES6 纯电动汽车

1.1.2 纯电动汽车的特点

纯电动汽车与燃油汽车相比，具有以下优点。

（1）零污染。纯电动汽车使用电能，在行驶中无废气排出，不污染环境。

（2）能源效率高。纯电动汽车的能源效率已超过燃油汽车，特别是在城市中运行，汽车走走停停，行驶速度不高，纯电动汽车更加适宜城市道路。纯电动汽车停止时不消耗电量，在制动过程中，驱动电机可自动转化为发电机，实现在制动减速时回收能量。

（3）结构简单。纯电动汽车因使用单一的电能源，省去了发动机、离合器、多挡变速器、油箱、冷却和排气系统等，所以结构较简单。

（4）噪声低。纯电动汽车无发动机产生的噪声，驱动电机噪声也较发动机小。

（5）节约能源。纯电动汽车的应用可有效地减少对石油资源的依赖。向动力蓄电池充电的电力可以由水力、核能、太阳能、风力、潮汐等新能源转化。除此之外，如果在夜间向动力蓄电池充电，还可以避开用电高峰，有利于电网均衡负荷，减少费用。

纯电动汽车与燃油汽车相比，具有以下不足。

（1）续驶里程相对较短。目前纯电动汽车尚不如燃油汽车技术完善，尤其是动力蓄电池，寿命短，使用成本高，储能量小，一次充电后续驶里程较短，受环境因素影响较大。

（2）成本高。目前，纯电动汽车主要采用锂离子蓄电池，成本较高，还需要国家补贴。

（3）安全性有待提高。锂离子蓄电池的安全性有待进一步提高。

（4）充电时间较长。一般纯电动汽车动力蓄电池交流慢充时间为 6~8h，直流快充时间为 30min 左右，但经常直流快充会对动力蓄电池寿命产生较大影响。

（5）配套不完善。纯电动汽车的使用还远不如燃油汽车方便，还要加大配套基础设施的建设力度。

随着纯电动汽车技术的突破，特别是动力蓄电池容量和循环寿命的提高，以及价格的降低和基础设施的配套完善，纯电动汽车的推广使用一定会得到大的发展。

值得注意的是，纯电动汽车的电能主要来自于电网，随着纯电动汽车保有量的增加，用电量也会随之增加。如果电网的电都是来自于煤炭发电的，就会增加煤炭发电产生的污染。另外，动力蓄电池废弃以后，也要合理利用，不能造成二次污染。总之，纯电动汽车的使用，在整个循环产业链上都应该是清洁的。

1.2 纯电动汽车的组成与工作原理

传统燃油汽车主要由发动机、底盘、车身和电气四大部分组成；纯电动汽车用驱动电机代替传统燃油汽车的发动机，使用电机控制器将电能转换成机械能来驱动汽车行驶。而且，二者的底盘结构也有差别。

1.2.1 纯电动汽车的组成

纯电动汽车主要由动力蓄电池系统、电驱动系统、整车控制器（Vehicle Control Unit，VCU）、充电系统和辅助系统等组成，如图 1-5 所示。

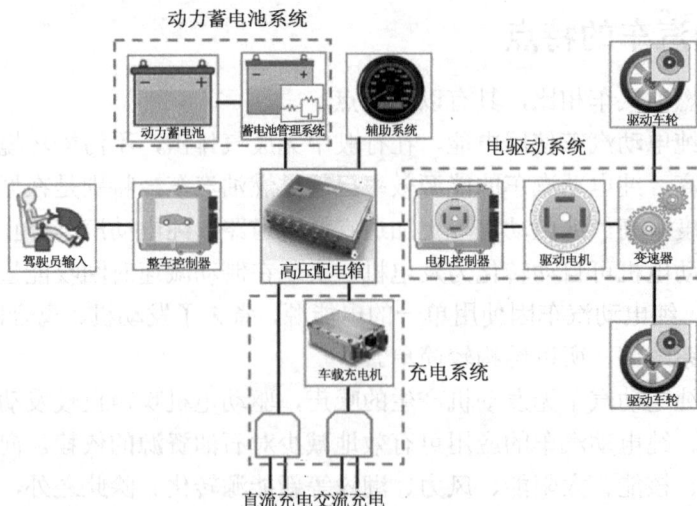

纯电动汽车的组成

图 1-5 纯电动汽车的组成

1. 动力蓄电池系统

动力蓄电池系统主要包括动力蓄电池和蓄电池管理系统（Battery Management System，BMS）等，其功用是向驱动电机提供电能、监测动力蓄电池使用情况，以及控制充电设备向动力蓄电池充电。

（1）动力蓄电池。动力蓄电池是纯电动汽车的能量存储装置，是纯电动汽车的能量来源。动力蓄电池主要包括铅酸蓄电池、金属氢化物镍蓄电池、锂离子蓄电池等。目前纯电动汽车采用的动力蓄电池以锂离子蓄电池为主，特别是三元锂电池和磷酸铁锂电池。未来将向新体系电池方向发展。

动力蓄电池一般安装在纯电动汽车底部，图 1-6 所示为蔚来 ES8 纯电动汽车的动力蓄电池。该动力蓄电池采用三元锂电池，蓄电池能量为 100kW·h，总质量为 555kg；NEDC 综合工况续驶里程为 580km。

（2）蓄电池管理系统。蓄电池管理系统实时监控动力蓄电池的使用情况，对动力蓄电池的电压、内阻、温度、电解液浓度、当前蓄电池剩余电量、放电时间、放电电流或放电深度等状态参数进行检测，并按动力蓄电池对环境温度的要求进行调温控

图 1-6　蔚来 ES8 纯电动汽车的动力蓄电池

制，通过限流控制避免动力蓄电池过充或放电，对有关参数进行显示和报警，其信号流向辅助系统的车载信息显示系统，以便驾驶员随时掌握并配合其操作，按需要及时对动力蓄电池充电并进行维护保养。蓄电池管理系统的结构与功能各不相同，应与动力蓄电池和整车行驶需求相匹配。

纯电动汽车在行驶过程中，随着动力蓄电池电量的消耗，荷电状态（State of Charge，SOC）表上指针指示的数值会逐渐减小。当 SOC 减小到设定的阈值（如 30%SOC）以下时，SOC 表上的电量不足指示灯会点亮，提示驾驶员尽快对车辆进行充电。

图 1-7 所示为某纯电动汽车的动力蓄电池箱爆炸图，可以看到动力蓄电池箱中的动力蓄电池及其蓄电池管理系统。

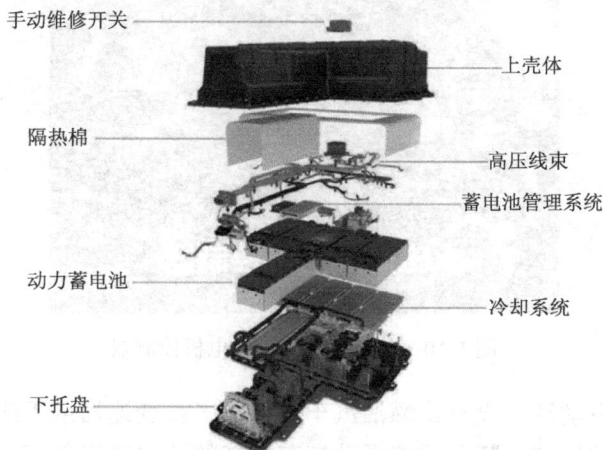

图 1-7　某纯电动汽车的动力蓄电池箱爆炸图

纯电动汽车的动力蓄电池系统都安装有手动维修开关，如图 1-8 所示。维护和检修车辆时，需先将手动维修开关拔下，断开高压电路，以防止人员接触车辆时造成电击伤害。

2. 电驱动系统

电驱动系统主要包括驱动电机、电机控制器和变速器，其功用是向驱动车轮提供转矩，是纯电动汽车唯一的驱动装置。

（1）驱动电机。驱动电机在纯电动汽车中被要求承担着电动和发电的双重功能，即在正常行驶时发挥其主要的电动机功能，将电能转化为机械旋转能；而在减速和下坡滑行时又进行发电，承担发电机功能，将车轮的惯性动能转换为电能充入动力蓄电池中。驱动电机主要有直流电机、异步电机、永磁同步电机和开关磁阻电机。目前纯电动汽车采用的驱动电机以永磁同步电机和异步电机为主。

图 1-9 所示为某纯电动汽车使用的驱动电机。

图 1-8 手动维修开关

图 1-9 某纯电动汽车使用的驱动电机

（2）电机控制器。电机控制器按整车控制器的指令和纯电动汽车的行驶需求，对驱动电机的转速、转矩和旋转方向进行控制。

图 1-10 所示为某纯电动汽车的电机控制器。

图 1-10 某纯电动汽车的电机控制器

（3）变速器。纯电动汽车没有像燃油汽车那样的多挡变速器或无级变速器，常使用驱动电机匹配单级变速器的架构，随着对纯电动汽车性能的要求越来越高，出现了驱动电机匹配两挡变速器的架构。单级变速器也称为单挡固定齿比变速器，简称单挡变速器。

图 1-11 所示为单挡变速器。

图 1-11　单挡变速器

为了提高效率，减小布置空间，驱动电机、电机控制器和变速器集成为一体成为电驱动系统。

图 1-12 所示为某三合一电驱动系统。该系统峰值功率为 142kW，峰值转矩为 340N·m，峰值转速为 11000r/min，搭载该电驱动系统的纯电动汽车，0~100km/h 加速时间为 7.6s，最大爬坡度可达 40%。纯电动汽车采用三合一电驱动系统，可使底盘结构大大简化，留出更多空间，用于安装电源系统。

图 1-12　某三合一电驱动系统

3. 整车控制器

整车控制器是纯电动汽车的中枢，它根据驾驶员输入的加速踏板和制动踏板的信号，向电机控制器发出相应的控制指令，对驱动电机进行启动、加速、减速、制动控制。在纯电动汽车减速和下坡滑行时，整车控制器配合动力蓄电池系统的蓄电池管理系统进行发电回馈，使动力蓄电池反向充电。整车控制器还对动力蓄电池充放电过程进行控制。对于与汽车行驶状况有关的速度、功率、电压、电流及有关故障诊断等信息还需传输到车载信息显示系统进行相应的数字或模拟显示。

图 1-13 所示为某纯电动汽车整车控制器。

图 1-13　某纯电动汽车整车控制器

4. 充电系统

充电系统主要包括车载充电机、充电接口和地面充电设备等，主要功能是为纯电动汽车动力蓄电池充电。

（1）车载充电机

车载充电机把电网供电制式转换为满足动力蓄电池充电要求的制式，即把交流电转换为相应电压的直流电，并按要求控制充电电流，为动力蓄电池充电。车载充电机的发展趋势之一是双向，既能向纯电动汽车动力蓄电池充电，又可以把多余的电反馈给电网。

图 1-14 所示为某企业生产的 6.6kW 车载充电机，外形尺寸为 286mm×280mm×94mm，质量为 6kg，输入电压为 85～264V，输出电压为 108V/144V/336V/384V（可定制）。

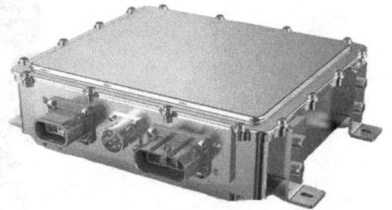

图 1-14　某企业生产的 6.6kW 车载充电机

（2）充电接口

纯电动汽车一般有两个充电接口，一个是直流充电接口，用于动力蓄电池的快充；一个是交流充电接口，用于动力蓄电池的慢充。

图 1-15 所示为某纯电动汽车的充电接口。

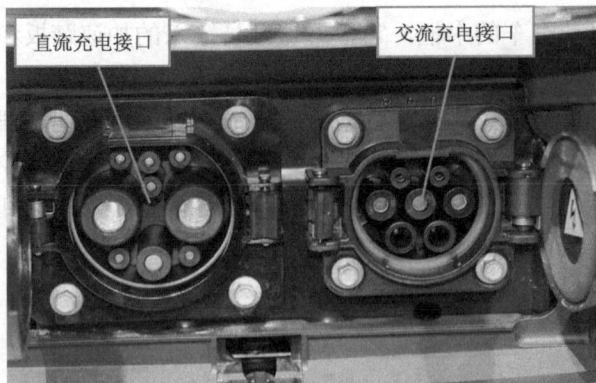

图 1-15　某纯电动汽车的充电接口

（3）地面充电设备

地面充电设备是指给纯电动汽车充电的各种设施，主要包括直流充电站、交流充电桩等。图1-16所示为交流充电桩。

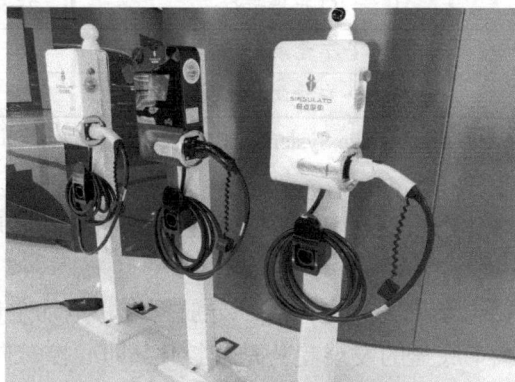

图1-16 交流充电桩

5. 辅助系统

辅助系统包括车载信息显示系统和辅助电气设备等。

（1）车载信息显示系统

目前纯电动汽车的车载信息显示系统以汽车仪表为主，如图1-17所示，其具体含义见表1-1。

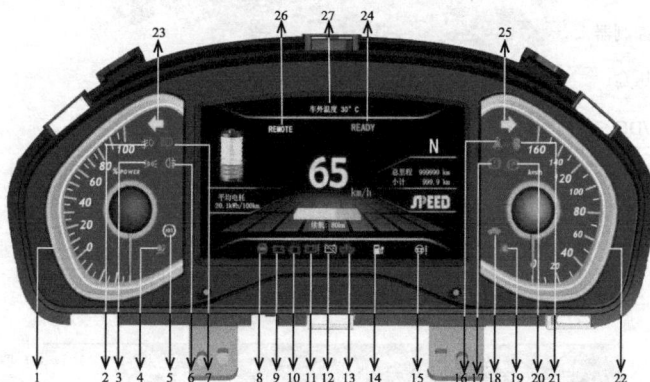

图1-17 纯电动汽车的车载信息显示系统

表1-1 车载信息显示系统的具体含义

序号	名称	序号	名称	序号	名称
1	驱动电机功率表	6	后雾灯	11	动力蓄电池故障指示灯
2	前雾灯	7	远光灯	12	动力蓄电池断开指示灯
3	示廓灯	8	跛行指示灯	13	系统故障灯
4	安全气囊指示灯	9	蓄电池故障指示灯	14	充电提醒灯
5	ABS指示灯	10	驱动电机及控制器过热指示灯	15	EPS故障指示灯

序号	名称	序号	名称	序号	名称
16	安全带未系指示灯	20	手刹指示灯	24	READY 指示灯
17	制动故障指示灯	21	门开指示灯	25	右转向指示灯
18	防盗指示灯	22	车速表	26	REMOTE 指示灯
19	充电线连接指示灯	23	左转向指示灯	27	室外温度提示

注：ABS 表示制动防抱死系统（Anti Lock Brake System）；EPS 表示电动助力转向系统（Electric Power Steering System）

随着汽车智能化、网络化的发展，车载信息显示系统将向智能座舱发展。

（2）辅助电气设备

辅助电气设备主要包括电动助力转向系统、导航系统、电动空调系统、照明系统等。随着自动驾驶级别的提高，汽车底盘的发展趋势是线控化，即线控转向、线控制动和线控驱动。汽车辅助用电气设备会越来越多。

图 1-18 所示为某纯电动汽车结构图。

（a）透视图

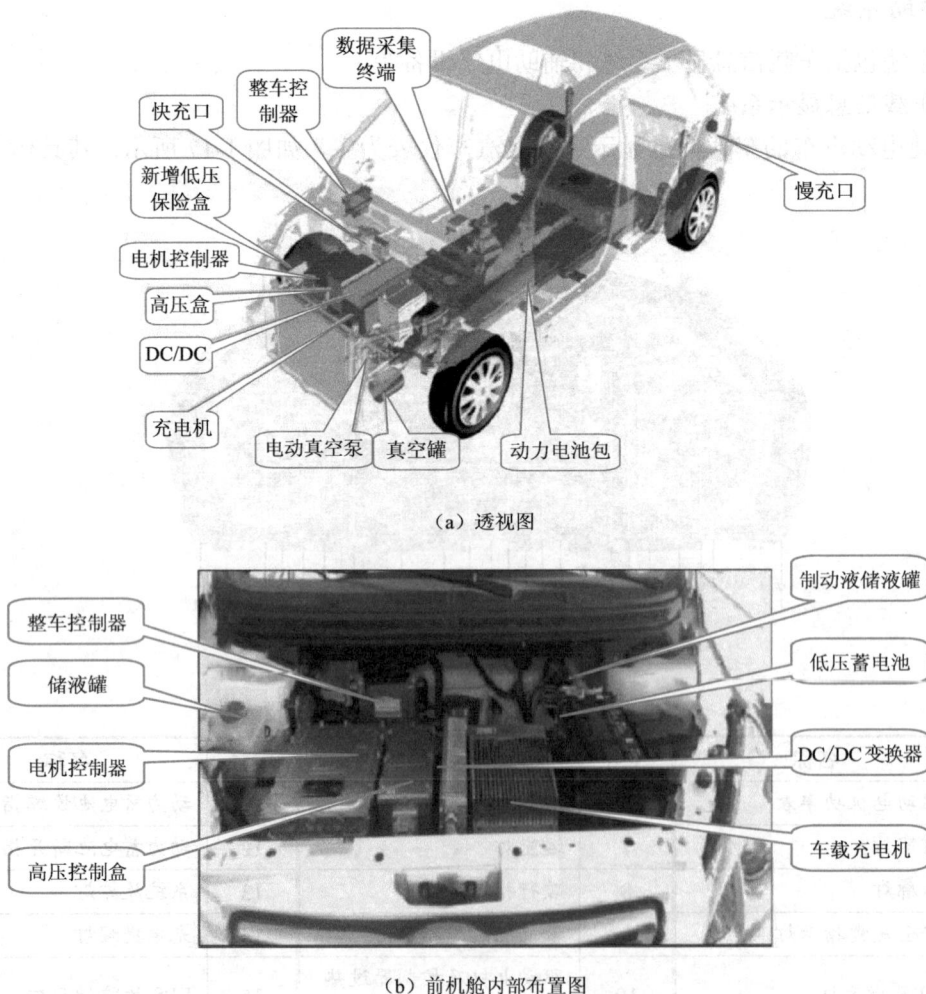

（b）前机舱内部布置图

图 1-18　某纯电动汽车结构图

1.2.2　纯电动汽车的工作原理

图 1-19 所示为纯电动汽车的工作原理。纯电动汽车的电能由动力蓄电池提供，并通过电网对动力蓄电池进行电能补充。纯电动汽车工作时，驾驶员通过加速踏板和制动踏板控制其行程，传感器将加速踏板、制动踏板机械位移的行程量转换为电信号，输入整车控制器，经处理后向电机控制器发出驱动信号，对驱动电机进行启动、加速、减速、制动控制等。当纯电动汽车行驶时，动力蓄电池输出的直流电经直流/直流（Direct Current/Direct Current，DC/DC）变换器、电机控制器变为交流电后输送给驱动电机，驱动电机将电能高效地转化为驱动车轮的动能，使车轮转动。当汽车制动减速或下坡滑行时，车轮带动驱动电机转动，通过电机控制器使驱动电机成为交流发电机产生电流，再将交流电变为直流电向动力蓄电池充电，进行制动能量回收。

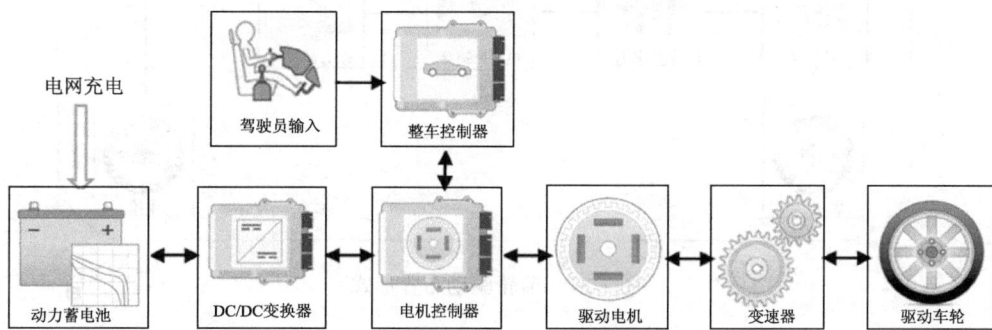

图 1-19　纯电动汽车的工作原理

纯电动汽车功能示意图如图 1-20 所示，它具有怠速停机、纯电驱动、回收制动能量和停车充电等功能。

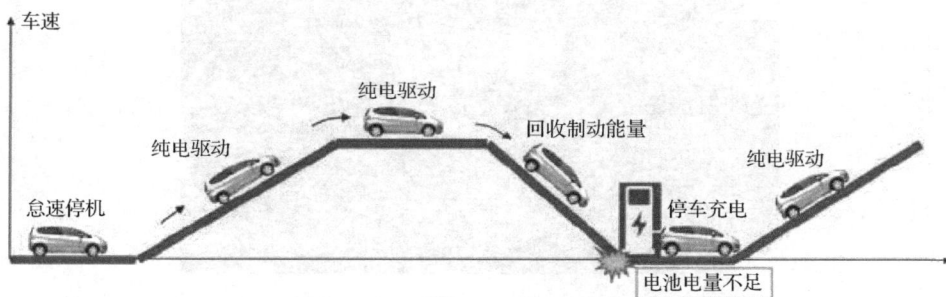

图 1-20　纯电动汽车功能示意图

1.3　纯电动汽车的驱动形式

纯电动汽车的驱动形式主要有前轮驱动、后轮驱动和四轮驱动。

1.3.1 前轮驱动

前轮驱动布置形式如图 1-21 所示。前轮驱动纯电动汽车结构紧凑，有利于其他总成的安排，在转向和加速时行驶稳定性较好。前轮驱动兼转向，结构复杂，上坡时前轮附着力减小，易打滑。前轮驱动适合中级及中级以下的电动轿车。市场上的纯电动乘用车以前轮驱动布置形式为主。

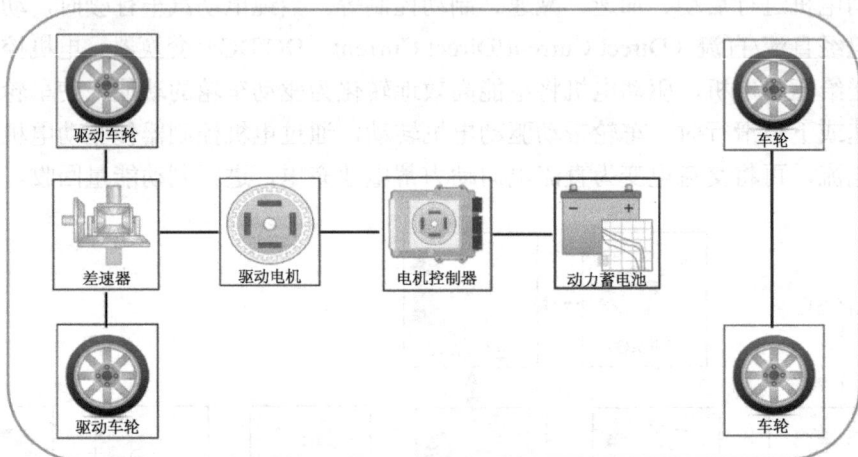

纯电动汽车的驱动形式

图 1-21　前轮驱动布置形式

图 1-22 所示为北汽 EU5 前驱纯电动汽车，电驱动系统由一台永磁同步电机和一个单挡变速器组成，电机的峰值功率为 160kW，峰值转矩为 300N·m。

图 1-22　北汽 EU5 前驱纯电动汽车

1.3.2 后轮驱动

后轮驱动布置形式如图 1-23 所示。其优点是前后负荷均匀，操控性好。

纯电动商用车一般采用后轮驱动形式，图 1-24 所示为纯电动货车后轮驱动系统，驱动电机安装在驱动桥主变速器的位置。该驱动电机的峰值功率为 180kW，峰值转矩为 1500N·m；减速比为 5，整车输出转矩为 7500N·m。

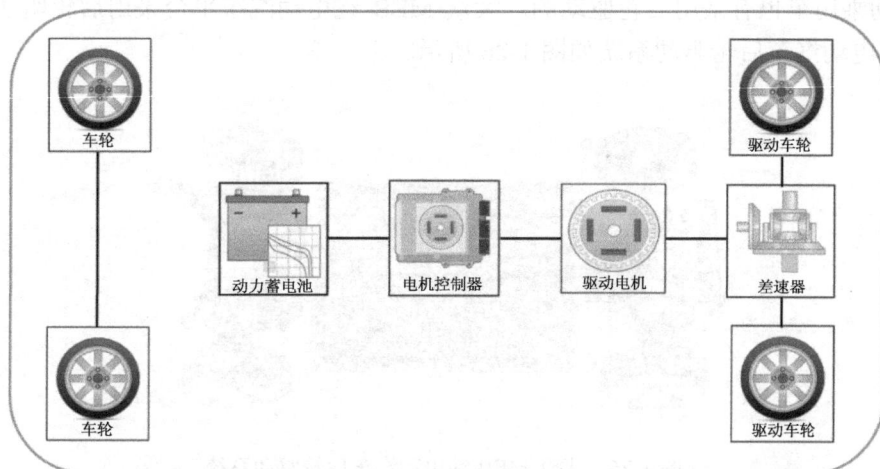

图 1-23　后轮驱动布置形式

图 1-24　纯电动货车后轮驱动系统

后轮驱动纯电动载货汽车，一般使用专用纯电动汽车驱动桥。纯电动汽车后轮驱动桥有各种形式，如图 1-25 所示。

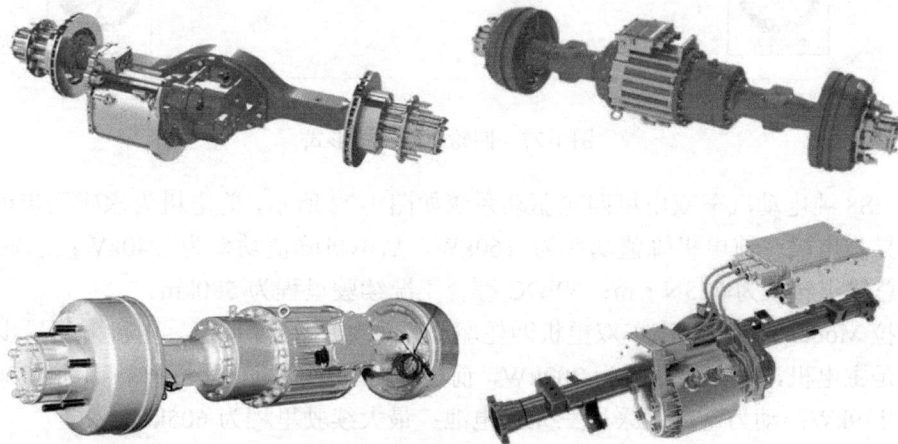

图 1-25　各种形式的纯电动汽车后轮驱动桥

纯电动乘用车也有采用后轮驱动的。大众 MEB 纯电动汽车平台采用后轮驱动形式，大众 MEB 纯电动汽车后轮驱动系统如图 1-26 所示。

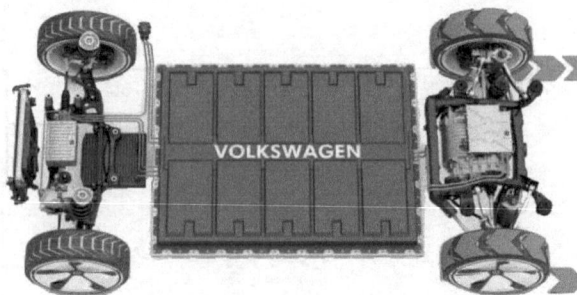

图 1-26　大众 MEB 纯电动汽车后轮驱动系统

1.3.3　四轮驱动

四轮驱动布置形式如图 1-27 所示。四轮驱动适合要求动力性强的电动跑车或城市 SUV，与四轮驱动内燃机汽车相比，四轮驱动纯电动汽车能够取消部分传动零件，提高空间的利用率和动力的传递效率。

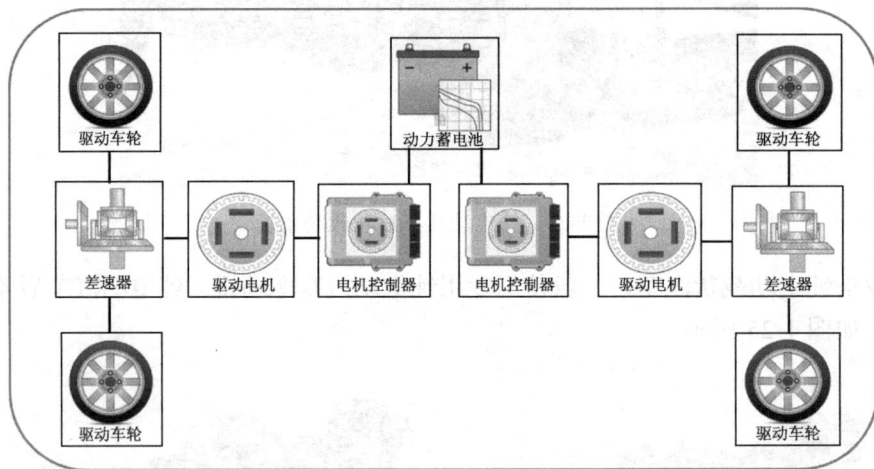

图 1-27　四轮驱动布置形式

蔚来 ES8 纯电动汽车双电机四轮驱动系统如图 1-28 所示，前电机为永磁同步电机，后电机为交流异步电机；前电机峰值功率为 160kW，后电机峰值功率为 240kW；总输出功率为 400kW，总输出转矩为 725N·m；NEDC 综合工况续驶里程为 580km。

特斯拉 Model 3 纯电动汽车双电机四轮驱动系统如图 1-29 所示。电机采用异步电机，其中后电机是主电机，其峰值功率为 202kW，前电机是辅助电机，其峰值功率为 137kW，总输出功率为 339kW；动力蓄电池采用三元锂电池；最大续驶里程为 605km。

图 1-28　蔚来 ES8 纯电动汽车双电机四轮驱动系统

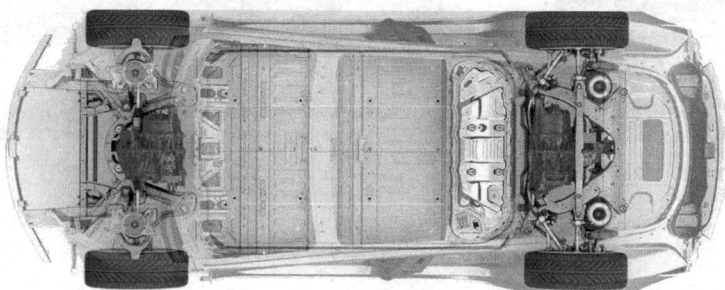

图 1-29　特斯拉 Model 3 纯电动汽车双电机四轮驱动系统

1.4　纯电动汽车的高压系统

纯电动汽车电压系统分为低压系统和高压系统。低压系统是指由 12V 低压蓄电池供电的零部件系统。纯电动汽车低压系统一般采用直流 12V 或 24V 电源，一方面为灯光、仪表、车身附件等常规低压电器供电，另一方面为整车控制器、高压电气设备的控制电路和辅助部件供电。纯电动汽车的高压系统主要负责车辆的启动、行驶、充放电、空调动力等，并随时检测整个高压系统的绝缘故障、断路故障、接地故障和高压故障等，确保整车设备和人员安全。

1.4.1　纯电动汽车高压系统的组成

根据纯电动汽车的最大工作电压，将电气元件或电路分为两个等级，见表 1-2。

表 1-2　电压等级

电压等级	最大工作电压/V	
	直流	交流
A	$0 < U \leqslant 60$	$0 < U \leqslant 30$
B	$60 < U \leqslant 1500$	$30 < U \leqslant 1000$

纯电动汽车的高压就是指 B 级电压，对 B 级电压电路中的部件进行维护或检修时，需要

进行触电防护，电压等级为 A 级时则不需要。

纯电动汽车高压系统是指纯电动汽车内部电压在 B 级电压以上与动力蓄电池直流母线相连或由动力蓄电池电源驱动的高压驱动零部件系统，主要包括动力蓄电池系统、电驱动系统、高压电控系统、充电接口和电动空调等，如图 1-30 所示。

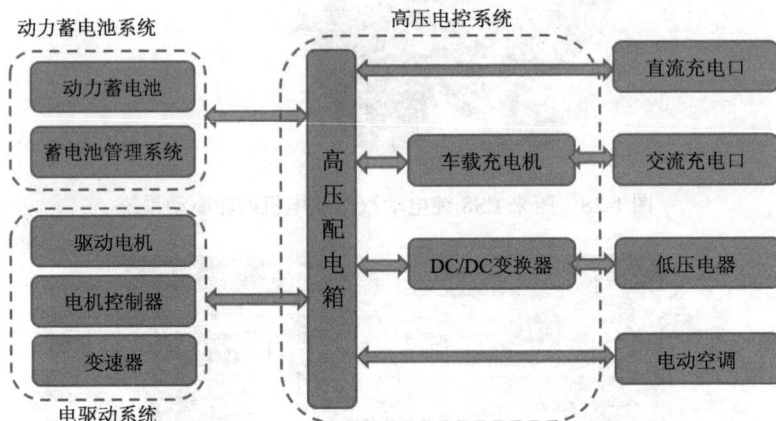

图 1-30　纯电动汽车高压系统

1. 动力蓄电池系统

动力蓄电池系统是纯电动汽车中的能源供给装置，给整车所有系统提供能源。电量消耗后，需要给它充电。因此，其能源流动既有流出，也有流入。动力蓄电池采用的是高压直流电，其工作电压可以达到几百伏，输出电流可以达到 300A。三元锂电池是目前的主流动力蓄电池。

2. 电驱动系统

电驱动系统主要由驱动电机、电机控制器和变速器共同组成。电机控制器将高压直流电转为三相交流电，并与整车控制器及其他模块进行信号交互，实现对驱动电机的有效控制。驱动电机按照电机控制器的指令，将电能转化为机械能，输出给车辆的传动系统，同时也可以将行驶中产生的机械能（如制动效能）转化为电能，通过车载充电器输送给动力蓄电池。当前主流的驱动电机是永磁同步电机和三相交流异步电机。

3. 高压电控系统

高压电控系统包括高压配电箱、DC/DC 变换器、车载充电机等。高压配电箱是整车高压电的一个电源分配装置，类似于低压电路系统中的电器保险盒，高压系统中各个组件都需要它进行电量分配，比如高压压缩机、高压热敏电阻（Positive Temperature Coefficient，PTC，也称为正的温度系数）加热器、电机控制器等；维修开关介于动力蓄电池和高压配电箱之间，当维修动力蓄电池时，使用它可以进行整车高压电的切断，确保维修安全；DC/DC 变换器将动力蓄电池的高压直流电转化为整车用电器需要的低压直流电，供给蓄电池，以能够保持整车用电平衡；车载充电机是将交流电转为直流电的装置。受整车布置的影响，越来越多车型趋向于将 DC/DC 变换器与车载充电机整合为控制器，甚至将高压配电箱、DC/DC 变换器与车载充电机整合为三合一控制器。

4. 充电接口

充电接口包括直流充电接口和交流充电接口。直流充电接口属于快充口，快充口的电是高压直流电，可以不经过处理直接通过高压配电箱输送给动力蓄电池进行充电；交流充电接口属于慢充口，慢充口的电是高压交流电，需要经过二合一控制器中的车载充电机单元，或车载充电机（没有二合一控制器，车载充电机与 DC/DC 变换器是分离的）进行转化，转化后的高压直流电通过高压配电箱给动力蓄电池充电。

5. 电动空调

纯电动汽车空调系统和传统燃油汽车空调系统工作原理相同，只是空调压缩机的驱动方式以及暖风产生方式有所不同。纯电动汽车采用高压电动空调压缩机，由动力蓄电池驱动。其暖风产生方式通常采用电加热方式，电加热方式有两种：一种是加热电池冷却液，再通过循环为暖水箱提供热量；另一种是直接加热经过蒸发器的空气。图 1-31 所示为纯电动汽车空调系统结构示意图和原理示意图。

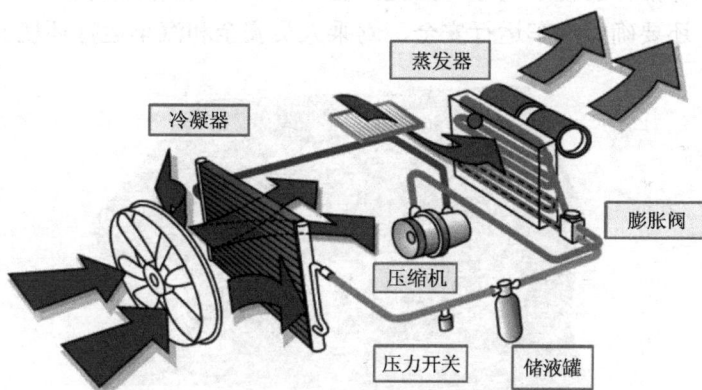

（a）结构示意图

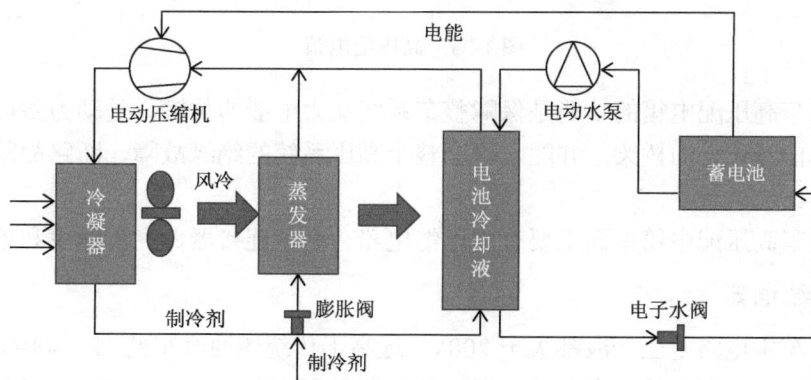

（b）原理示意图

图 1-31 纯电动汽车空调系统结构示意图和原理示意图

纯电动汽车高压系统电压常见的有 144V、288V、317V、346V、400V 和 576V 等，但并不限于这些。

纯电动汽车在高压电气设备（如动力蓄电池系统、高压配电箱、驱动电机、车载充电机、DC/DC 变换器）的外壳体的醒目位置都设置有高压警告标识，用于使用户接触时注意，防止高压触电。高压警告标识的底色为黄色，边框和箭头为黑色，如图 1-32 所示。当移开遮拦或外壳可以露出 B 级电压带电部分时，遮拦和外壳上也应有同样清晰可见的符号。

图 1-32　高压警告标识

1.4.2　高压配电箱

纯电动汽车高压配电箱又称为高压配电盒，是高压系统分配单元，主要用于完成动力蓄电池电能的输出和分配，实现对支路用电器的保护和切断，如图 1-33 所示。纯电动汽车具有高电压和大电流的特点，通常配备 300V 以上的高压系统，工作电流可达 200A 以上，可能危及人身安全和高压零部件的使用安全。因此，在设计和规划高压系统时，不仅要充分满足整车动力驱动要求，还要确保汽车运行安全、驾乘人员安全和汽车运行环境安全。

图 1-33　高压配电箱

纯电动汽车高压配电箱的功能是保障整车系统动力电能的传输，是动力蓄电池与各高压设备的电源和信号传递的桥梁，并随时检测整个高压系统的绝缘故障、断路故障、接地故障及高压故障等。

纯电动汽车高压配电箱里面主要有高压继电器、高压连接器、高压线束和熔断器等。

1.　高压继电器

纯电动汽车主电路电压一般都大于 200V，远高于传统燃油汽车的 12～48V，纯电动汽车除需要传统燃油汽车所需的低电压继电器以外，还需要配备 5～8 只特殊的高压直流继电器，分别是 2 个主继电器、1 个预充电器、2 个急速充电器、2 个普通充电继电器和 1 个高压系统辅助机器继电器。纯电动汽车中电路属于高压直流电路，一般继电器无法满足要求，目前应用最多的是真空型和充气型继电器。图 1-34 所示为纯电动汽车用的高压继电器。

图 1-34　纯电动汽车用的高压继电器

2. 高压连接器

高压互锁是指通过检测高压系统连接位置的连接状态，识别异常情况，然后断开动力蓄电池的高压电源，防止人员受到电击伤害的措施。在纯电动汽车高压回路中，高压连接器是实现高压互锁功能的主要元件，如图1-35所示。

3. 高压线束

高压线束是纯电动汽车上的连接器和线缆在整个汽

图 1-35　高压连接器

车运行当中非常关键的连接件，高压线束的隐患主要是过热或燃烧，恶劣环境对高压线束还有屏蔽性能、进水和进尘的风险等。不同于传统燃油汽车的 12V 线束，高压线束还需要考虑与整车电气系统的磁兼容性。

在实际使用中，纯电动汽车受到的电磁干扰是传统燃油汽车的近百倍。纯电动汽车的高压线束是高效的电磁干扰发射天线和接收天线，是导致纯电动汽车出现电磁兼容故障及辐射干扰超过法规要求的最重要原因。

高压线束产生的磁干扰会影响汽车信号线路中数据传输的完整性和准确性，严重时会影响整车的操控性和安全性。所以，常常采用在高压线束外边注胶、包裹屏蔽线等方式来减少其对整车的磁干扰。

纯电动汽车上的所有高压线束都采用橙色，用于与低压系统的黑色线束区分，如图1-36所示。高压线束的插座一般也采用橙色。

图 1-36　高压线束

4. 熔断器

熔断器是用来保护电气设备免受过载或短路电流损害的。熔断器类型有交流和直流之分，交流类型的熔断器应用于工业配电系统。车载的锂电池、储能电容、驱动电机和电控线路均属直流系统，都需要直流类型的熔断器做短路保护，才能保证安全可靠的正常运行和超强的短路开断效果。

纯电动汽车高压配电箱中，输出端主要连接汽车辅助电源系统，在配电盒内部一般情况下会包括电加热风机支路、空调压缩机支路、DC/DC 支路及车载充电机支路。这 4 个支路上都需要安装线路保护熔断器，目的是在各负载发生短路时能够及时切断电源保护线路，避免车辆发生火灾。图 1-37 所示为某高压配电箱中的熔断器，4 个熔断器分别为 PTC 熔断器、空调压缩机熔断器、DC/DC 熔断器和车载充电机熔断器。

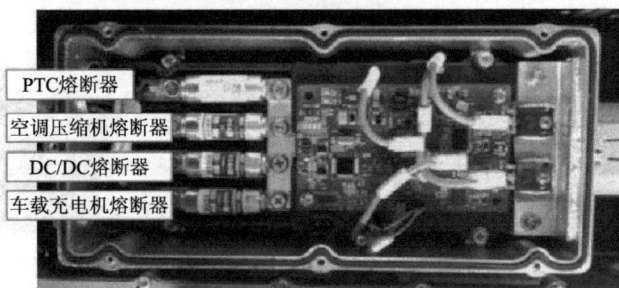

图 1-37　某高压配电箱中的熔断器

图 1-38 所示为高压配电箱连接的高压电气零部件。

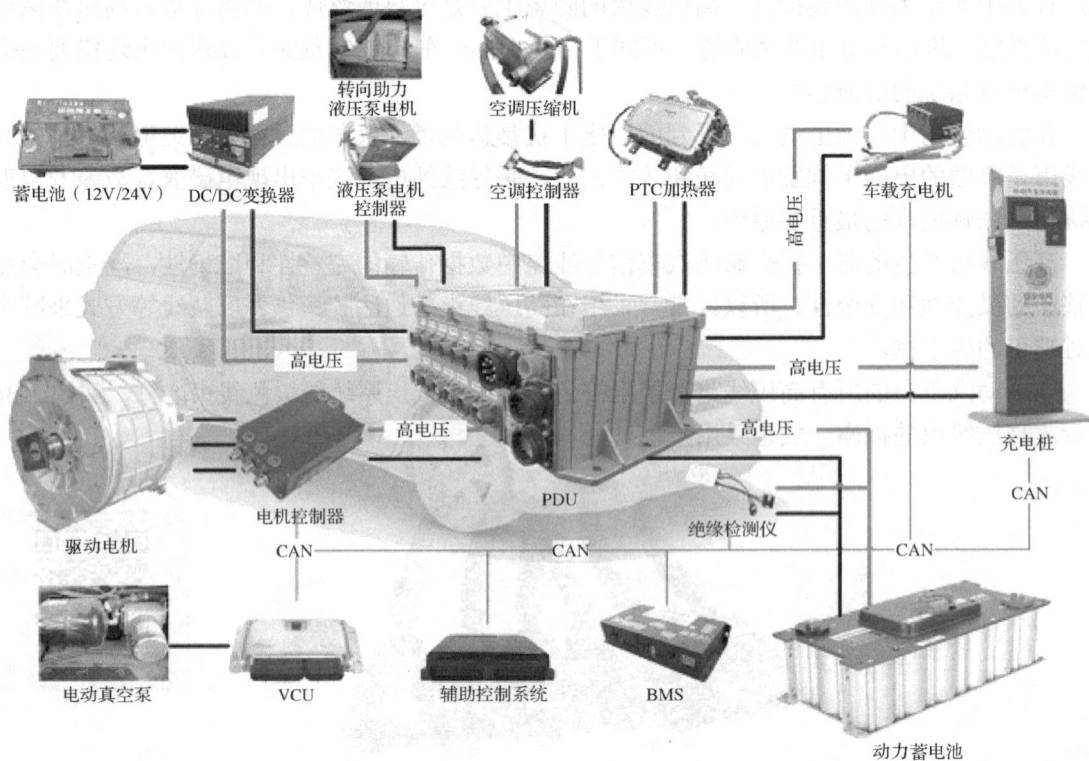

图 1-38　高压配电箱连接的高压电气零部件

目前大多数纯电动汽车的系统最大电压一般为 700V DC 以下，也有少数车型会略高于此电压，所以用于动力蓄电池保护的熔断器以 500V DC 和 700V DC 两种为主，电流等级多为 200～400A。

1.4.3　电源变换器

电源变换器是依靠功率半导体器件将一种电源变换成另一种电源的功率电子电路（电力电子电路）。通过脉冲宽度调制（Pulse Width Modulation，PWM）技术控制功率半导体器件的导通和关闭时间，连续调节电源变换器输出的电压，可实现输入、输出电压之间的下降/上升或电气隔离。

电源变换器可分为直流/直流（DC/DC）变换器、直流/交流（Direct Current/ Alternating Current，DC/AC）变换器和交流/直流（Alternating Current/ Direct Current，AC/DC）变换器。

1. DC/DC 变换器

DC/DC 变换器是在直流电路中将一个电压值的电能变换为另一个电压值的电能的装置。

（1）DC/DC 变换器的主要参数

DC/DC 变换器的主要参数有效率、额定输出电压、标称输入电压、额定功率、峰值功率、质量比功率、体积比功率和动态响应时间。

① 效率。效率是指 DC/DC 变换器的输出功率与其输入功率及附属设备（风扇、控制器等）消耗的功率之和的比值。DC/DC 变换器的输入功率用其输入端的电压和电流的测量值的乘积来计算，输入端电压应在其输入接线端子处（或接线电缆头部）量取；DC/DC 变换器的输出功率用其输出端的电压和电流的测量值的乘积来计算，输出端电压应在其输出接线端子处（或接线电缆头部）量取；附属设备（风扇、控制器等）消耗的功率另行计算。

② 额定输出电压。额定输出电压是指在规定的环境条件、负载状态和温升限度下，DC/DC 变换器规定的输出工作电压值。

③ 标称输入电压。标称输入电压是指在规定的环境条件、负载状态和温升限度下，DC/DC 变换器输入电压的标称值。

④ 额定功率。额定功率是指在规定的环境条件、额定电压和连续工作情况下，DC/DC 变换器达到稳定温度后可输出的最大功率。

⑤ 峰值功率。峰值功率是指在规定环境条件下和规定时间内，DC/DC 变换器可连续工作的最大功率。

⑥ 质量比功率。质量比功率是指 DC/DC 变换器额定功率与其总质量（包括附属系统）的比值，单位为 kW/kg。

⑦ 体积比功率。体积比功率是指 DC/DC 变换器额定功率与其总体积（包括附属系统）的比值，单位为 kW/L。

⑧ 动态响应时间。动态响应时间是指系统受到一个激励后，由一种稳定工作状态变换到另一种稳定工作状态所经历的时间。

（2）DC/DC 变换器的功能

DC/DC 变换器具有以下功能。

① 把直流输入电源变换成直流输出电源，向直流电源设备供电。

② 根据输入电压和负载的扰动调节直流输出电压。

③ 调节直流电源的输出功率。

④ 隔离输入电源和负载。

⑤ 使电子电气系统满足电磁兼容性标准，增强抗干扰能力。

图 1-39 所示为动力蓄电池的 400V 高压直流电转化为 12V 低压直流电给低压蓄电池充电，并向 12V 低压用电系统供电。

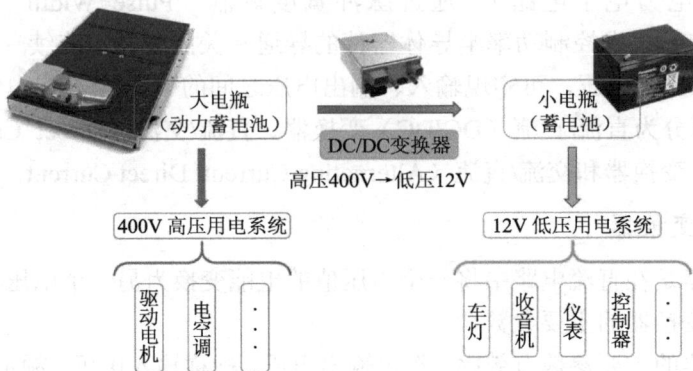

图 1-39   400V 高压直流电转化为 12V 低压直流电

（3）DC/DC 变换器的分类

根据电路输入输出电压的大小关系，DC/DC 变换器分为 DC/DC 降压变换器和 DC/DC 升压变换器。

① DC/DC 降压变换器。纯电动汽车需要 DC/DC 降压变换器将动力蓄电池的高电压转换为低电压，并持续向低压用电系统供电。

② DC/DC 升压变换器。为了提高纯电动汽车电驱动系统的效率，需要通过 DC/DC 升压变换器将动力蓄电池电压升高，为交流电机控制器提供稳定的更高电压的电源。

③ 双向 DC/DC 变换器。将 DC/DC 降压变换器和 DC/DC 升压变换器的电路重构，能够组成新型结构的 DC/DC 变换器电路。双向 DC/DC 变换器就是 DC/DC 降压变换器和 DC/DC 升压变换器的组合，常用于纯电动汽车动力蓄电池和电机控制器之间，匹配两种电源的电压特性。

2. DC/AC 变换器

DC/AC 变换器是将直流电变换成交流电的装置，也称为逆变器。使用交流电机的纯电动汽车必须通过 DC/AC 变换器将动力蓄电池的直流电变换为交流电。

在纯电动汽车上，采用动力蓄电池的直流电作为电源，并且采用三相交流电机作为驱动电机时，三相交流电机不能直接使用直流电。另外三相交流电机具有非线性输出特性，需要应用逆变器中的功率半导体变换器件，来实现直流电源与三相交流电机之间电流的传输和变换；并被要求能够实现频率调节，在所调节的频率范围内保持功率的连续输出，同时实现电压的调节，能够在恒定转矩范围内维持气隙磁通恒定。

3. AC/DC 变换器

AC/DC 变换器是将交流电变换成电子设备所需要的稳定直流电的装置。纯电动汽车中

AC/DC 变换器的功能主要是将发电机发出的交流电变换为直流电给动力蓄电池储存。

电源变换器在纯电动汽车上的应用实例如图 1-40 所示。

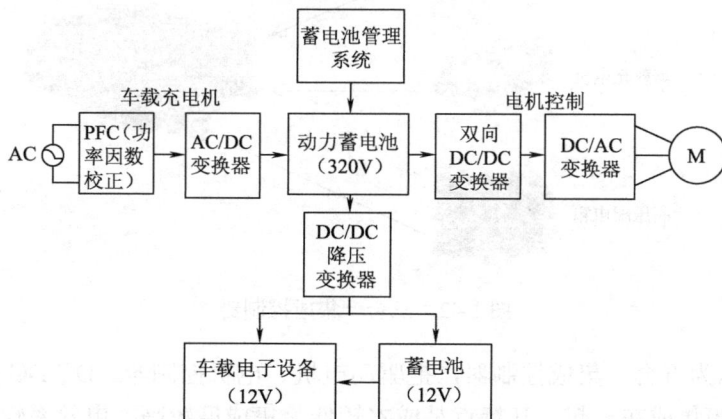

图 1-40 电源变换器在纯电动汽车上的应用实例

纯电动汽车动力蓄电池的电压为 320V，由蓄电池管理系统进行管理和监测，并通过一个车载充电机（含 AC/DC 变换器）进行充电，交流电压范围是从 110V 的单相系统到 380V 的三相系统；动力蓄电池通过双向 DC/DC 变换器和 DC/AC 变换器来驱动交流电机，同时用于再生制动，将回收的能量存入动力蓄电池；同时，为了将动力蓄电池的 320V 高电压转换为可供车载电子设备使用和给蓄电池充电的 12V 电源，需要一个 DC/DC 降压变换器。

图 1-41 所示为某纯电动汽车的 DC/DC 变换器实物。

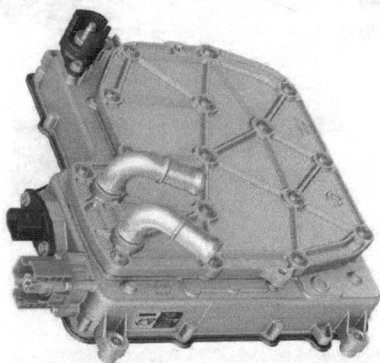

图 1-41 某纯电动汽车的 DC/DC 变换器实物

纯电动汽车高压系统正逐渐向集成化、模块化的方向发展，逐渐衍生出纯电动汽车"三大件"：动力蓄电池系统、动力总成、高压电控。

图 1-42 所示为三合一集成控制器，把 DC/DC 变换器、车载充电机和高压配电箱集成为一体，其特点是成本降低，空间节省，高压线束减少，可靠性增强。

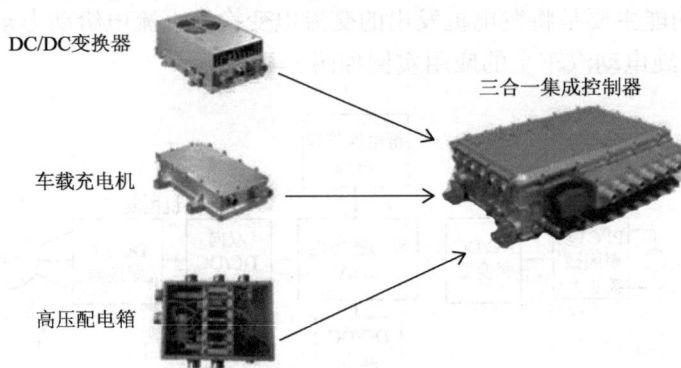

图 1-42　三合一集成控制器

图 1-43 所示为五合一集成控制器，把驱动电机、电机控制器、DC/DC 变换器、车载充电机和高压配电箱集成在一起，其特点是成本较低，集成度较高，电效率较高（注意：不同企业的五合一集成控制器，集成的内容是不一样的）。

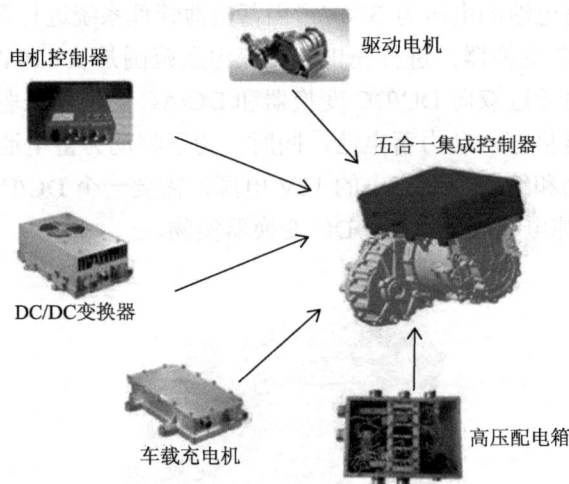

图 1-43　五合一集成控制器

1.5　纯电动汽车的高压安全操作

纯电动汽车的高压系统电压可以达到几百伏，在维修操作时，必须注意安全，严格执行安全操作规范。

1.5.1　安全防护用品和专用工具

1. 安全防护用品

安全防护用品主要有绝缘手套、绝缘鞋、绝缘帽、绝缘服、绝缘垫和防护眼镜等。

（1）绝缘手套

绝缘手套（见图1-44）是用天然橡胶制成的，能起到对人的保护作用，具有防电、防油、耐酸碱等功能，主要在高压系统设备操作时使用，如用于动力蓄电池高压回路放电、验电、高压部件的拆装等操作。绝缘手套上一般标有最大使用电压值。该值越大，绝缘手套越厚。应根据设备的最大电压值选择绝缘手套。

（2）绝缘鞋

绝缘鞋（见图1-45）是在高压操作时使人与大地保持绝缘的防护用品，防止电流通过人体与大地之间构成通路，对人体造成电击伤害。绝缘鞋的内帮或鞋底上应有标准号、电绝缘字样、闪电标记、耐电压数值等。绝缘鞋应放在干燥、通风处，不能随意乱放，并且避免接触高温、尖锐物品和酸碱油类物质。

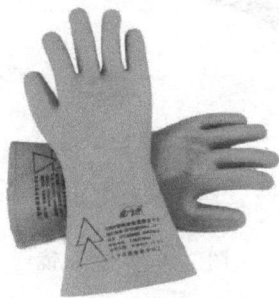

图1-44 绝缘手套

图1-45 绝缘鞋

（3）绝缘帽

纯电动汽车在举升状态时，对其进行维护与检修的操作人员要佩戴绝缘帽。佩戴前要检查绝缘帽有无裂纹，有无变形，下颚带是否完好、牢固；佩戴时必须按照头围的大小调整并系好下颚带。绝缘帽的正确佩戴方式如图1-46所示。

（4）绝缘服

绝缘服（见图1-47）是操作人员带电作业时需要穿戴的，可以对身体进行防护。绝缘服具备阻燃、绝缘性能，可防高压电。

图1-46 绝缘帽的正确佩戴方式

图1-47 绝缘服

（5）绝缘垫

绝缘垫（见图1-48）又称绝缘毯、绝缘橡胶板等，是具有较大电阻率和电击穿强度的胶垫。在维护与检修纯电动汽车时，绝缘垫铺设于地面，可以起到绝缘的作用。

（6）防护眼镜

在维护与检修纯电动汽车时，操作人员要佩戴防护眼镜（见图1-49）。防护眼镜主要用于防止电器拉弧产生的电火花对眼睛造成损伤。使用前需要对防护眼镜进行检查，看镜片是否有裂痕和损坏。

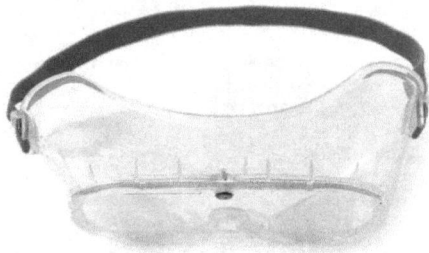

图 1-48　绝缘垫　　　　　　　　图 1-49　防护眼镜

2. 专用工具

纯电动汽车高压系统维护与检修的专用工具主要有万用表、钳形电流表、绝缘工具、高压放电仪和车辆诊断测试仪等。

（1）万用表

万用表是可测量电压、电流、电阻的仪表，是纯电动汽车最常用的检测仪器，如图1-50所示。

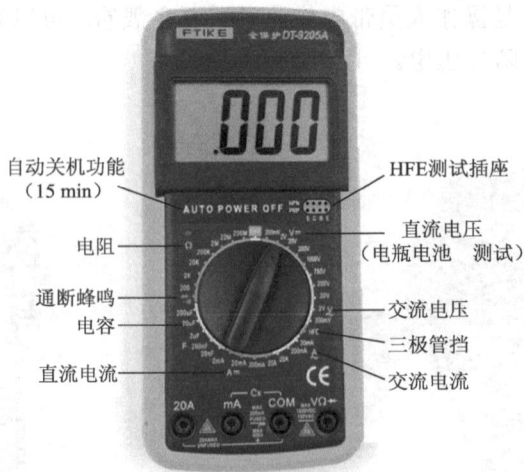

自动关机功能（15 min）　HFE测试插座　电阻　直流电压（电瓶电池　测试）　通断蜂鸣　交流电压　电容　三极管挡　直流电流　交流电流

图 1-50　万用表

（2）钳形电流表

钳形电流表也称电流钳，由电流互感器和电流表组合而成，如图 1-51 所示。当捏紧钳头扳手时，钳头张开；当放开钳头扳手时，钳头闭合。钳形电流表可以在不断开电路的情况下测量线路电流，使用前应先检查其是否能正常工作。

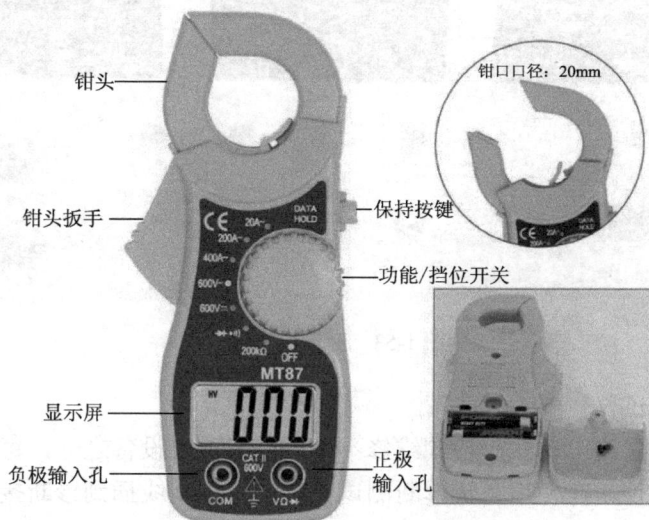

图 1-51　钳形电流表

（3）绝缘工具

绝缘工具属于高压作业工具，能够保证带电作业的安全，如图 1-52 所示。

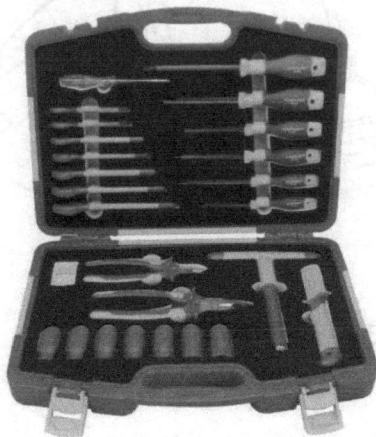

图 1-52　绝缘工具

（4）高压放电仪

纯电动汽车动力蓄电池和一些高压部件都带有电容，断开电源后电容仍然会存储部分电量，为了避免发生触电事故，需要用高压放电仪对纯电动汽车的高压端口进行放电。图 1-53 所示为高压放电仪。

图 1-53　高压放电仪

（5）车辆诊断测试仪

车辆诊断测试仪是纯电动汽车检测维修不可缺少的重要设备之一，每种纯电动汽车都有专用的车辆诊断测试仪。在使用车辆诊断测试仪时，将诊断线插到诊断接口上，另一端连接到笔记本计算机上，如图 1-54 所示。将车钥匙置于 ON 挡，开启车辆诊断测试仪，按照屏幕上的显示进行操作，以启动所需功能。测试时，要查询故障码，根据故障码确定车辆的具体故障。必须注意：只能使用选定的与车辆诊断测试仪相匹配的诊断线。

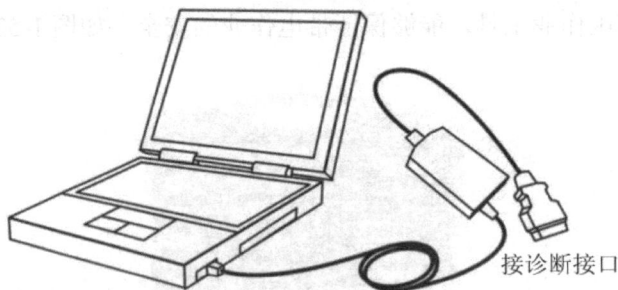

接诊断接口

图 1-54　车辆诊断测试仪

1.5.2　安全防护要求和操作注意事项

1. 安全防护要求

维修人员对纯电动汽车高压系统进行检查维修时，必须做好以下安全防护。

（1）维修人员必须佩戴必要的安全防护用品，如绝缘鞋、绝缘手套、防护眼镜等，其耐压等级必须大于 1000V。

（2）维修人员维修前必须检查绝缘手套、绝缘鞋等防护用品是否有破损、破洞或裂纹等，应完好无损，同时不能带水进行操作，保证内外表面洁净、干燥，确保安全。

（3）检测仪器使用前需要先进行检查，功能完备及附件均工作正常方可使用，操作工具应提前使用绝缘胶带包裹除去与标准件接触点以外的裸露金属部分，避免因仪器故障或操作工具裸露金属部分误触带电部件导致高压事故。

（4）维修纯电动汽车高压系统时，必须设置专职监护人一名，监护人工作职责为监督维修的全过程。

① 监护人监督维修人员资质、工具使用、防护用品佩戴、备件安全保护、维修安全警示牌等是否符合要求。

② 监护人对维修过程中的安全维修操作规程进行检查，按安全维修操作规程指挥操作。维修人员在做完一个操作后告知监护人，监护人在作业流程单上作标记。

③ 监护人及维修人员必须具备国家认可的特种作业操作证（电工）与初级（含）以上电工证。

④ 监护人及维修人员必须经过专业的纯电动汽车新车型培训，并通过考核。

（5）严禁未经培训的人员进行高压部分检修，禁止一切带有侥幸心理的危险操作，避免发生安全事故。

（6）严禁不按章操作。

2. 操作注意事项

维修人员对纯电动汽车进行检查维修时，必须注意以下事项。

（1）电气电路的维护必须由持电工证的合格电工执行，并严格遵守电工安全操作规程。

（2）高压操作区域应张贴警示标志和隔离带，以防非预期人员进入或进行操作。

（3）高压操作区域应配备绝缘垫、消防设施和救援设施。

（4）操作工具不得随意摆放，不可放在口袋中，更不能放在高压零部件上，使用后需放到指定位置。

（5）操作前，应检查安全设施或工具是否完好，确认完好后再进行操作。

（6）操作前，应检查车辆情况，尤其是高压部件的情况，确认完好后再进行操作，车辆熄火，断开高压维修断开装置或高压连接器。

（7）高压零部件识别：橙色线缆以及所连接部分和带高压标志的都是高压零部件。非专业人士不能对高压线路、高压零部件进行切割或打开。

（8）拔掉后的高压维修断开装置、高压连接器或接口需做绝缘处理。

（9）禁止高压正负极同时操作。

（10）在进行检查维修作业时应严格防止高压线束的绝缘层破损漏电。

（11）高压操作时，保证至少两人在场：一人操作，一人保持一定距离观察，起到安全提醒作用。

（12）在清洗车辆时，应避开高、低压元件，严禁用水直接冲洗高、低压元件。

（13）制定高压作业指导书，操作人员需根据作业指导书进行操作。

（14）各螺栓连接处的力矩要严格按照螺栓扭矩要求来执行。

1.5.3　高压电连接类维修保养要求

高压电连接类维修保养要求包括高压线缆维修保养要求和高压连接器维修保养要求。

1. 高压线缆维修保养要求

高压线缆维修保养具有以下要求。

（1）高压线束无断裂、老化龟裂、变色、烧蚀、外皮破损、导体外露现象，绝缘性能良好。

（2）高压线束固定牢靠，固定点无松动、脱落，驱动电机、转向电机、电动空压机的高压线束预留出 30～50mm 的振动余量，与棱边有防护，与周边无磨损。

（3）高压线束与 B 级电压部件电连接部位，端子无缺陷，固定螺栓无松动，无端子氧化、烧蚀现象，高压线束维修拆装后保证端子导电面清洁，无灰尘及油污，避免接触电阻变大，异常发热。

（4）高压线束与地之间绝缘电阻大于 20MΩ；屏蔽层接地情况，接地电阻小于 0.5Ω。

（5）维修保养完成后整车上电，通过车载绝缘检测设备实施绝缘检测，如有绝缘故障及时处理。

2. 高压连接器维修保养要求

高压连接器维修保养具有以下要求。

（1）高压连接器无损伤、变形等缺陷，插接处无锈蚀引起的拆卸困难。高压连接器安装牢靠，无松脱现象，密封圈未从护套中脱出。

（2）高压连接器绝缘电阻要求：高压连接器端子与屏蔽层之间绝缘电阻值≥20MΩ。

（3）高压连接器外壳无腐蚀、破损，内部清洁无异物和水，导电部位无氧化、异常发热、烧蚀现象。

（4）高压连接器经维修插拔后，插接到位，锁止结构安装到位，无虚接。

（5）维修保养完成后整车上电，通过车载绝缘检测设备实施绝缘检测，如有绝缘故障及时处理。

（6）高压连接器故障需直接更换高压线束总成，更换方法参见车辆自带的维修手册。

1.5.4 高压系统检测项目

纯电动汽车高压系统检测项目要根据实际车型确定具体检测项目、检测工具、检测方法和标准值。北汽 EV160 纯电动汽车高压系统检测项目见表 1-3。

表 1-3 北汽 EV160 纯电动汽车高压系统检测项目

高压系统部件	检测项目	检测工具	检测方法	标准值
动力蓄电池	动力蓄电池正负极与车身（外壳）绝缘电阻的检测	兆欧表	（1）拔掉高压动力箱动力蓄电池输入线；（2）将钥匙打到 ON 挡；（3）将兆欧表黑表笔接于车身，红表笔逐个测量动力蓄电池正负极端子	动力蓄电池正极绝缘电阻≥1.4MΩ，负极绝缘电阻大于或等于1.0MΩ

高压系统部件	检测项目	检测工具	检测方法	标准值
动力蓄电池	数据采集	笔记本计算机 CAN卡	计算机监控	
	充电测试	笔记本计算机 CAN卡 钳形电流表	计算机监控、充电桩监控、钳形电流表测量充电机输出线缆	
	温度监控	笔记本计算机 CAN卡 温度计	计算机监控、监控整车环境温度	
	压差监控	笔记本计算机 CAN卡 监控系统	充放电末端压差监控	
	CAN口检查	笔记本计算机 CAN卡	目测	
	放电测试	行车记录仪	车辆按工况行驶,进行监控	
	管理系统绝缘监控电路检查	绝缘表	将车辆电源关闭,打开高压配电箱(高压盒)输入插头,用绝缘表检测	总正:1.5MΩ 总负:>1.0MΩ
车载充电机	车载充电机正负极绝缘电阻的检测	兆欧表	(1)将低压蓄电池负极断开; (2)拔掉高压配电箱(高压盒)八芯插头; (3)将兆欧表黑表笔接于车身,红表笔逐个测量高压配电箱(高压盒)八芯插头的B(正极)、H(负极)	环境温度为23±2℃和相对湿度为45%~75%时,车载充电机正负极输出与车身(外壳)之间的绝缘电阻≥1000MΩ;环境温度为23±2℃和相对湿度为90%~95%时,车载充电机正负极输出与车身(外壳)之间的绝缘电阻≥20MΩ
DC/DC变换器	DC/DC变换器正负极绝缘电阻的检测	兆欧表	(1)将低压蓄电池负极断开; (2)拔掉高压配电箱(高压盒)八芯插头; (3)将兆欧表黑表笔接于车身,红表笔逐个测量高压配电箱(高压盒)A(正极)、G(负极)	环境温度为23±2℃和相对湿度为80%~90%时,DC/DC变换器高压输入与车身(外壳)绝缘电阻≥1000MΩ;环境温度为-20℃~65℃和相对湿度为5%~80%时,DC/DC变换器高压输入与车身(外壳)绝缘电阻≥20MΩ

高压系统部件	检测项目	检测工具	检测方法	标准值
空气压缩机	空调压缩机正负极绝缘电阻的检测	兆欧表	（1）将低压蓄电池负极断开； （2）拔掉高压配电箱（高压盒）八芯插头； （3）将兆欧表黑表笔接于车身，红表笔逐个测量高压配电箱（高压盒）C（正极）、F（负极）	向空调压缩机内充入50cm³±1cm³的冷冻机油和63g±1g的HFC-134a制冷剂后，空调压缩机正负极与车身（外壳）的绝缘电阻≥5MΩ；清空空调压缩机内部的冷冻机油后，空调压缩机正负极与车身（外壳）的绝缘电阻≥50MΩ
PTC加热器	PTC加热器正负极绝缘电阻的测量	兆欧表	（1）将低压蓄电池负极断开； （2）拔掉高压配电箱（高压盒）八芯插头； （3）将兆欧表黑表笔接于车身，红表笔逐个测量高压配电箱（高压盒）D（正极）、E（负极）	PTC加热器正负极与车身（外壳）绝缘电阻≥500MΩ
电机控制器、驱动电机	电机控制器、驱动电机正负极输入绝缘电阻的测量	兆欧表	（1）将低压蓄电池负极断开； （2）拔掉高压配电箱（高压盒）电机控制器输入插头； （3）将兆欧表黑表笔接于车身，红表笔逐个测量电机控制器和驱动电机正负极端子	电机控制器和驱动电机正负极输入端子与车身（外壳）绝缘电阻≥100MΩ
熔断器盒	高压配电箱（高压盒）正负极绝缘电阻的测量	兆欧表	（1）将低压蓄电池负极断开； （2）拔掉高压配电箱（高压盒）八芯插头、动力蓄电池输入插头、驱动电机控制器输出插头； （3）将兆欧表黑表笔接于车身，红表笔逐个测量高压配电箱（高压盒）端（动力蓄电池输入、驱动电机控制器输出）	高压配电箱（高压盒）端（动力蓄电池输入，驱动电机控制器输出）与车身（外壳）绝缘电阻为无穷大

注意事项：在测量高压部件绝缘电阻前应先将低压蓄电池负极断开（除动力蓄电池），用万用表测量所测部位，确认无高压后再进行测量。

【项目实训】

项目实训工单 1　纯电动汽车高压系统的检测与维护

项目实训工单 1 主要是通过模仿维修人员对纯电动汽车高压系统进行检测与维护，涉及高压系统的下电、高压部件的绝缘检测以及高压系统的上电，同时要做好自身安全防护。该实训所涉及的技能是纯电动汽车维修人员必备的基本技能。该实训不指定具体车型，用任何一辆纯电动汽车都可以。具体实训任务由指导教师根据实际情况安排。后附项目实训工单 1。

【项目小结】

本项目主要讲解了纯电动汽车的定义与特点、组成与工作原理、驱动形式、高压系统、高压安全操作等。通过对本项目知识的学习，可以较全面地掌握纯电动汽车的基本知识；通过项目实训工单 1，学生可以更好地理解纯电动汽车的高压系统，掌握安全防护用品和专用工具的使用，熟悉纯电动汽车高压系统的检测与维护；通过实训考核和理论考核，可以巩固学习效果，最终培养分析问题和解决问题的能力以及高压系统安全操作技能。

项目 2
纯电动汽车动力蓄电池系统的认知与故障诊断

【项目目标】

完成本项目，学生应该达到以下目标。

知识目标

（1）掌握动力蓄电池的作用与要求。

（2）掌握动力蓄电池主要性能指标。

（3）掌握动力蓄电池结构类型与组合方式。

（4）掌握锂离子蓄电池的基本知识。

（5）掌握蓄电池管理系统的基本知识。

（6）掌握动力蓄电池系统的故障诊断。

技能目标

（1）能够识别动力蓄电池系统各接口及连线。

（2）能够对动力蓄电池系统进行故障诊断。

素质目标

（1）培养敬业精神和服务意识。

（2）培养沟通、协调、合作的能力，逐步形成良好的心理素质。

【项目导入】

纯电动汽车最核心的系统就是动力蓄电池系统，其成本约占纯电动汽车总成本的三分之一，也是制约纯电动汽车发展的最主要因素。图 2-1 所示为某纯电动汽车使用的动力蓄电池系统。纯电动汽车使用什么样的动力蓄电池？纯电动汽车使用的动力蓄电池结构和原理是怎样的？蓄电池管理系统有什么作用？动力蓄电池系统出现故障如何诊断？本项目将带领大家学习纯电动汽车动力蓄电池系统的基本知识和基本技能。

动力蓄电池系统

图 2-1　某纯电动汽车使用的动力蓄电池系统

【知识准备】

2.1　动力蓄电池的作用与要求

动力蓄电池是纯电动汽车的唯一能量来源，也是制约纯电动汽车发展的最关键因素。目前，量产的纯电动汽车的动力蓄电池采用的都是锂离子蓄电池。因此，本书介绍的动力蓄电池主要是锂离子蓄电池。

2.1.1　动力蓄电池的作用

蓄电池是一种将所获得的电能以化学能的形式贮存并可以将化学能转变为电能的电化学装置，可以重复充电和放电。虽然蓄电池有很多种，如铅酸蓄电池、金属氢化物镍蓄电池、锂离子蓄电池、镍镉蓄电池、钠硫蓄电池、镍锌蓄电池、锌空气蓄电池等，但目前适合用作纯电动汽车动力蓄电池的主要是锂离子蓄电池。铅酸蓄电池在低速纯电动汽车和特种电动车上有应用；金属氢化物镍蓄电池在混合动力电动汽车上有应用。

纯电动汽车上的蓄电池分为辅助蓄电池和动力蓄电池。辅助蓄电池是为低压辅助系统（低压电器）供电的蓄电池，采用铅酸蓄电池；动力蓄电池是为纯电动汽车系统（高压电器）供电的蓄电池，采用锂离子蓄电池。

动力蓄电池的作用：通过高压配电箱向高压电器提供电能；通过 DC/DC 变换器向辅助蓄电池充电，并向低压电器提供电能。当动力蓄电池电能不足时，可通过外部直流充电或交流充电向动力蓄电池补充电能。纯电动汽车供电示意图如图 2-2 所示。另外，当车辆减速、制动或下坡时，驱动电机变为发电机，动力蓄电池能够回收能量。纯电动汽车高压电器主要包括驱动电机系统、电动空调、高压 PTC 加热器等；低压电器包括灯光、仪表、车身附件等。

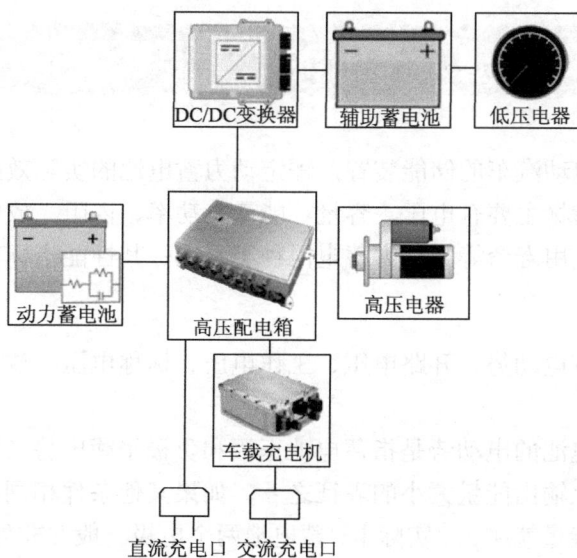

图 2-2　纯电动汽车供电示意图

2.1.2　动力蓄电池的要求

纯电动汽车对动力蓄电池具有以下要求。

（1）比能量高。为了提高纯电动汽车的续驶里程，要求动力蓄电池能贮存尽可能多的能量，但纯电动汽车又不能太重，其安装动力蓄电池的空间也有限，这就要求动力蓄电池具有高的比能量。

（2）比功率大。为了使纯电动汽车在加速、爬坡和负载行驶等方面能与燃油汽车相竞争，要求动力蓄电池具有大的比功率。

（3）循环寿命长。循环寿命越长，则动力蓄电池支撑的纯电动汽车的续驶里程就越长，有助于降低车辆使用期内的运行成本。

（4）均匀一致性好。纯电动汽车动力蓄电池的工作电压大多要求达到数百伏，这就要求有数百只或数千只单体蓄电池串联；为达到设计容量的要求，有时甚至需要更多的单体蓄电池并联。由于动力蓄电池的使用性能会受到性能最差的某些单体蓄电池的制约，因此设计上要求各单体蓄电池在容量、内阻、功率特性和循环特性等方面具有高度的均匀一致性。

（5）高低温性能好，环境适应性强。纯电动汽车作为一种交通工具，要求动力蓄电池既要能在北方冬天极冷的环境下长期稳定地工作，又要能在南方夏天炎热的环境中长期稳定地工作。在最恶劣的气候条件下，动力蓄电池的工作温度可能要从-40℃到60℃，甚至80℃，因此，动力蓄电池应当具有良好的高低温性能。

（6）安全性好。动力蓄电池应能够有效避免因泄漏、短路、撞击、颠簸等引起火灾或爆炸等危险事故发生，确保纯电动汽车在行驶过程中的安全。动力蓄电池要满足 GB/T 38031—2020《纯电动汽车用动力蓄电池安全要求》。

（7）价格合理。动力蓄电池要材料来源丰富，制造成本低，以降低整车价格，提高纯电动汽车的市场竞争力。

（8）绿色、环保。动力蓄电池的制作材料要与环境友好，无二次污染，并可再生利用。

2.2　动力蓄电池的主要性能指标

动力蓄电池是纯电动汽车的储能装置，评定动力蓄电池的实际效应，主要是看其性能指标。动力蓄电池性能指标主要有电压、容量、能量、功率、内阻、放电电流、荷电状态、自放电率、输出效率、使用寿命等。动力蓄电池种类不同，其性能指标也有差异。

1. 电压

蓄电池电压主要有电动势、开路电压、工作电压、标称电压、放电终止电压和充电终止电压。

（1）电动势。蓄电池的电动势是指蓄电池正极和负极平衡电势（平衡电位）的差值。电动势是蓄电池在理论上输出能量大小的表征之一。如果其他条件相同，则电动势越高，该蓄电池理论上能输出的能量就越大。实际上，蓄电池两个电极一般并非处于热力学的可逆状态，因此蓄电池在开路状态下的开路电压并不等于蓄电池的电动势。

（2）开路电压。开路电压是指外电路中没有电流流过时，蓄电池正极和负极之间的电位差。开路电压的大小主要由其活性物质、电解质、蓄电池中所进行反应的性质和条件（如浓度、温度等）决定，与蓄电池的形状结构和尺寸大小无关。一般情况下，蓄电池的开路电压均小于它的电动势。

（3）工作电压。工作电压是指蓄电池接通负载后，在工作电流下放电时两个端子间的电位差，也称为放电电压。蓄电池的工作电压总是低于开路电压，当然也必然低于蓄电池的电动势，这是因为电流流过蓄电池内部时，必须克服极化内阻和欧姆内阻所造成的阻力。蓄电池放电初始时的工作电压称为初始电压。

蓄电池的工作电压受到放电制度的影响，即放电时间、放电电流、环境温度、放电终止电压等都会影响蓄电池的工作电压。

（4）标称电压。标称电压是指蓄电池在标准规定条件下工作时应达到的电压，也是由厂家指定的用以标识蓄电池的适宜的电压近似值，也称为额定电压，可以用来区分不同的电化学体系电池。标称电压由单体正负极材料的类型和内部电解液的浓度决定。铅酸蓄电池的标称电压是 2V，金属氢化物镍蓄电池的标称电压为 1.2V，磷酸铁锂蓄电池的标称电压为 3.2V，锰酸锂和钴酸锂蓄电池的标称电压为 3.7V，三元聚合物锂离子蓄电池的标称电压为 3.7V。但随着蓄电池材料的改进，标称电压也在发生小的变化，以厂家给出的标称电压为准。

（5）放电终止电压。放电终止电压是指蓄电池正常放电时允许达到的最低电压。蓄电池的类型不同，放电条件不同，对蓄电池的容量和寿命的要求也不同，因而所规定的蓄电池的放电终止电压也不同。一般在低温或大电流放电时，放电终止电压可规定得低些；小电流长放电时，放电终止电压可规定得高些。这是因为低温、大电流放电时，电极的极化大，活性物质不能得到充分利用，蓄电池的电压下降较快；小电流放电时，电极的极化小，活性物质能够得到较充分的利用，蓄电池的电压下降较慢。若蓄电池放电电压低于放电终止电压后继续放电，则为过放电，可能会破坏蓄电池的正常功能并/或引发危险事故。放电终止电压和放电率有关，放电电流直接影响放电终止电压。在规定的放电终止电压下，放电电流越大，蓄电池的容量越小。金属氢化物镍蓄电池的放电终止电压一般为 1V，锂离子蓄电池的放电终止电压一般为 3.0V。

（6）充电终止电压。充电终止电压是指按规定的充电制度，电流由恒流充电转为恒压充电时的最大电压值。不同电化学体系的蓄电池，充电终止电压也不同。如铅酸蓄电池的充电终止电压一般为 2.7～2.8V，金属氢化物镍蓄电池的充电终止电压一般为 1.5V，锂离子蓄电池的充电终止电压一般为 4.25V。

放电终止电压和充电终止电压的具体数值应以厂家给出的数值为准。

2. 容量

蓄电池容量是指在一定的放电条件下可以从蓄电池放出的电量，单位为 A·h 或 kA·h，它等于放电电流与放电时间的乘积，1A·h 就是能在 1A 的电流下放电 1h。

单体蓄电池内活性物质的数量决定其含有的电荷量，而活性物质的含量则由蓄电池使用的材料和体积决定，通常蓄电池体积越大，容量越高。蓄电池的容量可以分为理论容量、额定容量、实际容量、比容量、剩余容量等。

（1）理论容量。理论容量是指假设活性物质全部参加蓄电池的成流反应所给出的电量，它可基于活性物质的质量根据法拉第定律计算求得。

成流反应是指蓄电池放电时，正、负极上发生的形成放电电流的主导的电化学反应。实际蓄电池体系往往很复杂，成流反应为其主导的电极反应，还可能存在一些副反应如自放电，使活性物质利用率和蓄电池可逆性降低。

不同蓄电池体系的理论容量只与参加电化学反应的活性物质有关，因此可以按反应的电当量来计算。当蓄电池的活性物质的质量确定以后，蓄电池的理论容量主要取决于活性物质的电化当量。电化当量越小，其理论容量就越大；电化当量越大，其理论容量就越小。典型物质的电化当量可通过查表获得。

（2）额定容量。额定容量是指设计和制造蓄电池时，规定或保证蓄电池在一定的放电条件（如温度、放电终止电压、放电倍率等）下应该放出的最低限度的容量，也是由制造商标明的蓄电池容量。

（3）实际容量。实际容量是指在一定的放电条件下蓄电池实际放出的电量。实际容量等于实际放电电流与实际放电时间的乘积。

蓄电池的实际容量取决于活性物质的数量及其利用率。由于内阻的存在以及其他各种原因，活性物质不可能完全被利用，即活性物质的利用率总是小于1，因此蓄电池的实际容量、额定容量总是低于理论容量。活性物质的利用率取决于蓄电池的放电制度和蓄电池的结构。高倍率大电流放电时，电极的极化较大，内阻较大，放电电压下降较快，导致实际放出的容量较低；低倍率小电流放电时，电极的极化较小，放电电压下降较慢，蓄电池实际放出的容量较高，有时会高于额定容量。采用薄型电极和多孔电极以减小蓄电池内阻，均可以提高活性物质的利用率，从而提高蓄电池实际输出的容量。

（4）比容量。为了比较不同系列的蓄电池，常用比容量的概念。比容量是指单位体积或单位质量蓄电池所能给出的容量，分别被称为体积比容量和质量比容量，单位为 A·h/L 或 A·h/kg。

应当注意的是，一个蓄电池的容量就是其正极（或负极）的容量，而不是正极容量与负极容量之和。这是因为，蓄电池工作时，通过正极和负极的电量总是相等的。实际上蓄电池的容量取决于容量较小的电极。一般实际工作时，多为正极容量控制整个蓄电池的容量，而负极容量过剩。

（5）剩余容量。剩余容量是指在规定条件下使用（或放电或贮存）后蓄电池中余留的容量。剩余容量的估计和计算受蓄电池前期使用的放电倍率、放电时间、贮存时间、自放电率、环境等多种因素的影响。

3. 能量

蓄电池的能量是指蓄电池在一定放电条件下对外做功所能输出的电能，单位为 W·h 或 kW·h。它影响纯电动汽车的续驶里程。蓄电池的能量主要分为理论能量、实际能量和比能量。

（1）理论能量。假设蓄电池在放电过程中始终处于平衡状态，其放电电压保持电动势的数值，并且活性物质的利用率为 100%，放电容量为理论容量，则在此条件下蓄电池输出的能量为理论能量。理论能量等于蓄电池的理论容量与电动势的乘积。

（2）实际能量。实际能量是指蓄电池放电时实际输出的能量，它在数值上等于蓄电池实际放电电压、实际放电电流对实际放电时间的积分。在实际应用中，经常用蓄电池实际容量与蓄电池放电平均工作电压的乘积来对实际能量进行估算。因为活性物质不可能被100%完全利用，蓄电池的工作电压永远小于电动势，所以蓄电池的实际能量总是小于理论能量。

（3）比能量。比能量是指单位质量或单位体积的蓄电池所放出的能量，相应地称为质量比能量或体积比能量，也称为质量能量密度或体积能量密度，单位为 W・h/kg 或 W・h/L。

能量密度是衡量蓄电池质量和体积大小的标准，是设计蓄电池时必须要考虑的重要指标之一。在纯电动汽车应用领域，单体蓄电池和蓄电池组的能量密度也是评价动力蓄电池是否满足应用需要的重要指标，因为质量能量密度影响纯电动汽车的整车质量和续驶里程，体积能量密度影响动力蓄电池在纯电动汽车上的布置空间。

由于各种因素的影响，蓄电池的实际能量密度远小于理论值。

4. 功率

蓄电池的功率是指在一定放电制度下，单位时间内蓄电池所输出的能量，单位为 W 或 kW。蓄电池的功率决定了纯电动汽车的加速性能和爬坡能力。

功率密度是指单位质量或单位体积的蓄电池所输出的功率，相应地称为质量功率密度或体积功率密度，单位为 W/kg 或 W/L。

功率密度的大小表示蓄电池所能承受的工作电流的大小。蓄电池的功率密度大，表示它可以承受大电流放电。功率密度是评价单体蓄电池或蓄电池组是否满足纯电动汽车加速、爬坡能力和制动能量回收能力要求的重要指标。

5. 内阻

蓄电池的内阻是指电流通过蓄电池内部时所受到的阻力，它包括欧姆内阻和极化内阻。

（1）欧姆内阻。欧姆内阻主要由电极材料、电解液、隔膜的电阻以及各组件的接触电阻组成。此外，蓄电池的欧姆内阻还与蓄电池的尺寸、结构、装配等因素有关，如果结构合理、装配紧凑，则电极间距就小，欧姆内阻也小。

（2）极化内阻。极化内阻是指蓄电池的正极和负极在进行电化学反应时由于极化引起的内阻，它包括电化学极化和浓差极化引起的电阻。极化内阻与活性物质的本性、电极的结构、蓄电池的制造工艺等有关，特别是与蓄电池的工作条件密切相关，放电电流和温度对其影响很大。放电电流不同，产生的电化学极化和浓差极化的值也不相同。大电流放电时，电化学极化和浓差极化均增加，造成极化内阻增加。低温下极化内阻也会增加，因此，极化内阻并不是一个常数，而是随着放电制度、放电温度等的改变而变化。

内阻是决定蓄电池性能的一个重要指标，它直接影响蓄电池的工作电压、工作电流、输出的能量和功率等。蓄电池的内阻越小越好。

6. 放电电流

放电电流是指蓄电池放电时电流的大小。放电电流直接影响蓄电池的各项性能指标，例如放电电流的大小直接影响蓄电池的容量或能量。放电电流一般用放电率表示，放电率是指蓄电池放电时的时率，常用"放电时率"和"放电倍率"两种形式表示。

（1）放电时率。放电时率也称为放电小时率，是以放电时间（单位 h）来表示的放电速率，或者说以一定的放电电流放完额定容量所需要的小时数。例如，蓄电池的额定容量为

80A·h，以 10A 电流放电，则放电时率为 80A·h/10A=8h，称蓄电池以 8h 率放电；以 20A 电流放电，则放电时率为 80A·h/20A=4h，称蓄电池以 4h 率放电。由此可见，放电时率所表示的时间越短，所用的放电电流越大；放电时率所表示的时间越长，所用的放电电流越小。

（2）放电倍率。放电倍率是指在蓄电池规定时间内放出其额定容量（单位 C）时所输出的电流值，它在数值上等于蓄电池额定容量的倍数。放电时率与放电倍率互为倒数。放电时间越短，即放电倍率越高，则放电电流越大。

放电倍率=额定容量/放电时间=放电电流/额定容量。根据大小，放电倍率可分为低倍率（<0.5C）、中倍率（0.5～3.5C）、高倍率（3.5～7.0C）、超高倍率（>7.0C）。

例如：额定容量为 10A·h 的蓄电池，用 5h 放电，放电倍率为 0.2C；用 0.5h 放电，放电倍率为 2C。

额定容量为 100A·h 的蓄电池用 20A 放电时，其放电倍率为 0.2C。蓄电池放电倍率是表示放电快慢的一种量度。一般可以通过不同的放电电流来检测蓄电池的容量。对于 24A·h 蓄电池来说，2C 放电电流为 48A，0.5C 放电电流为 12A。

7. 荷电状态

荷电状态（State Of Charge，SOC）是指蓄电池在一定放电倍率下，剩余电量与相同条件下额定容量的比值，反映了蓄电池容量变化的特性，是蓄电池使用过程中的重要参数。荷电状态是一个相对值，一般用百分比的方式表示，0≤SOC≤100%。SOC=100%，表示蓄电池为充满状态；SOC=0，表示蓄电池为全放电状态。因为蓄电池所能放出的容量受充放电倍率、温度、自放电、老化、充放电循环次数等因素的影响，所以表示蓄电池剩余电量的 SOC 也与这些因素有关。在实际应用中，经常要对蓄电池的 SOC 进行估算。一般蓄电池放电高效率区为（50%～80%）SOC。对蓄电池 SOC 值的估算已成为蓄电池管理的重要环节。

8. 自放电率

自放电率是指蓄电池在存放期间容量的下降率，即蓄电池无负荷时自身放电使容量损失的速度，它反映了蓄电池搁置后容量变化的特性。自放电率用单位时间容量降低的百分数表示。

自放电率除了与蓄电池体系自身特性有关外，还与环境温度、湿度等有关。

9. 输出效率

动力蓄电池作为能量存储器，充电时把电能转化为化学能贮存起来，放电时把电能释放出来。在这个可逆的电化学转换过程中，有一定的能量损耗，通常用蓄电池的容量效率和能量效率来表示输出效率。

（1）容量效率。容量效率是指蓄电池放电时输出的容量与充电时输入的容量之比。影响蓄电池容量效率的主要因素是副反应。当蓄电池充电时，有一部分电量消耗在水的分解上。此外，自放电，电极活性物质的脱落、结块、孔率收缩等也会降低容量输出。

（2）能量效率。能量效率也称为电能效率，是指蓄电池放电时输出的能量与充电时输入的能量之比。影响能量效率的因素是蓄电池内阻，它使蓄电池充电电压增加，放电电压下降。内阻的能量损耗以蓄电池发热的形式表现。

10. 使用寿命

使用寿命是指蓄电池在规定条件下的有效寿命期限。蓄电池发生内部短路或损坏而不能使用，以及容量达不到规范要求时蓄电池使用失效，这时蓄电池的使用寿命终止。蓄电池的使用寿命包括循环寿命和贮存寿命。

（1）循环寿命。循环寿命是在指定的充放电终止条件下，以特定的充放电制度进行充放电，动力蓄电池在不能满足寿命终止标准前所能进行的循环数。循环寿命受放电深度、放电温度、充放电电流的影响比较明显，因此一般给出蓄电池的循环寿命的同时还要指出循环条件，如：循环寿命 1000 次（在 100% 放电深度、常温、1C 条件下）。

各种蓄电池的循环寿命都是不同的，即使是同一系列、同一规格的产品，循环寿命也可能有较大差异。影响蓄电池循环寿命的因素很多，除了使用和维护外，还有以下几点。

① 电极活性表面积在充放电循环过程中不断减小，使工作电流密度上升，极化增大。

② 电极上活性物质脱落或转移。

③ 在蓄电池工作过程中，某些电极材料发生腐蚀。

④ 在循环过程中电极上生成枝晶，造成蓄电池内部微短路。

⑤ 隔膜的老化和损坏。

⑥ 活性物质在充放电过程中发生不可逆晶形改变，使活性降低。

（2）贮存寿命。贮存寿命是指蓄电池自放电至容量下降到某一规定容量所经过的时间，也称为搁置寿命。

常用的蓄电池性能指标主要有容量、能量、电压和荷电状态，这些指标一般都会出现在纯电动汽车的基本配置参数中。

2.3　动力蓄电池的结构类型与组合方式

一个单体蓄电池的电压只有几伏，但纯电动汽车使用的驱动电机所需电压往往是几百伏，因此纯电动汽车的动力蓄电池系统是由成百上千个单体蓄电池构成的，而且必须进行非常好的组合才能最大限度地发挥其功能。

2.3.1　动力蓄电池的结构类型

动力蓄电池的结构类型主要有单体蓄电池、蓄电池模块（模组）、蓄电池包和蓄电池系统等，如图 2-3 所示。

1. 单体蓄电池

单体蓄电池是基本的电化学单位，是将化学能与电能进行相互转换的基本单元装置，通常包括电极、隔膜、电解质、外壳和端子，并被设计成可充电，也称为电芯。

2. 蓄电池模块

蓄电池模块是将单体蓄电池按照串联、并联或混联方式组合，作为电源使用的组合体，也称为蓄电池模组。

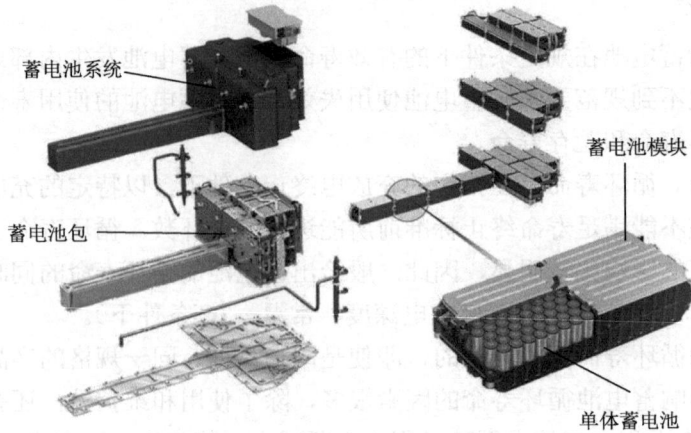

图 2-3 动力蓄电池的结构类型

3. 蓄电池包

蓄电池包通常包括蓄电池组、蓄电池管理模块（不包含蓄电池管理系统）及相应附件（冷却部件、连接线缆等），具有从外部获得电能并可对外输出电能的单元。

4. 蓄电池系统

蓄电池系统是指由一个或一个以上蓄电池包及相应附件（蓄电池管理系统、高压电路、低压电路、热管理设备及机械总成等）构成的能量存储装置。

纯电动汽车的动力蓄电池系统主要由电芯、蓄电池管理系统、冷却系统、线束、结构件和外壳构成，如图 2-4 所示。

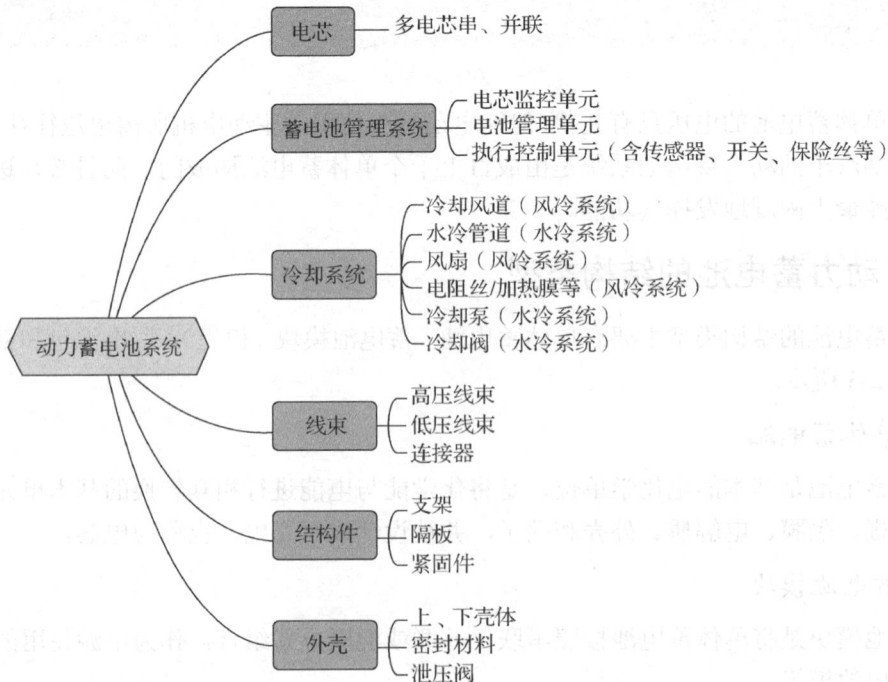

图 2-4 动力蓄电池系统构成

图 2-5 所示为某纯电动汽车的动力蓄电池系统。

图 2-5　某纯电动汽车的动力蓄电池系统

2.3.2　动力蓄电池的组合方式

动力蓄电池是纯电动汽车的能量来源，单体蓄电池是无法满足要求的，需要根据实际输出的电压和容量要求，将几百个单体蓄电池通过串联、并联或混联的方式组成蓄电池组才能使用。串联的主要目的是增加蓄电池电压；并联的主要目的是增加蓄电池容量；混联的主要目的是既增加蓄电池电压，又增加蓄电池容量，是常用的单体蓄电池组合方式。

1.　串联组合蓄电池组

图 2-6 所示为单体蓄电池的串联，单体蓄电池正极和负极依次首尾相接，串联电压相加，但蓄电池串联后总容量不变。单体蓄电池串联使用适合电流不变、电压需要增大的场合。

2.　并联组合蓄电池组

图 2-7 所示为单体蓄电池的并联，单体蓄电池正极和正极连接，负极和负极连接，并联容量相加。单体蓄电池并联使用适合电压不变、电流需要增大的场合。无论是串联还是并联，组合后输出功率都增加。

图 2-6　单体蓄电池的串联　　　　　　　图 2-7　单体蓄电池的并联

要获得较大容量的蓄电池组，在单体蓄电池电压和外电阻不变的情况下，需要增加并联单体蓄电池数。

3.　混联组合蓄电池组

当需要同时输出较大的电压和较大的容量时，单一串联或并联组合形式就难以满足使用要求了。这时可以根据实际的电压和容量要求，首先将 n 个单体蓄电池串联，然后将 m 个串联组合蓄电池组并联组合成混联组合蓄电池组。

图 2-8 所示为单体蓄电池的混联，分别为 3S2P 和 3SnP。3S2P 表示 3 个单体蓄电池串联，再进行 2 组并联。如果每个电芯的电压为 3.7V，容量为 2.4A·h，则 3S2P 蓄电池组的电压为 11.1V，容量为 4.8A·h。3SnP 表示 3 个单体蓄电池串联，再进行 n 组并联。

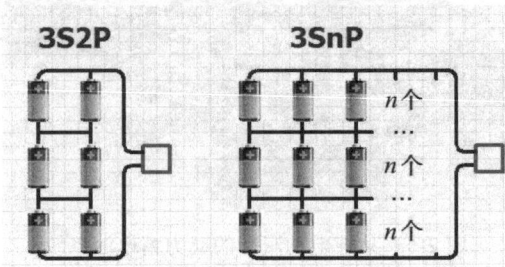

图 2-8　单体蓄电池的混联

例如，某纯电动汽车的动力蓄电池使用的是软包装锂离子蓄电池，单体蓄电池外形尺寸为 262mm×217mm×8mm，单体蓄电池质量为 0.9kg，单体蓄电池标称电压为 3.63V，单体蓄电池数量为 192 个，组合方式为 96S2P，组合后的蓄电池组电压为 350V，能量为 38kW·h。

为了获得高性能的蓄电池组，在进行单体蓄电池组合时，需要对单体蓄电池的性能进行严格筛选，特别是单体蓄电池的规格型号和性能一致性等。

图 2-9 所示为某纯电动汽车动力蓄电池的组成。每个单体蓄电池电压为 3.7V，容量为 53A·h，每一个蓄电池模块都有 12 个单体蓄电池，采用两两并联再串联的结构，即"2 并 6 串"，整个蓄电池包由 16 个蓄电池模块串联构成。

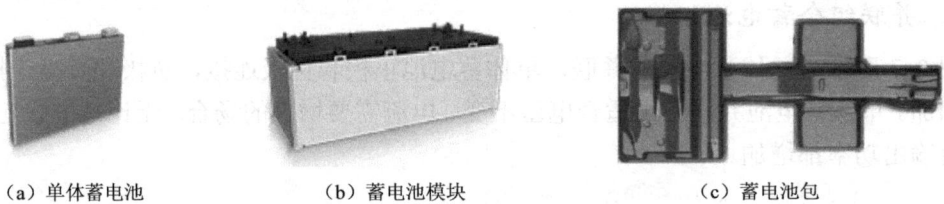

（a）单体蓄电池　　　　（b）蓄电池模块　　　　（c）蓄电池包

图 2-9　某纯电动汽车动力蓄电池的组成

16 个蓄电池模块串联成动力蓄电池，其布置方式如图 2-10 所示，总电压为 3.7V×6×16=355V。

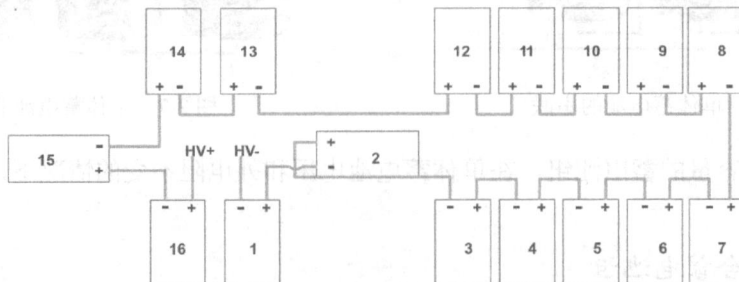

图 2-10　蓄电池模块布置方式

动力蓄电池系统由外壳、控制单元和蓄电池模块等构成，外壳的上半部分（上壳体）一般为塑料材质，下半部分（下壳体）为金属材质，为了保证电磁兼容性而包有一层铝。动力蓄电池系统配备了两个高压接口和一个低压接口，如图 2-11 所示。高压接口用于连接电机控制器和充电机；低压接口用于给车载低压电器送电。

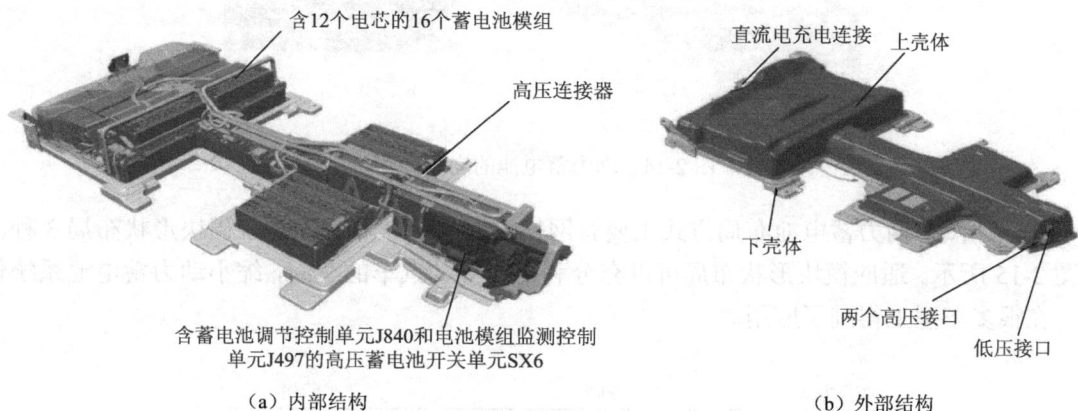

（a）内部结构　　　　　　　　　　　　　　　（b）外部结构

图 2-11　动力蓄电池系统的结构

动力蓄电池上壳体和下壳体用螺栓和黏合剂连接，如图 2-12 所示，最后对黏结处进行密封性检查，以确保不会出现水或气体泄漏的情况。

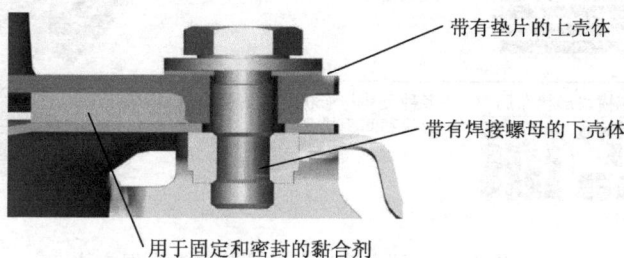

图 2-12　动力蓄电池外壳上半部分和下半部分的连接

动力蓄电池通过与车辆相连的两条电位平衡线路实现壳体对车辆的电位平衡，动力蓄电池的电位平衡线路如图 2-13 所示。

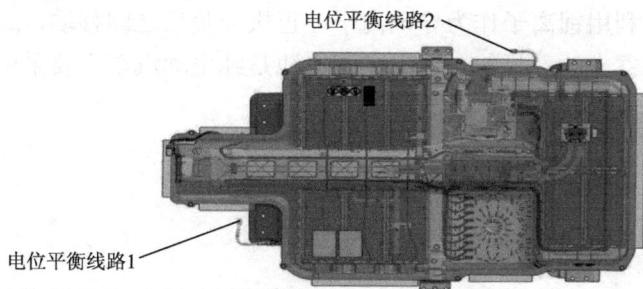

图 2-13　动力蓄电池的电位平衡线路

安装在壳体内的动力蓄电池一般被固定在车下，动力蓄电池的安装位置如图 2-14 所示。

图 2-14　动力蓄电池的安装位置

纯电动汽车动力蓄电池布局方式主要有网格布局、行状布局和适应模块形状布局 3 种，如图 2-15 所示。适应模块形状布局可以充分利用纯电动汽车的空间，缩小动力蓄电池系统体积，在很多车型上得到了应用。

布局方式	描述	示例
网格布局 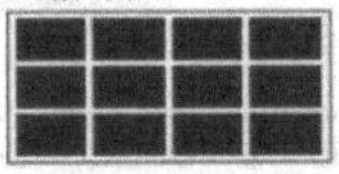	同等尺寸与形状均匀排列	
行状布局 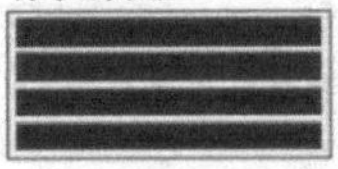	基本同等尺寸与形状，均匀排成行	
适应模块形状布局 	多种尺寸与形状，根据模块形状和间距排列	

图 2-15　纯电动汽车动力蓄电池布局方式

2.4　锂离子蓄电池

锂离子蓄电池是利用锂离子作为导电离子在正极和负极之间移动，通过化学能和电能相互转换实现充放电的蓄电池。目前，锂离子蓄电池是纯电动汽车主要采用的储能装置。

2.4.1　锂离子蓄电池的类型

锂离子蓄电池可以根据形状和正极材料进行分类。

1. 根据形状对锂离子蓄电池进行分类

根据形状，锂离子蓄电池可以分为圆柱形锂离子蓄电池、方形锂离子蓄电池和软包锂离子蓄电池。

（1）圆柱形锂离子蓄电池。圆柱形锂离子蓄电池是指具有圆柱形电池外壳和连接元件

（电极）的锂离子蓄电池，如图 2-16 所示。特斯拉纯电动汽车使用的就是圆柱形锂离子蓄电池。

比较典型的圆柱形锂离子蓄电池有 18650 蓄电池和 21700 蓄电池。18650 蓄电池是索尼集团公司（Sony Group Corp）的一种标准性的锂离子蓄电池型号，其中 18 表示直径为 18mm，65 表示长度为 65mm，0 表示类型为圆柱形蓄电池；18650 单体蓄电池容量为 2.2～3.6A·h，质量为 45～48g；蓄电池系统能量密度为 250W·h/kg。21700 蓄电池由特斯拉与松下联合研发，21 表示直径为 21mm，70 表示长度为 70mm，0 表示类型为圆柱形电池；21700 单体蓄电池容量为 3.0～4.8A·h，质量为 60～65g；蓄电池系统能量密度为 300W·h/kg。

圆柱形锂离子蓄电池采用了非常成熟的卷绕工艺，生产自动化水平高，批量化生产成本较低，同时能够保持较好的良品率和成组一致性。在应用层面，圆柱形锂离子蓄电池由于其结构特性，成组后单体蓄电池之间仍保留有一定的空隙，利于散热，但其单体体积较小。为实现长续驶里程目标，相应蓄电池总量需求更多，因此大大增加了系统连接及管控难度。同时，由于钢壳蓄电池的自重较大，因此其质量能量密度提升空间受限。

（2）方形锂离子蓄电池。方形锂离子蓄电池是指具有长方形蓄电池外壳和连接元件（电极）的锂离子蓄电池，如图 2-17 所示。由于方形锂离子蓄电池电芯连接比圆形锂离子蓄电池容易，所以国内纯电动汽车所用的动力蓄电池以方形锂离子蓄电池为主。

图 2-16　圆柱形锂离子蓄电池　　　　　　　图 2-17　方形锂离子蓄电池

方形锂离子蓄电池以铝壳为主，其规格尺寸多根据搭载车型需求进行定制开发，设计相对灵活，具有很强的适配性，但也使得该类型单体蓄电池批量化生产工艺难以统一，减缓了自动化水平进程。在应用层面，方形锂离子蓄电池外壳更趋向于轻量化铝合金材质，结构设计更为简单，因此相对于圆柱形锂离子蓄电池的质量能量密度有所提升。成组后其排列方式更为紧凑，空间利用率较高。并且其外壳材质具有一定的强度，因此成组难度较小，但相应地对于热安全管控技术提出了更高要求。

（3）软包锂离子蓄电池。软包锂离子蓄电池是指具有复合薄膜制成的蓄电池外壳和连接元件（电极）的锂离子蓄电池，如图 2-18 所示。

软包锂离子蓄电池采用了质量更小且韧度更高的铝塑膜材料，同时单体蓄电池内部装配为叠片式结构，其规格尺寸目前也以定制化开发为主。

软包锂离子蓄电池具有以下优势。

① 安全性能好。软包锂离子蓄电池较少漏液，鼓气严重时会裂开，在一定程度上可以降低因内压过大而导致爆炸的风险。

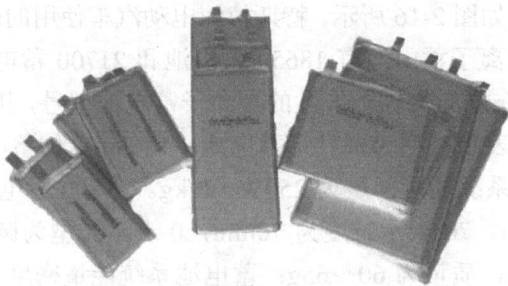

图 2-18　软包锂离子蓄电池

② 质量小。软包蓄锂离子电池的质量比同等容量的钢壳方形锂离子蓄电池小约 40%，比同等容量的铝壳方形锂离子蓄电池小约 20%。

③ 单位体积电能容量大。软包锂离子蓄电池较同等规格尺寸的钢壳方形锂离子蓄电池可多容纳电能约 50%，较同等容量的铝壳方形锂离子蓄电池可多容纳电能约 20%~30%。

④ 循环性能好。软包锂离子蓄电池的循环寿命更长，100 次循环衰减比铝壳方形锂离子蓄电池少 4%~7%。

⑤ 设计灵活。软包锂离子蓄电池可根据客户需求定制外形。普通铝壳的厚度一般只能做到 4mm，而铝塑膜软包的厚度可以低至 0.5mm。

软包锂离了蓄电池也有缺点，主要是生产工艺复杂，单体蓄电池一致性和良品率相对较低。

2020 年，我国锂离子蓄电池总装机量为 61.8GW·h，其中方形锂离子蓄电池装机量为 49.9GW·h，占比 80.7%；圆柱形锂离子蓄电池装机量为 8.4GW·h，占比 13.6%；软包锂离子蓄电池装机量为 3.5GW·h，占 5.7%。

由此可见，我国纯电动汽车动力蓄电池以方形锂离子蓄电池为主。方形锂离子蓄电池典型结构如图 2-19 所示。

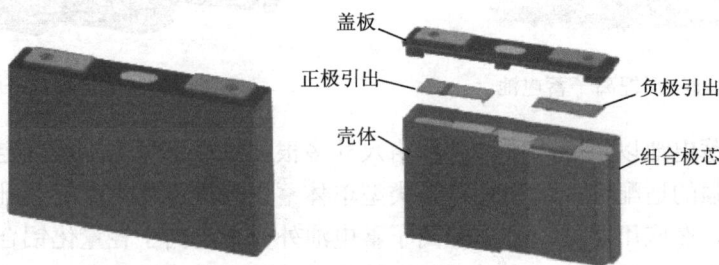

图 2-19　方形锂离子蓄电池典型结构

2. 根据正极材料对锂离子蓄电池进行分类

根据正极材料，锂离子蓄电池主要分为磷酸铁锂电池、锰酸锂电池、钛酸锂电池、钴酸锂电池和三元锂电池等。

（1）磷酸铁锂电池。磷酸铁锂电池是指用磷酸铁锂作为正极材料的锂离子蓄电池。磷酸铁锂具有橄榄石晶体结构，其理论容量为 170mA·h/g，在没有掺杂改性时其实际容量已高达 110mA·h/g。通过对磷酸铁锂进行表面修饰，其实际容量可高达 165mA·h/g，已经非常接近理论容量，工作电压为 3.4V 左右。磷酸铁锂电池的优点是稳定性高，安全可靠，环保并且价格低；缺点是电阻率较大，电极材料利用率低。

（2）锰酸锂电池。锰酸锂电池是指用锰酸锂作为正极材料的锂离子蓄电池。锰酸锂具有尖晶石结构，其理论容量为 148mA·h/g，实际容量为 90～120mA·h/g，工作电压范围为 3～4V。锰酸锂电池的优点是锰资源丰富，价格便宜，安全性高，比较容易制备；缺点是理论容量低，与电解质相容性不好，在深度充放电的过程中电池容量衰减快。

（3）钛酸锂电池。钛酸锂是一种锂离子蓄电池负极材料，可与锰酸锂、三元材料或磷酸铁锂等正极材料组成 2.4V 或 1.9V 的锂离子二次电池。此外，钛酸锂还可以用作正极，与金属锂或锂合金负极组成 1.5V 的锂离子二次电池。钛酸锂具有安全性高、稳定性高、寿命长和绿色环保的特点。钛酸锂电池工作电压为 2.4V，最高电压为 3.0V。

（4）钴酸锂电池。钴酸锂电池是指用钴酸锂作为正极材料的锂离子蓄电池。钴酸锂电池的优点是电化学性能优越，易加工，性能稳定，一致性好，比容量高，综合性能突出；缺点是安全性较差，成本高。钴酸锂电池主要运用在小电池上，如手机、计算机电池等。

（5）三元锂电池。三元锂电池是指使用镍钴铝或镍钴锰作为正极材料，石墨作为负极材料的锂离子蓄电池。与磷酸铁锂电池不同，三元锂电池电压平台很高。三元锂电池工作电压为 3.7V 左右，这也就意味着在相同的体积或是质量下，三元锂电池的比能量、比功率更大。除此之外，在大倍率充电和耐低温性能等方面，三元锂电池也有很大的优势。特斯拉的 Model S 纯电动汽车采用的松下 18650 蓄电池就是三元锂电池。

三元锂电池发展以镍钴锰路线为主，而且不断提高镍的比例，从镍、钴、锰比例 3∶3∶3（实际为各占 1/3）转向 6∶2∶2，再转变到 8∶1∶1，称为 811 电池。

国内纯电动汽车目前使用的主流蓄电池以三元锂电池和磷酸铁锂电池为主，它们的正极材料不同，如图 2-20 所示。

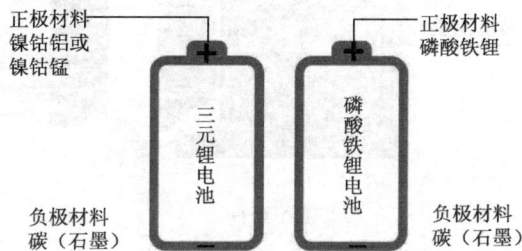

图 2-20　三元锂电池和磷酸铁锂电池

三元锂电池能量密度高，但安全性较低，循环寿命短，成本高；磷酸铁锂电池能量密度低，但安全性好，循环寿命长，成本低。锂电池技术在不断更新和突破，未来究竟哪种蓄电池更适合在纯电动汽车上使用，还有待实际检验。

2020 年我国动力蓄电池装机量达到 61.8GW·h，其中三元锂电池装机量为 38.6GW·h，占比 62.5%；磷酸铁锂电池装机量为 21.7GW·h，占比 35.1%；锰酸锂电池及其他电池装机量为 1.5GW·h，占比 2.4%。目前磷酸铁锂电池的装机量正在追赶三元锂电池，一方面，搭载磷酸铁锂电池的车型愈来愈多，比如宏光 Mini、特斯拉 Model 3 低配版、比亚迪汉 EV、比亚迪秦 EV 均有采用磷酸铁锂电池；另一方面，受益于比亚迪"刀片电池"全系换装的带动，更多车企都在申报配套磷酸铁锂电池的乘用车。

2.4.2 单体锂离子蓄电池的基本结构

单体锂离子蓄电池主要由正极、负极、隔膜、电解液和外壳等组成，如图 2-21 所示。

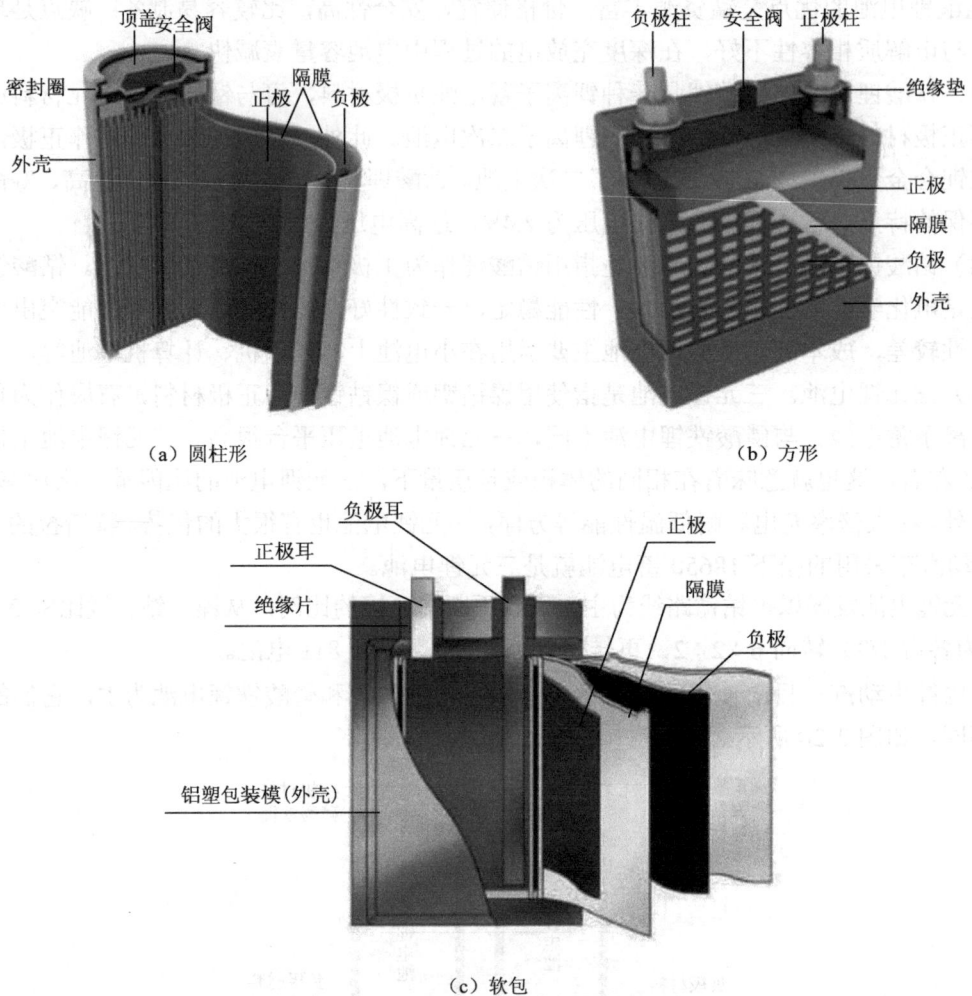

（a）圆柱形　　　　　　　　　　　　　　（b）方形

（c）软包

图 2-21　单体锂离子蓄电池的基本结构

1. 正极

正极材料作为锂离子蓄电池中锂离子的唯一供给者，对锂离子蓄电池能量密度的提高及成本的降低起着决定性作用。被广泛采用的锂离子蓄电池正极材料主要有磷酸铁锂、锰酸锂、钴酸锂和三元材料等。特斯拉 Model 3 纯电动汽车的动力蓄电池使用的正极材料是镍钴铝三元材料；比亚迪 e6 纯电动汽车的动力蓄电池使用的正极材料是磷酸铁锂/镍钴锰三元材料。

2. 负极

负极材料影响锂离子蓄电池的安全性，负极材料有碳材料、石墨材料和钛酸锂等。目前，广泛应用的是碳基负极材料，将锂在负极表面的沉积/溶解转变为在碳基材料中的嵌入/脱出，大幅度地减少了锂枝晶的形成，提高了锂离子蓄电池的安全性。特斯拉 Model 3 纯电动汽车的动力蓄电池使用的负极材料是石墨+硅；比亚迪 e6 纯电动汽车的动力蓄电池使用的负极材料是石墨。

3. 隔膜

隔膜是夹在蓄电池正极和负极之间起电子绝缘作用并提供锂离子迁移微通道的薄膜，是影响蓄电池性能的重要组件。

隔膜起着分离正极和负极的作用，避免蓄电池正极和负极直接接触短路，又具有锂离子传导和绝缘的功能。目前，应用比较广泛的隔膜主要有聚乙烯（Poly Ethylene，PE）隔膜、聚丙烯（Polypro Pylene，PP）隔膜、PP-PE-PP 三层隔膜、无纺布复合隔膜、凝胶隔膜、表面涂覆的复合隔膜等。

没有哪种隔膜适用于所有的蓄电池材料体系和蓄电池型号。为使动力蓄电池发挥最佳的性能，需要根据具体的蓄电池设计以及蓄电池制造的工艺和设备水平选配适合的隔膜。为保证动力蓄电池的安全性，隔膜的孔隙率不能太高，30%～45%为宜。单体容量较高的能量型蓄电池不宜使用过薄的隔膜；而功率型蓄电池可以考虑使用孔隙率较高、较薄的隔膜。

4. 电解液

电解液是锂离子蓄电池中锂离子传输的载体。一般由锂盐和有机溶剂组成。电解液在锂离子蓄电池正、负极之间，具有传导锂离子的作用。溶有电解质锂盐的有机溶剂提供锂离子，电解质锂盐有 $LiPF_6$、$LiClO_4$、$LiBF_4$ 等，有机溶剂主要由碳酸二乙酯（Diethyl Carbonate，DEC）、碳酸丙烯酯（Propylene Carbonate，PC）、碳酸乙烯酯（Ethylene Carbonate，EC）、碳酸二甲酯（Dimethyl Carbonate，DMC）等中的一种或几种混合组成。

电解液与蓄电池之间的对应性强，应根据不同厂商蓄电池设计的电化学性能要求，配套使用不同配方的电解液。

5. 外壳

外壳用于蓄电池封装，主要有铝壳、铝塑膜、盖板、极耳、绝缘片等。

在锂离子蓄电池成本结构中，正极材料约占 33%，负极材料约占 10%，电解液约占 12%，隔膜约占 30%，其他约占 15%。

2.4.3　锂离子蓄电池的工作原理

锂离子蓄电池的工作原理就是指其充放电原理。当对锂离子蓄电池进行充电时，锂离子蓄电池的正极上有锂离子生成，生成的锂离子经过电解液运动到负极。而作为负极的碳呈层状结构，它有很多微孔，到达负极的锂离子就嵌入碳层的微孔中，嵌入的锂离子越多，充电容量越高。

单体锂离子蓄电池的最高充电终止电压为 4.2V，不能过充，否则会因正极的锂离子丢失太多而使蓄电池报废。对锂离子蓄电池充电时，应采用专用的恒流、恒压充电器，先恒流充电至锂离子蓄电池两端电压为 4.2V，后转入恒压充电模式；当恒压充电电流降至 100mA 时，应停止充电。

图 2-22 所示为锂离子蓄电池的工作原理。锂离子蓄电池充电时，正极上锂原子电离成锂离子和电子（脱嵌），锂离子通过电解液运动到负极，得到电子，被还原成锂原子嵌入到碳层的微孔中（插入）；锂离子蓄电池放电时，嵌在负极碳层中的锂原子失去电子（脱嵌）成为锂

离子，通过电解液又运动回正极（嵌入）；锂离子蓄电池的充放电过程，也就是锂离子在正负极间不断嵌入和脱嵌的过程，同时伴随着等当量电子的嵌入和脱嵌。锂离子数量越多，充放电容量就越高。

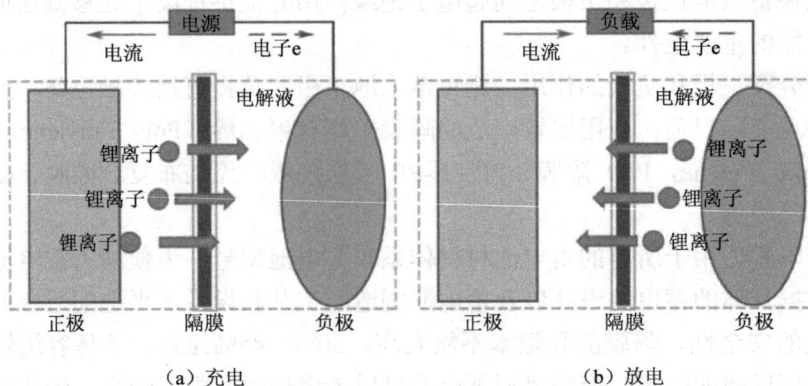

（a）充电　　　　　　　　　　（b）放电

图 2-22　锂离子蓄电池的工作原理

　　锂离子蓄电池反应过程中既没有消耗电解液，也不产生气体，只是锂离子在正负极间移动，因此锂离子蓄电池的结构可以做成完全封闭的。此外，正常条件下，锂离子蓄电池充放电过程中没有其他副反应，所以锂离子蓄电池充电效率很高，甚至达到 100%。

　　放电时锂离子不能完全移向正极，必须保留一部分锂离子在负极，以保证下次充电时的锂离子畅通嵌入通道，否则，蓄电池寿命就相当短。为了保证碳层中放电后留有部分锂离子，也就是锂离子蓄电池不能过放电，这就要严格限制放电终止最低电压；同时，根据锂离子蓄电池工作原理最高充电终止电压应为 4.2V，不能过充，否则会因正极材料中的锂离子失去太多，造成晶型坍塌，而使锂离子蓄电池表现出寿命终结状态。由此可见，锂离子蓄电池充/放电控制精度要求相当高，既不能过充，也不能过放，否则都将影响锂离子蓄电池寿命，这是由锂离子蓄电池工作机理所决定的。

2.4.4　锂离子蓄电池的应用实例

　　目前纯电动汽车使用的动力蓄电池主要是锂离子蓄电池。雪佛兰 Bolt 纯电动汽车动力蓄电池（见图 2-23）是由 288 个 LG 方形电芯制成的，电芯标称容量为 55A·h，标称电压为 3.75V，系统电能为 59.4kW·h（288×55A·h×3.75V）；蓄电池系统体积为 285L，质量为 435kg，体积能量密度为 208W·h/L，质量能量密度为 136W·h/kg。

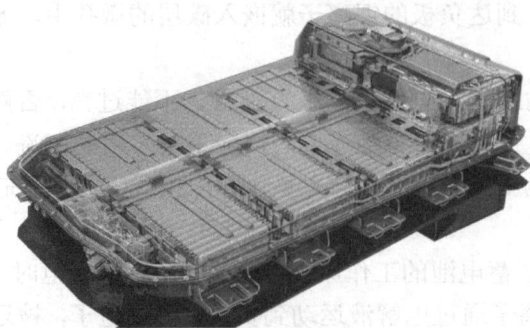

图 2-23　雪佛兰 Bolt 纯电动汽车动力蓄电池

特斯拉 Model S 纯电动汽车动力蓄电池（见图 2-24）由 7104 节 18650 蓄电池组成，16 个蓄电池模块串联，每个蓄电池模块采用 6S74P 组合，即 6 个电芯串联，共 74 组并联。如果每个电芯标称电压为 3.7V，则该动力蓄电池总电压为 355V。

图 2-24　特斯拉 Model S 纯电动汽车动力蓄电池

比亚迪推出的刀片电池如图 2-25 所示。传统的磷酸铁锂电池包含三层结构：单体、模组和电池包，其中单体和模组的支撑固定结构件会占据很大一部分空间。刀片电池直接将单体拉长，固定在电池包的边框上。在刀片电池里，单体成为结构件的一部分，既是供电部件，又是电池包的梁，省去了模组和大部分支撑结构，空间利用率大大提升。同样的电池体积里，现在可以塞下比以前多得多的单体。据比亚迪给出的数据，对电池包的重塑使刀片电池单位体积能量密度提升 50%，相当于原来满充能跑 400km 的纯电动汽车，如今能跑 600km。因为刀片电池也是磷酸铁锂电池，所以安全性非常好。

图 2-25　比亚迪推出的刀片电池

2.5　蓄电池管理系统

纯电动汽车动力蓄电池由成百上千个单体蓄电池组合而成，必须对这些单体蓄电池进行管理，才能使其发挥最大的作用。

2.5.1 蓄电池管理系统的定义与组成

1. 蓄电池管理系统的定义

蓄电池管理系统（BMS）是连接动力蓄电池和纯电动汽车的重要纽带，其精准的控制和管理为动力蓄电池的完美应用保驾护航，其实物如图 2-26 所示。

图 2-26　蓄电池管理系统实物

蓄电池管理系统是指监视蓄电池的状态（电压、电流、温度、荷电状态等），可以为蓄电池提供通信、安全、电芯均衡及管理控制，并提供与应用设备通信接口的系统。蓄电池管理系统通过控制蓄电池的充放电过程，实现对蓄电池的保护，提升蓄电池综合性能。它在纯电动汽车上的位置如图 2-27 所示。

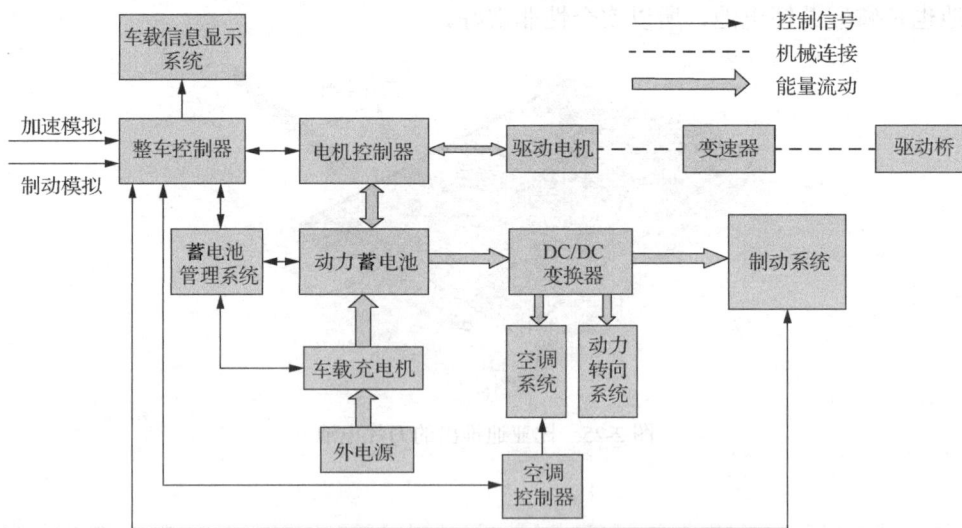

图 2-27　蓄电池管理系统在纯电动汽车上的位置

与蓄电池管理系统有通信关系的两个部件分别是整车控制器和车载充电机。蓄电池管理系统向上通过控制器局域网络（Controller Area Network，CAN）总线与整车控制器通信，上报动力蓄电池状态参数；接收整车控制器指令，配合整车需要，确定功率输出；向下监控整个动力蓄电池的运行状态，保护动力蓄电池不受过放、过热等非正常运行状态的侵害；充电过程中，与车载充电机交互，管理充电参数，监控充电过程正常完成。

2. 蓄电池管理系统的组成

蓄电池管理系统主要由检测模块、均衡电源模块和控制模块三部分组成,如图 2-28 所示。

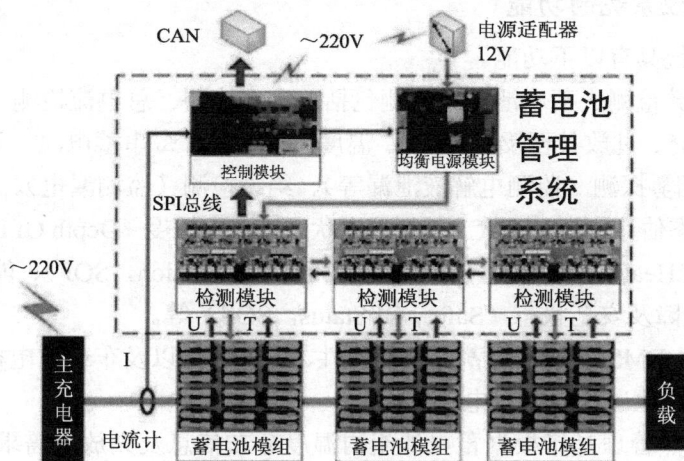

图 2-28　蓄电池管理系统的组成

(1)检测模块。检测模块能够对蓄电池组中各单体蓄电池的电压、电流、温度等关键状态参数进行准确和实时的检测,并通过串行外设接口(Serial Peripheral Interface,SPI)总线上报给控制模块。

(2)均衡电源模块。均衡电源模块能够平衡单体蓄电池间的电压差异,解决蓄电池组"短板效应"的现象。

(3)控制模块。控制模块能够根据既定策略完成控制功能,实现 SOC 估计,同时将电池状态数据通过 CAN 总线发送给整车其他的电子控制单元。

图 2-29 所示为某纯电动汽车的动力蓄电池及蓄电池管理系统。

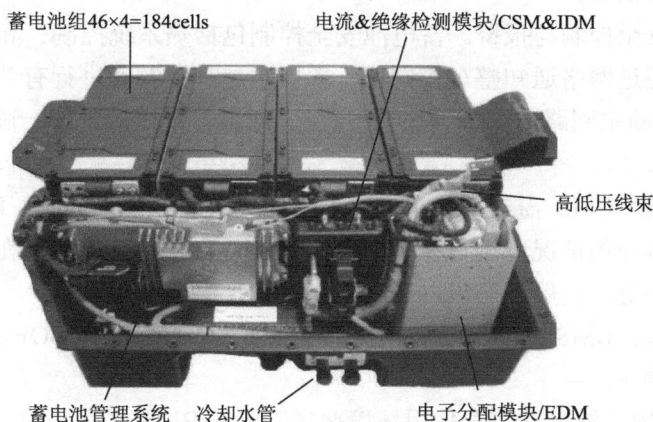

图 2-29　某纯电动汽车的动力蓄电池及蓄电池管理系统

2.5.2　蓄电池管理系统的功能与工作模式

1.　蓄电池管理系统的功能

蓄电池管理系统具有以下功能。

（1）蓄电池参数检测。蓄电池参数检测包括总电压检测、总电流检测、单体蓄电池电压检测（防止出现过充、过放甚至反极现象）、温度检测（最好每串蓄电池、关键电缆接头等均有温度传感器）、烟雾探测（监测电解液泄漏等）、绝缘检测（监测漏电）、碰撞检测等。

（2）蓄电池状态估计。蓄电池状态包括荷电状态或放电深度（Depth Of Discharge，DOD）、健康状态（State Of Health，SOH）、功能状态（State Of Function，SOF）、能量状态（State Of Energy，SOE）、故障及安全状态（Safety Of Status，SOS）等。

（3）充电控制。BMS 能够根据蓄电池的特性、温度高低以及车载充电机的功率等级，控制车载充电机给蓄电池进行安全充电。

（4）热管理。热管理是指根据蓄电池组内温度分布信息及充放电需求，决定主动加热/散热的强度，使得蓄电池尽可能工作在最适合的温度，充分发挥蓄电池的性能。

（5）蓄电池均衡。蓄电池不一致性分为容量不一致性、电阻不一致性和电压不一致性。特别是容量不一致性的存在，使得蓄电池组的容量小于组中最小单体蓄电池的容量。蓄电池均衡是指根据单体蓄电池信息，采用主动或被动、耗散或非耗散等均衡方式，尽可能使蓄电池组容量接近于最小单体蓄电池的容量。

（6）在线故障诊断。在线故障诊断包括故障检测、故障类型判断、故障定位、故障信息输出等。故障检测是指通过采集到的传感器信号，采用诊断算法诊断故障类型，并进行早期预警。蓄电池故障是指蓄电池组、高压电回路、热管理等各个子系统的传感器故障，执行器（如接触器、风扇、泵、加热器等）故障，以及网络故障和各种控制器软硬件故障等。蓄电池组本身故障是指过压（过充）、欠压（过放）、过电流、超高温、内短路、接头松动、电解液泄漏、绝缘能力降低等。

（7）蓄电池安全控制与报警。蓄电池安全控制包括热系统控制、高压电安全控制。BMS诊断到故障后，通过网络通知整车控制器，并要求整车控制器进行有效处理（超过一定阈值时 BMS 也可以切断主回路电源），以防止高温、低温、过充、过放、过电流、漏电等对蓄电池和人身的损害。

（8）网络通信。BMS 需要与整车控制器等网络节点通信，同时，BMS 在车辆上拆卸不方便，需要在不拆壳的情况下进行在线标定、监控、自动代码生成和在线程序下载（程序更新而不拆卸产品）等，一般的车载网络均采用 CAN 总线技术。

（9）信息存储。BMS 存储关键数据，如 SOC、SOH、SOF、SOE、累积充放电安时数、故障码和一致性等。

（10）电磁兼容。纯电动汽车使用环境恶劣，要求 BMS 具有好的抗电磁干扰能力，同时要求 BMS 对外辐射小。

蓄电池管理系统的具体组成和功能应以实际车型的蓄电池管理系统为准。真实纯电动汽车中的 BMS 可能只有上面提到的部分功能。

2. 蓄电池管理系统的工作模式

蓄电池管理系统的工作模式主要有下电模式、待机模式、放电模式、充电模式、故障模式等。

（1）下电模式。下电模式是整个 BMS 的低压与高压部分处于不工作状态的模式。在下电模式下，BMS 控制的所有高压接触器均处于断开状态，低压控制电源处于不供电的状态。下电模式属于省电模式。

（2）待机模式。BMS 在此模式下不处理任何数据，能耗极低，能快速启动。待机模式下，BMS 所有的接触器均处于未吸合状态。在该模式下，BMS 可接受外界的点火锁、整车控制器、电机控制器、充电插头开关等部件发出的硬线信号或受 CAN 报文控制的低压信号来驱动各高压接触器，从而使 BMS 进入所需工作模式。

（3）放电模式。BMS 在待机模式下检测到放电唤醒信号后，接收整车控制器发来的动力蓄电池运行状态指令和接触器的动作指令，并执行相关指令，完成 BMS 上电及预充电流程，进入放电模式。

（4）充电模式。当 BMS 检测到充电唤醒信号时，其即进入充电模式。在该模式下主正、主负继电器闭合，同时为保证低压控制电源持续供电，DC/DC 变换器需处于工作状态。

（5）故障模式。BMS 在任何模式下检测到故障，均进入故障模式，同时上报整车控制器故障状态和相关故障代码。由于纯电动汽车动力蓄电池的使用关系到用户的人身安全，因而系统对于各种相应模式总是采取安全第一的原则。BMS 对于故障的响应还需根据故障等级而定，当故障级别较低时，系统可采取报错或发出轻微报警信号的方式告知驾驶员；而当故障级别较高，甚至伴随有危险时，系统采取直接断开高压接触器的控制策略。

2.5.3 动力蓄电池的热管理与不一致性

1. 动力蓄电池的热管理

纯电动汽车自燃是非常大的安全隐患。发生纯电动汽车自燃的重要原因之一就是动力蓄电池出现了问题，因此动力蓄电池的热管理非常重要，如果温度过高，会影响动力蓄电池的寿命和安全性，通常希望动力蓄电池的工作温度要保持在 20~35℃。

纯电动汽车对动力蓄电池的热管理具有以下要求。

（1）保证单体蓄电池最适宜的工作温度范围，避免单体蓄电池整体或局部温度过高，能够使单体蓄电池在高温环境中有效散热，在低温环境中迅速加热或保温。

（2）减小单体蓄电池尤其是大尺寸单体蓄电池内部不同部位的温度差异，保证单体蓄电池温度分布均匀。

（3）满足纯电动汽车轻量化、紧凑性的具体要求，安装和维护方便，可靠性好且成本低廉。

（4）保证有害气体产生时的有效通风，以及与温度等相关参数相一致的热测量与监控。

动力蓄电池的冷却主要分为风冷和液冷两大类。

风冷的典型代表是日产聆风 Leaf 纯电动汽车，采用鼓风机（专门为动力蓄电池冷却用）驱动空气，通过空调制冷系统的蒸发器后变成冷风，再去冷却动力蓄电池，如图 2-30 所示。该技术比较成熟，由于空气的比热较小，带走的热量较少，主要适用于动力蓄电池散热量较小的情况。

　　液冷的典型代表是特斯拉纯电动汽车，在整个空调系统上添加中间换热器，中间换热器内部有两个流道，一个流道内部流动的是冷却液，另一个流道内部流动的是制冷剂，二者进行热交换。冷却液经过换热后变成低温冷却液流入动力蓄电池中，对动力蓄电池进行冷却，如图 2-31 所示。目前该冷却技术比较成熟，获得了广泛应用。由于冷却液的比容积大，能够带走更多的热量，主要适用于大容量的动力蓄电池的冷却。

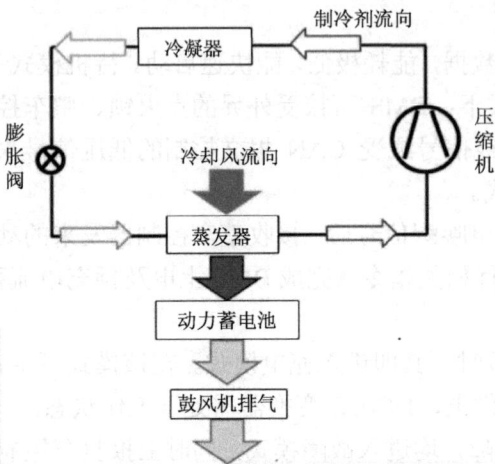

图 2-30　动力蓄电池的风冷原理　　　　图 2-31　动力蓄电池的液冷原理

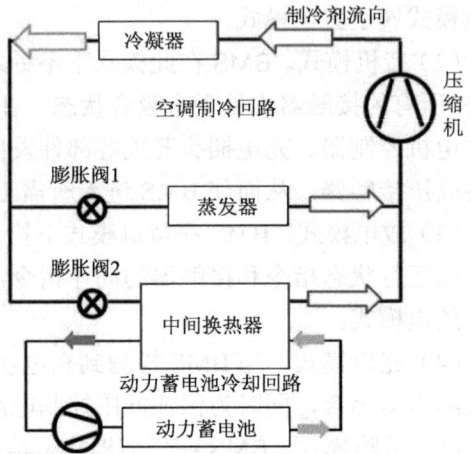

　　图 2-32 所示为某纯电动汽车动力蓄电池的热管理示意图。当蓄电池温度过高时，开启电池冷却器，对蓄电池进行冷却；当蓄电池温度过低时，开启热交换器，对蓄电池进行加热。

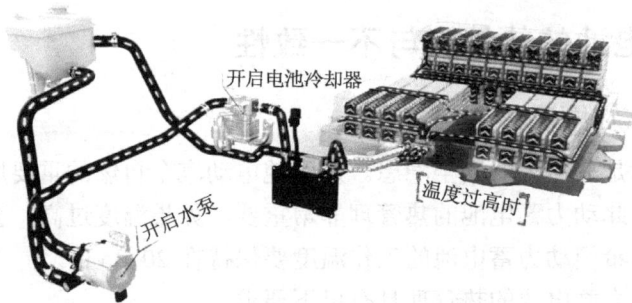

（a）蓄电池温度过高

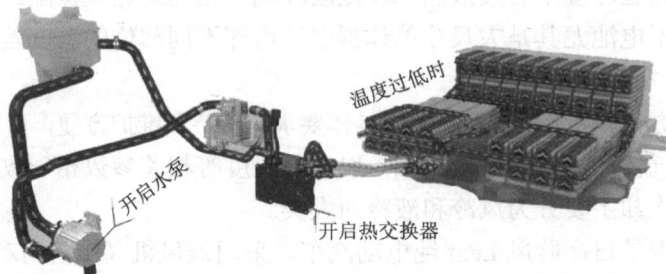

（b）蓄电池温度过低

图 2-32　某纯电动汽车动力蓄电池的热管理示意图

2. 动力蓄电池的不一致性

动力蓄电池作为纯电动汽车的动力电源使用时，有高功率、大容量的要求，单体锂离子蓄电池并不能满足该要求，因此需要对单体锂离子蓄电池进行串、并联组合使用。然而，单体蓄电池之间的不一致性常常造成蓄电池组在循环过程中出现容量衰减过快、寿命较短等问题。选择性能尽可能一致的单体蓄电池用来成组，对锂离子蓄电池在动力蓄电池中的推广应用具有重要意义。

（1）不一致性的定义。蓄电池组的不一致性是指同一规格型号的单体蓄电池组成蓄电池组后，其电压、电量、容量及其衰退率、内阻及其变化率、寿命、温度、自放电率等参数存在一定的差别。

各单体蓄电池在制造出来后，初始性能本身存在一定差异。随着使用，这些性能差异不断累积，同时由于各单体蓄电池在蓄电池组内的使用环境不完全相同，也导致了单体蓄电池的不一致性逐步增大，进而加速了蓄电池性能衰减，并最终引发蓄电池组过早失效。

（2）不一致性的分类。蓄电池不一致性主要分为容量不一致性、电压不一致性和电阻不一致性。

① 容量不一致性。容量不一致性主要包括初始容量不一致性和实际容量不一致性。

初始容量不一致性是指出厂前的分选试验后蓄电池组中单体蓄电池的初始容量不一致。蓄电池初始容量与蓄电池衰减特性有关，受蓄电池贮存温度、荷电状态等因素影响。尽管蓄电池在出厂前的分选试验可以较好地保证单体蓄电池初始容量的一致性，但是初始容量不一致性并不是纯电动汽车蓄电池成组应用的主要矛盾，因为在使用过程中可以通过单体蓄电池单独充放电来调整单体蓄电池的初始容量。

实际容量不一致性是指蓄电池在放电过程中所剩余的电量不相等。蓄电池的实际容量主要与蓄电池的初始容量、放电电流和内阻等有关。蓄电池实际容量还显著受到蓄电池循环次数影响，越接近蓄电池寿命周期后期，实际容量不一致性就越明显。

② 电压不一致性。电压不一致性的主要影响在于并联组中蓄电池的互充电，当并联组中一节蓄电池电压低时，其他蓄电池将给电压低的蓄电池充电。在这种连接方式下，较低电压蓄电池的容量小幅增加的同时，较高电压蓄电池的容量将急剧下降，能量将损耗在互充电过程中而达不到预期的对外输出。若低电压蓄电池和正常蓄电池一起使用，将成为蓄电池组的负载，影响其他蓄电池的工作，进而影响整个蓄电池组的寿命。因此，在蓄电池组不一致性明显增加的深放电阶段，不能再继续使用低压蓄电池，否则会造成低容量蓄电池过放电，影响蓄电池的使用寿命。

③ 内阻不一致性。蓄电池内阻不一致使得蓄电池组中每个单体蓄电池在放电过程中热损失的能量不一样，最终影响单体蓄电池的能量状态。

（3）提高蓄电池一致性的途径。蓄电池的一致性是相对的，不一致性是绝对的。提高蓄电池一致性的途径主要有生产过程的控制、配组过程的控制、使用和维护过程的控制。

① 生产过程的控制。生产过程的控制主要从原材料和生产工艺两方面进行。原材料方面尽量选取同一批次的原材料，保证原材料颗粒大小、性能的一致性。生产工艺方面要对整个生产过程进行严格的调控，例如保证浆料搅拌均匀、不长时间放置，控制涂布机的走速，保证涂布的厚度、均匀度，对极片进行外观检查、称重分档，控制注液量及化成、分容、贮存条件等。

② 配组过程的控制。配组过程的控制主要是指对蓄电池进行分选，蓄电池组采用统一类型、统一规格、统一型号的蓄电池，并且要对蓄电池的电压、容量、内阻等进行测定，保证蓄电池初始性能的一致性。

③ 使用和维护过程的控制。

a. 对蓄电池进行实时监控。配组时对蓄电池进行一致性筛选，可保证在蓄电池组使用初期的一致性。在使用过程中对蓄电池进行实时监控，可实时观察到使用过程中的一致性问题。也可以通过实时监控对极端参数蓄电池进行及时调整或者更换，保证蓄电池组的不一致性不会随时间而增大。

b. 引入均衡管理系统。采用适当的均衡策略和均衡电路对蓄电池进行智能管理。目前常见的均衡策略包括基于外电压的均衡策略、基于 SOC 的均衡策略和基于容量的均衡策略。而均衡电路按能量消耗方式可以分为被动均衡和主动均衡。被动均衡就是将单体电池中容量稍多的个体消耗掉，实现整体的均衡；主动均衡则是将单体能量稍高的能量通过储能环节转移到能量稍低的电池上去。其中主动均衡能够实现蓄电池间的无损能量流动，是国内外研究的热点。主动均衡中常用的方法有蓄电池旁路法、开关电容法、开关电感法、DC/DC 变换法等。

c. 对蓄电池进行热管理。对蓄电池进行热管理除了尽量将蓄电池组的工作温度保持在最优的范围之内，还要尽量保证单体蓄电池之间温度条件的一致，从而有效地保证各单体蓄电池之间的性能一致性。

d. 采用合理的控制策略。在输出功率允许的情况下，尽量减小蓄电池放电深度，同时，避免蓄电池的过充电，可延长蓄电池组的循环寿命。应加强对蓄电池组的维护，间隔一定时间对蓄电池组进行小电流维护性充电，还要注意清洁。

总之，提高蓄电池的一致性是一个系统全面的工程，需要从蓄电池的设计、生产、质量控制、应用、维护等多方面共同考虑。

（4）锂离子蓄电池配组方法。锂离子蓄电池配组方法主要有电压配组法、静态容量配组法、内阻配组法、多参数配组法和动态特性配组法。

① 电压配组法。电压配组法可分为静态电压配组法和动态电压配组法。静态电压配组法又叫作空载配组法，不带负载，只考虑蓄电池本身，测量被筛选蓄电池在静置数十天后满电荷状态贮存的自放电率以及满荷电状态下不同贮存期内蓄电池的开路电压。此方法操作最简单，但不准确。动态电压配组法考察蓄电池带负载时的电压情况，但没有考虑到负载变化等因素，因此也不准确。

② 静态容量配组法。静态容量配组法是在设定的条件下对蓄电池进行充放电，由放电电流和放电时间来计算容量，按容量大小对蓄电池进行配组。这种方法简便易行，但它只能反映蓄电池在特定条件下容量相同，不能说明蓄电池的完整工作特性，有一定的局限性。

③ 内阻配组法。内阻配组法主要考虑蓄电池的内阻，这种方法能够实现快速测量，但是因为蓄电池的内阻会随放电过程的进行而改变，要进行内阻的准确测定有一定的难度。

④ 多参数配组法。多参数配组法同时考虑容量、内阻、电压、自放电率等多个外部条件对蓄电池进行综合评定，可以分选出一致性较好的蓄电池组。但这种方法要求参数分选准确，同时耗时过长。

⑤ 动态特性配组法。动态特性配组法利用蓄电池的充放电特性曲线来分选蓄电池进行配组。充放电曲线能够体现蓄电池的大部分特性，利用动态特性配组法能够保证蓄电池各种

性能指标的一致性。但采用这种方法蓄电池的配组利用率较低，不利于蓄电池组成本的降低。标准曲线或基准曲线的确定也是其实施过程中的难点。

2.6　动力蓄电池系统的故障诊断

纯电动汽车动力蓄电池系统是最容易出现故障的部分之一，而且动力蓄电池系统是高压系统，其故障诊断的要求是非常高的。

2.6.1　动力蓄电池系统的故障分级

动力蓄电池系统故障分为一级故障、二级故障和三级故障。

1. 一级故障

一级故障是最严重的故障。一级故障表明动力蓄电池在此状态下功能已经丧失，请求其他控制器立即（1s内）停止充电或放电。如果其他控制器在指定时间内未作出响应，BMS 将在 2s 后主动停止充电或放电（即断开高压继电器）。

动力蓄电池上报一级故障一段时间后会造成整车出现安全事故，如起火、爆炸、触电等，动力蓄电池在正常工作时不会上报该故障，BMS 一旦上报该故障表明动力蓄电池处于严重滥用状态。

2. 二级故障

二级故障表明动力蓄电池在此状态下功能已经丧失，请求其他控制器停止充电或者放电；其他控制器应在一定的延时时间内响应动力蓄电池停止充电或放电请求。其他控制器响应动力蓄电池二级故障的延时时间建议少于 60s，否则会引发动力蓄电池上报一级故障。

动力蓄电池上报二级故障会造成整车进入跛行状态、暂时停止能量回馈、停止充电，动力蓄电池正常工作时不会上报该故障，BMS 一旦上报该故障，表明动力蓄电池某些硬件出现故障或动力蓄电池处于非正常工作条件下。

3. 三级故障

三级故障表明动力蓄电池性能下降，蓄电池管理系统降低最大允许充/放电电流。

动力蓄电池上报三级故障对整车无影响或不同程度地造成整车进入限功率行驶状态，动力蓄电池正常工作时可能上报该故障，BMS 一旦上报该故障，表明动力蓄电池处于极限环境温度下或单体蓄电池一致性出现一定劣化等，应该查找原因进行排除。

动力蓄电池系统的故障一般在仪表上只显示动力蓄电池故障、动力蓄电池绝缘故障及动力蓄电池系统断开三种故障信息，只能很粗略地判断故障位置，并不能精确定位。

2.6.2　动力蓄电池系统的常见故障

动力蓄电池系统会出现以下常见故障。

1. 单体蓄电池故障

单体蓄电池会出现以下故障。

（1）单体蓄电池 SOC 偏低或偏高。单体蓄电池 SOC 偏低或偏高，会造成动力蓄电池系统性能下降，影响纯电动汽车的续驶里程，但动力蓄电池系统能够正常使用，无须更换。处理办法是对出现 SOC 偏低的单体蓄电池单独充电，对出现 SOC 偏高的单体蓄电池单独放电，从而保证所有单体蓄电池的一致性。

（2）单体蓄电池容量不足。单体蓄电池容量不足，会造成动力蓄电池充电不足，能量下降，从而造成纯电动汽车的续驶里程缩短。处理办法是对出现容量不足的单体蓄电池进行更换。

（3）单体蓄电池内阻偏大。单体蓄电池内阻偏大，会造成动力蓄电池充电不足，性能下降，从而造成纯电动汽车的动力性不足，续驶里程缩短。处理办法是对出现内阻偏大的单体蓄电池进行更换。

（4）单体蓄电池过充电或过放电。单体蓄电池过充电或过放电，会造成动力蓄电池内部短路、热失控，严重时会起火、爆炸。处理办法是检查蓄电池管理系统。

（5）单体蓄电池内部短路。单体蓄电池内部短路，会造成动力蓄电池热失控，严重时会起火、爆炸，影响行车安全。处理办法是更换内部短路的单体蓄电池。

（6）单体蓄电池外部短路。单体蓄电池外部短路，会造成动力蓄电池热失控，严重时会起火、爆炸，影响行车安全。处理办法是排除短路故障、更换造成外部短路的单体蓄电池。

（7）单体蓄电池极性装反。单体蓄电池极性装反，会造成动力蓄电池热失控，严重时会起火、爆炸，影响行车安全。处理办法是更换极性装反的单体蓄电池。

2. 蓄电池管理系统故障

蓄电池管理系统会出现以下故障。

（1）CAN 通信故障。当出现 CAN 通信故障时，会无法监控纯电动汽车运行状态。处理办法是检查 CAN 网络。

（2）总电压测量故障。当出现总电压测量故障时，会无法监控动力蓄电池系统的总电压。处理办法是检查动力蓄电池总电压测量模块。

（3）单体蓄电池电压测量故障。当出现单体蓄电池电压测量故障时，会无法监控单体蓄电池电压。处理办法是检查单体蓄电池电压测量模块。

（4）温度测量故障。当出现温度测量故障时，会无法监控动力蓄电池系统的温度。处理办法是检查动力蓄电池温度测量模块。

（5）电流测量故障。当出现电流测量故障时，会无法监控动力蓄电池系统的电流。处理办法是检查动力蓄电池电流测量模块。

（6）冷却系统故障。当出现冷却系统故障时，会造成动力蓄电池系统的温度偏高。处理办法是检查动力蓄电池的冷却系统。

3. 线路或连接件故障

线路或连接件会出现以下故障。

（1）蓄电池之间虚接。当蓄电池之间虚接时，会造成纯电动汽车动力不足，续驶里程缩短。处理办法是紧固虚接的蓄电池。

（2）蓄电池之间断路。当蓄电池之间断路时，会造成纯电动汽车无法启动。处理办法是检查蓄电池之间的连接，把断路的蓄电池重新连接。

（3）快速熔断器断开。当快速熔断器断开时，会造成纯电动汽车无法启动。处理办法是检查快速熔断器，使断开的快速熔断器重新接合。

（4）动力电插接器断开。当动力电插接器断开时，会造成纯电动汽车无法启动。处理办法是检查动力电插接器，使断开的动力电插接器重新接合。

（5）动力电插接器虚接。当动力电插接器虚接时，会造成插接器易烧蚀，纯电动汽车动力不足。处理办法是检查动力电插接器，使虚接的动力电插接器重新接合。

（6）信号电插接器故障。当信号电插接器故障时，会造成无法监控纯电动汽车的运行状态。处理办法是检查信号电插接器，排除信号电插接器的故障。

（7）正极、负极接触器故障。当正极、负极接触器故障时，会造成纯电动汽车无法启动。处理办法是检查正极、负极的接触线。

（8）电源线短路。当电源线短路时，会造成蓄电池热失控，严重时会起火、爆炸。处理办法是检查电源线。

2.6.3　动力蓄电池系统的故障诊断实例

1. 故障名称

动力蓄电池高压母线连接的故障诊断。

2. 故障现象

某纯电动汽车在行驶过程中，突然出现丢失动力的现象，重新启动后组合仪表的动力蓄电池故障警告灯和动力蓄电池高压断开故障警告灯同时亮起，且系统故障指示灯点亮，表明动力蓄电池系统出现二级故障。

3. 故障分析

故障分析步骤及方法应根据厂家提供的纯电动汽车维修手册进行。即使是相同故障，不同厂家的纯电动汽车，其故障分析步骤及方法也会有差异。

某纯电动汽车与动力蓄电池系统相连接的部件如图 2-33 所示。

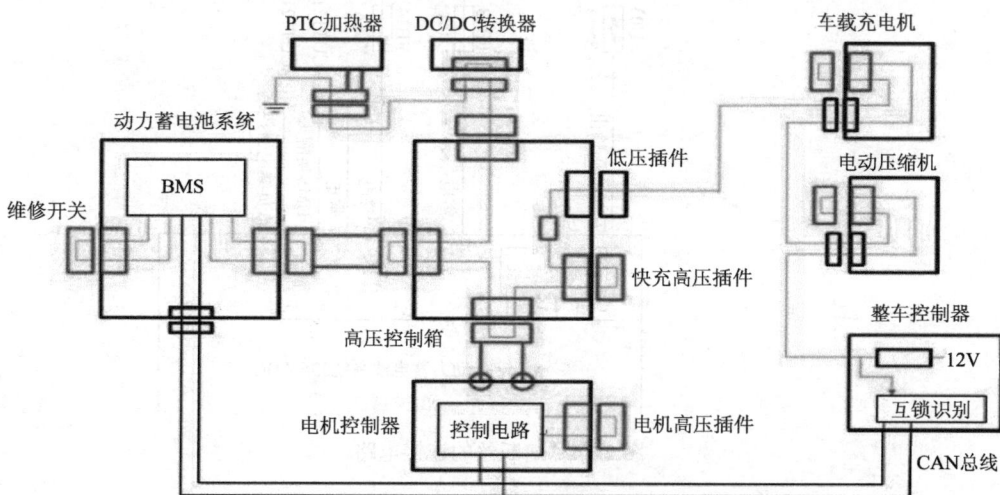

图 2-33　某纯电动汽车与动力蓄电池系统相连接的部件

（1）用该纯电动汽车的故障诊断仪读取故障码和数据流，显示动力蓄电池系统有故障。

（2）动力蓄电池故障警告灯点亮条件：蓄电池管理系统对绝缘电阻、单体蓄电池电压、SOC 计算、蓄电池温度、母线电流等指标进行检测过程中，若发现某些参数超过标准上限，蓄电池管理系统上报整车控制器（VCU），由 VCU 点亮该故障警告灯。

（3）动力蓄电池高压断开故障警告灯点亮条件：当动力蓄电池内部出现断路或者高压系统部件之间出现断路，VCU 检测不到高压互锁的确认信号时，VCU 将点亮该故障警告灯。

（4）系统故障指示灯点亮条件：系统故障指示灯持续点亮表示出现二级故障，且是当前存在的故障。

综合分析，该纯电动汽车动力蓄电池故障警告灯和动力蓄电池高压断开故障警告灯同时点亮，可能原因有三种：动力蓄电池模组低压断路、高压互锁故障和系统误报。

4. 故障诊断流程

按以下步骤进行故障诊断。

（1）利用故障诊断仪读取故障码和数据流，显示动力蓄电池高压母线连接出现故障。

（2）检查维修开关是否松动，重新插拔后再次检查故障是否存在；如果存在，则执行下一步操作，诊断排除故障。

（3）检查动力蓄电池系统高压输出熔断丝（HU03）是否损坏，如果损坏，则更换相同规格的熔断丝后检查故障是否排除；如果没有损坏，则执行下一步操作，诊断排除故障。

（4）打开前舱低压配电盒，检查动力蓄电池低压供电熔断丝（FB13 和 FB14）是否熔断，如果熔断，则更换熔断丝；如果没有熔断，则执行下一步操作，诊断排除故障。

熔断丝的连接电路如图 2-34 所示。

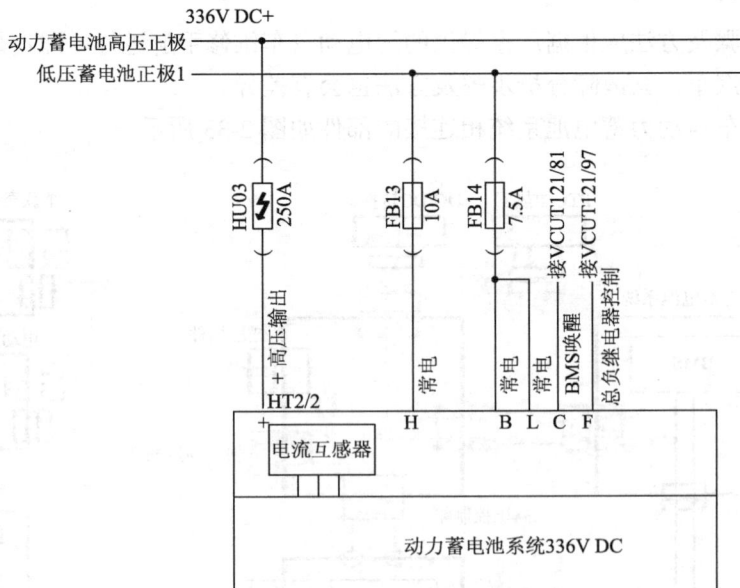

图 2-34　熔断丝的连接电路

（5）打开电源开关至 ON 挡，将车辆举升，断开动力蓄电池低压控制插件，查看动力蓄电池低压控制插件（动力蓄电池侧）针角含义。

动力蓄电池低压控制插件（动力蓄电池侧）针角如图 2-35 所示。

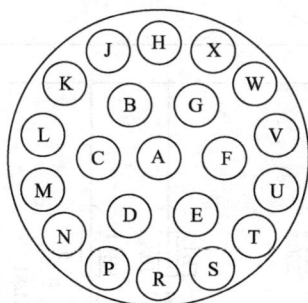

图 2-35　动力蓄电池低压控制插件（动力蓄电池侧）针角

动力蓄电池低压控制插件（动力蓄电池侧）针角含义见表 2-1。

表 2-1　动力蓄电池低压控制插件（动力蓄电池侧）针角含义

针角符号	含义
A	未使用
B	BMS 供电正极
C	Wake Up（唤醒）
D	未使用
E	未使用
F	负极继电器控制
G	BMS 供电负极
R	新能源 CANL（低速总线）
S	动力蓄电池内部 CANH（高速总线）
T	动力蓄电池内部 CANL（低速总线）
U	快充 CANL（低速总线）
H	继电器供电正极
J	继电器供电负极
K	未使用
L	高压互锁信号（+）
M	未使用
N	新能源 CAN 屏蔽
P	新能源 CANH（高速总线）
V	快充 CANH（高速总线）
W	动力蓄电池 CAN 屏蔽
X	未使用

（6）使用欧姆表分别测量低压控制插件 H 脚与熔断丝 FB13、B 脚和 L 脚与熔断丝 FB14 之间线路电阻值，如图 2-36 所示。若线路电阻值不符合标准，则维修或更换出现断路或短路的线路。

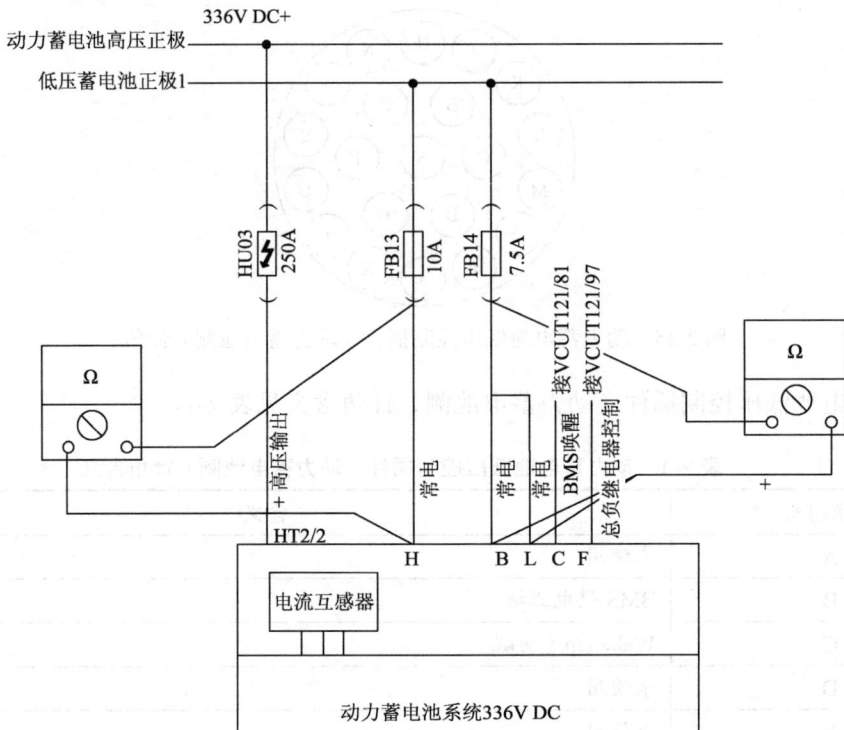

图 2-36　线路电阻值的测量

（7）使用万用表电压挡分别测量低压控制插件 H 脚、B 脚和 L 脚与车身搭铁之间有无 12V 电压，如图 2-37 所示。

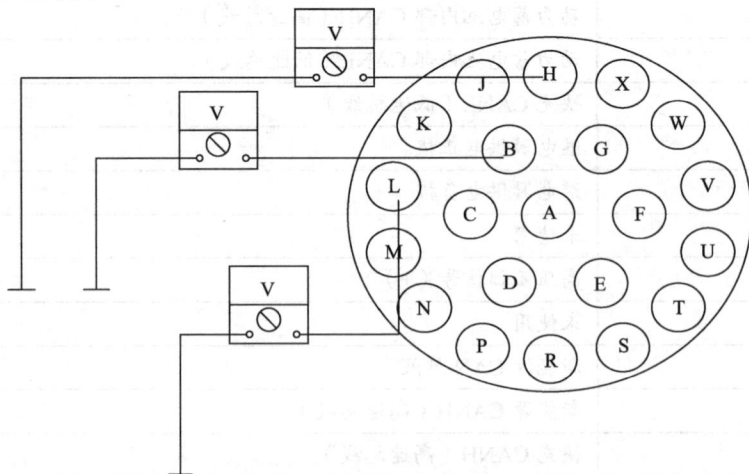

图 2-37　低压控制插件 H 脚、B 脚和 L 脚与车身搭铁之间电压测量

（8）若无 12V 电压，则使用万用表电压挡测量熔断丝 FB13、FB14 与车身搭铁之间有无 12V 电压，如图 2-38 所示。若无 12V 电压，则维修或更换低压配电盒。

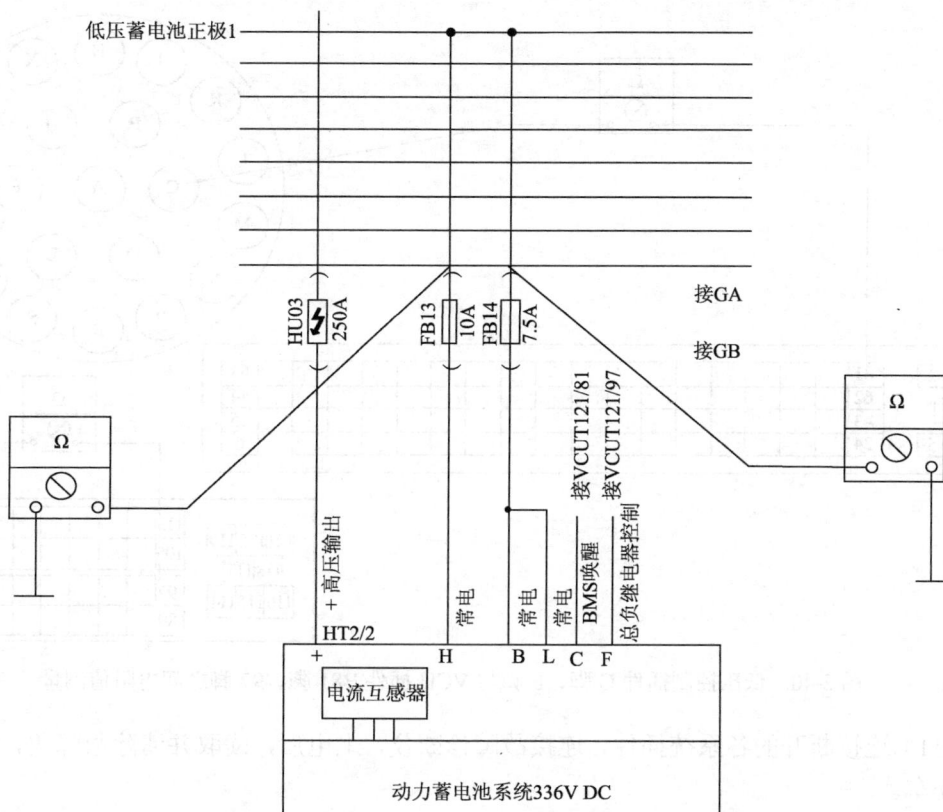

图 2-38　熔断丝 FB13、FB14 与车身搭铁之间电压测量

（9）使用欧姆表分别测量低压控制插件 G 脚、J 脚与车身搭铁之间线路电阻值，如图 2-39 所示。若线路电阻值无穷大，则维修或更换出现断路或短路的线路。

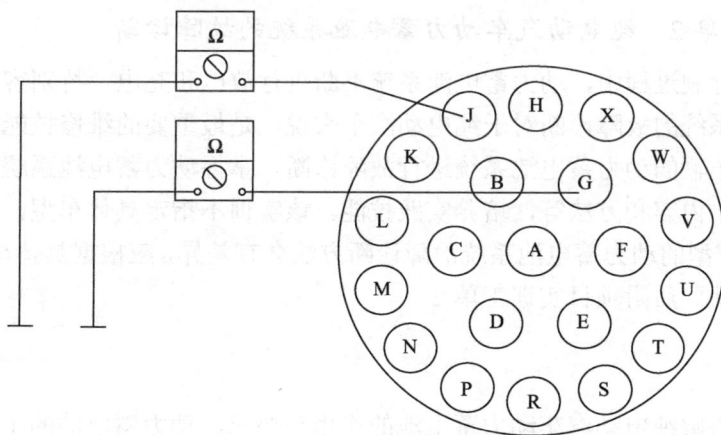

图 2-39　低压控制插件 G 脚、J 脚与车身搭铁之间线路电阻值测量

（10）断开 VCU 插件，使用欧姆表分别测量低压检测插件 C 脚、F 脚与 VCU 插件 B81 脚、97 脚之间电阻值，如图 2-40 所示。若线路电阻值无穷大，则维修或更换出现断路或短路的线路；若符合标准，则检查 VCU 或动力蓄电池负极继电器。

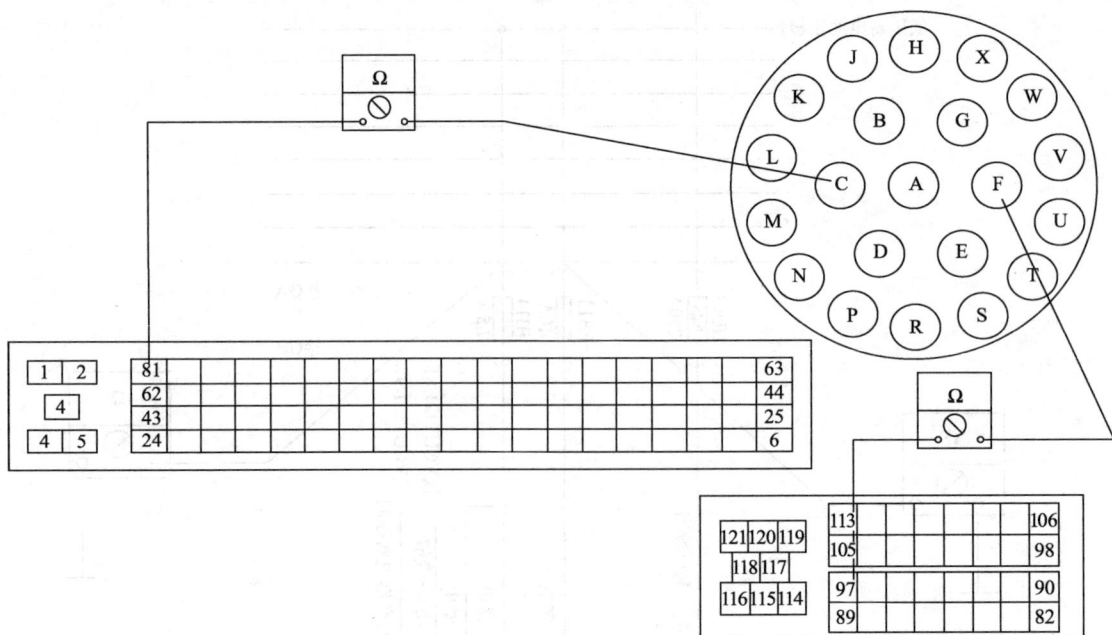

图 2-40　低压控制插件 C 脚、F 脚与 VCU 插件 B81 脚、97 脚之间电阻值测量

（11）连接断开的各系统插件，连接故障诊断仪，上电后，读取并清除故障码，恢复正常检验交车。

在实际故障诊断中，该车所有电路检查都正常，维修开关拔出后重新插入，重新读取故障，故障码消失，工作恢复正常。

【项目实训】

项目实训工单 2　纯电动汽车动力蓄电池系统的故障诊断

纯电动汽车行驶过程中，动力蓄电池系统不断进行放电和充电，特别容易出现故障，因此，动力蓄电池系统的故障诊断对于纯电动汽车来说，是最重要的维修技能。项目实训工单 2 主要是对实训车辆的动力蓄电池系统进行故障诊断，掌握动力蓄电池系统的常见故障以及故障诊断的程序、内容和方法等，培养实践技能。该实训不指定具体车型，故障由指导教师事先设定；不同车型的动力蓄电池系统故障诊断方法会有差异，应根据具体车型的维修手册，选择故障诊断方法。后附项目实训工单 2。

【项目小结】

本项目主要讲解纯电动汽车动力蓄电池的作用与要求、动力蓄电池的主要性能指标、动力蓄电池系统的结构类型与组合方式、锂离子蓄电池及其管理系统的基本知识，熟悉动力蓄电池系统的故障诊断，通过项目实训工单 2，学生可以掌握纯电动汽车动力蓄电池系统的常见故障及故障诊断方法等，培养从事纯电动汽车维修所必备的技能；通过实训考核和理论考核，可以巩固学习效果，最终培养分析问题和解决问题的能力以及动力蓄电池系统故障诊断技能。

项目 3
纯电动汽车电驱动系统的认知与故障诊断

【项目目标】

完成本项目，学生应该达到以下目标。

知识目标

（1）了解驱动电机的类型与要求。

（2）掌握驱动电机的主要性能指标。

（3）掌握异步电机的结构和工作原理。

（4）掌握永磁同步电机的结构和工作原理。

（5）掌握电机控制器的基本知识。

（6）掌握变速器及电驱动系统的基本知识。

（7）掌握驱动电机系统的故障诊断。

技能目标

（1）能够识别电驱动系统及其连线。

（2）能够对驱动电机系统进行故障诊断。

素质目标

（1）培养敬业精神和服务意识。

（2）培养沟通、协调、合作的能力，逐步形成良好的心理素质。

【项目导入】

　　纯电动汽车的动力来自于电驱动系统，电驱动系统直接影响纯电动汽车的布置和动力性能，也是纯电动汽车的核心技术。图 3-1 所示为某纯电动汽车的电驱动系统。纯电动汽车使用什么样的驱动电机？纯电动汽车使用的电驱动系统结构和原理是怎样的？电驱动系统出现故障如何诊断？本项目将带领大家学习纯电动汽车电驱动系统的基本知识和故障诊断技能。

图 3-1　某纯电动汽车的电驱动系统

【知识准备】

3.1 驱动电机的类型与要求

电机是将电能转换成机械能或将机械能转换成电能的装置，装有能做相对运动的部件，也是一种依靠电磁感应运行的电气装置。将电能转换成机械能的电机称为电动机，将机械能转换成电能的电机称为发电机。为纯电动汽车行驶提供驱动力的电机称为驱动电机，驱动电机既是电动机，又是发电机。

3.1.1 驱动电机的类型

纯电动汽车驱动电机的类型主要有直流电机、异步电机、永磁同步电机和开关磁阻电机。

1. 直流电机

直流电机就是将直流电能转换成机械能的电机。

直流电机具有以下优点：结构简单；具有优良的电磁转矩控制特性；可频繁快速启动、制动和反转；调速平滑、无级、精确、方便，范围广；抗过载能力强，能够承受频繁的冲击负载；控制方法简单，只需要用电压控制，不需要检测磁极位置。

直流电机具有以下不足：设有电刷和换向器，高速和大负荷运行时换向器表面易产生电火花，同时换向器维护困难，很难向大容量、高速度发展，此外电火花会产生电磁干扰；不宜在多尘、潮湿、易燃易爆的环境中使用；体积和质量大。其中，电火花产生的电磁干扰，对高度电子化的纯电动汽车来说是致命的。随着电力电子技术和控制理论的发展，相对于其他驱动系统而言，直流电机在纯电动汽车中的应用已处于劣势，目前已逐渐被淘汰，只在少数低速纯电动汽车、场地用电动车辆和专用电动车辆上有应用。

2. 异步电机

异步电机又称交流感应电机，是由气隙旋转磁场与转子绕组感应电流相互作用产生电磁转矩，从而实现将电能转换为机械能的一种交流电机。

异步电机具有以下优点：结构紧凑，坚固耐用；运行可靠，维护方便；体积小，质量小；环境适应性好；转矩脉动低，噪声低。它可以采用空气冷却或液体冷却方式，冷却自由度高，对环境的适应性好，并且能够实现再生制动。

异步电机具有以下不足：功率因数低，运行时必须从电网吸收无功电流来建立磁场；控制复杂，易受电机参数及负载变化的影响；转子不易散热；调速性能差，调速范围窄。

3. 永磁同步电机

永磁同步电机是指转子采用永磁材料励磁的同步电机，是国内纯电动汽车应用的主流驱动电机。

永磁同步电机具有以下优点：功率因数大，效率高，功率密度大；结构简单、便于维护，使用寿命较长，可靠性高；调速性能好，精度高；具有良好的瞬时特性，转动惯量低，响应速度快；频率高，输出转矩大，极限转速和制动性能优于其他类型的电机；采用电子功率器件作为换向装置，驱动灵活，可控性强；形状和尺寸灵活多样，便于进行外形设计；采用稀土永磁材料后电机的体积小、质量小。

永磁同步电机具有以下不足：造价较高；在恒功率模式下，操纵较为复杂，控制系统成本较高；弱磁能力差，调速范围有限；永磁材料磁场不可变，要想增大电机的功率，其体积会很大。

4. 开关磁阻电机

开关磁阻电机是采用定、转子凸极且极数相接近的大步距磁阻式步进电机的结构，利用转子位置传感器通过电子功率开关控制各相绕组导通使之运行的电机。

开关磁阻电机具有以下优点：结构简单，在电机的转子上没有滑环、绕组和永磁体等，只是在定子上有简单的集中绕组，绕组的端部较短，没有相间跨接线，维护修理容易；可靠性好；工艺性好，适用于高速工况，环境适应性强；电机转矩的方向与绕组电流的方向无关；适用于频繁启停以及正反向转换运行工况；启动电流小，转矩大；可控参数多，调速性能好；具有较强的再生制动能力；定子和转子的材料均采用硅钢片，易于获取和回收利用。

开关磁阻电机具有以下不足：转矩波动大，需要位置检测器；磁场为跳跃性旋转，控制系统复杂；对直流电源会产生很大的脉冲电流；噪声大。开关磁阻电机在纯电动汽车上的应用还有许多问题需要解决。

3.1.2　驱动电机的要求

纯电动汽车驱动电机具有以下要求。

（1）低速大转矩、高速宽调速。驱动电机的运行特性要满足纯电动汽车的要求，在恒转矩区，要求低速运行时具有大转矩，以满足纯电动汽车加速和爬坡的要求；在恒功率区，要求低转矩时具有宽调速范围，以满足纯电动汽车在平坦的路面能够高速行驶的要求。

（2）功率密度高。由于纯电动汽车安装空间和整车质量限制，要求驱动电机具有高功率密度。

（3）效率高。驱动电机应在整个运行范围内具有很高的效率，以提高一次充电的续驶里程。

（4）能够实现能量回馈。驱动电机应能够在汽车减速或制动时将能量回收并反馈给动力蓄电池，使得纯电动汽车具有最佳的能量利用率。

（5）控制精度高、动态响应快。纯电动汽车要求驱动电机系统可控性高，稳态精度高，动态性能好，能够适应路面变化及频繁启动和制动等复杂运行工况。

（6）可靠性与安全性高。驱动电机应可靠性好，能够在较恶劣的环境下长期工作；车载动力蓄电池和驱动电机的工作电压可以达到 300～800V，要求车辆电气系统和控制系统必须符合国家有关车辆电气控制的安全性能的标准和规定，并满足对高压电和转矩控制的功能安全要求。

（7）成本低。纯电动汽车驱动电机系统成本占整车制造成本的 10%左右，降低驱动电机成本，能够降低纯电动汽车的价格，提高性价比。

（8）噪声低。驱动电机是纯电动汽车的主要噪声源，振动噪声性能是评价纯电动汽车品质的关键指标之一，要求纯电动汽车在全工况范围内具有良好的振动噪声性能。

目前，满足上述要求并广泛在纯电动汽车上应用的驱动电机主要是异步电机和永磁同步电机。

3.2　驱动电机的主要性能指标

驱动电机的主要性能指标有额定功率、峰值功率、额定转速、最高工作转速、额定转矩、峰值转矩、堵转转矩、额定电压、额定电流、额定频率、电机效率、功率密度和转矩密度等。

1. 额定功率

额定功率是指电机额定运行条件下轴端输出的机械功率。电机的功率等级分为 1kW、2.2kW、3.7kW、5.5kW、7.5kW、11kW、15kW、18.5kW、22kW、30kW、37kW、45kW、55kW、75kW、90kW、110kW、132kW、150kW、160kW、185kW、200kW 及以上。

2. 峰值功率

峰值功率是指在规定的时间内，电机运行的最大输出功率。

3. 额定转速

额定转速是指电机在额定运行条件（额定电压、额定功率）下电机的最低转速。

4. 最高工作转速

最高工作转速是在额定电压下，电机带载运行所能达到的最高转速，它影响纯电动汽车的最高设计速度。

5. 额定转矩

额定转矩是指电机在额定功率和额定转速下的输出转矩。

6. 峰值转矩

峰值转矩是指电机在规定的持续时间内允许输出的最大转矩。

7. 堵转转矩

堵转转矩是指转子在所有角位堵住时所产生的最小转矩。

8. 额定电压

额定电压是指电机正常工作的电压。电机电源的电压等级分为 36V、48V、120V、144V、168V、192V、216V、240V、264V、288V、312V、336V、360V、384V、408V、540V、600V。

9. 额定电流

额定电流是指电机在额定运行条件（额定电压、额定功率）下电枢绕组（或定子绕组）的线电流。

10. 额定频率

额定频率是指电机在额定运行条件下电枢（或定子侧）的频率。电机在额定运行条件下输出额定功率，称为满载运行，这时电机的运行性能、经济性及可靠性等均处于优良状态。电机的输出功率超过额定功率称为过载运行，这时电机的负载电流大于额定电流，将会引起电机过热，因而缩短电机使用寿命，严重时甚至烧毁电机。电机的输出功率小于额定功率称为轻载运行，轻载运行时电机的效率和功率因数等运行性能参数均较差，因此应尽量避免电机轻载运行。

11. 电机效率

电机的输出功率与输入功率之比的百分数，称为电机效率。异步电机效率为 90%左右，永磁同步电机效率为 95%左右。

12. 功率密度

功率密度是指每单位质量所能获得的输出功率，也称为比功率。功率密度越大，电机有效材料的利用率越高。相同功率和转矩的电机，功率密度越大其质量越小。目前电机的功率密度一般为 5kW/kg 左右，最高已达到 9kW/kg 左右。

13. 转矩密度

转矩密度是指每单位质量或单位体积所能获得的输出转矩，提高转矩密度是提高功率密度的重要途径。

3.3　异步电机

异步电机的种类很多，最常见的分类方法是按转子结构和定子绕组相数分类。按照转子结构来分，有笼型异步电机和绕线型异步电机；按照定子绕组相数来分，有单相异步电机、两相异步电机和三相异步电机。异步电机是各类电机中应用最广、需求量最大的一种。纯电动汽车主要使用三相异步电机。下面介绍的异步电机就是指三相异步电机。异步是指转子转速与定子磁场的转速不同步。

3.3.1　异步电机的结构

异步电机主要由静止的定子和旋转的转子两大部分组成，转子与定子之间没有任何连接和接触，此间隙被称为气隙，通常为 0.2~1mm，并以套筒的结构相互套住。异步电机的结构示意图如图 3-2 所示。当定子绕组接通交流电源时，转子就会旋转并输出动力。

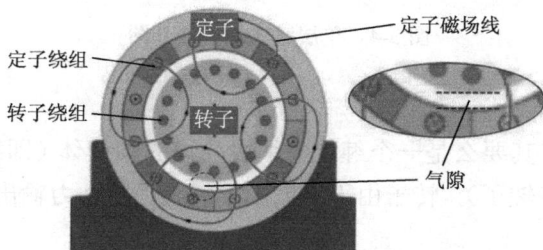

图 3-2　异步电机的结构示意图

1. 定子

定子是最外面的圆筒，圆筒内侧缠有很多绕组，这些绕组与外部交流电源接通，由于整个圆筒与机座连接在一起，固定不动，因此称为定子。定子由定子铁芯和定子绕组组成。三相异步电机的定子绕组是一个空间位置对称的三相绕组，每个相位在空间中的位置彼此相差120°。当把三绕组接成星形，并接通交流电后，则在定子中便产生三个对称电流（三相电流）。三相电流产生的三相磁场相互叠加形成一个矢量磁场，并对转子产生影响，使得转子能更快速地旋转（相比单相异步电机），其转速可达到 12000～15000r/min 甚至更高，从而驱动纯电动汽车。

4 极 24 槽异步电机的定子铁芯和定子绕组如图 3-3 所示。输入 50 周三相交流电时，产生 1500r/min 的旋转磁场。定子铁芯有 24 个槽，在槽内嵌放着三相交流绕组，即定子绕组，三相交流绕组采用单层链式绕组，其展开图如图 3-4 所示。

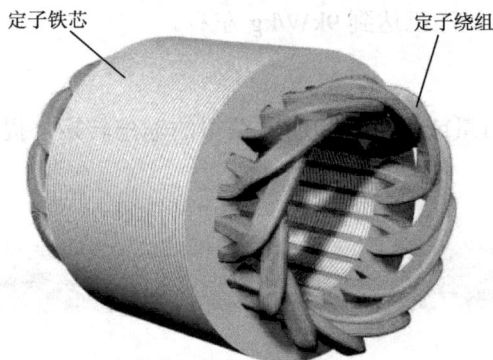

图 3-3　4 极 24 槽异步电机的定子铁芯和定子绕组

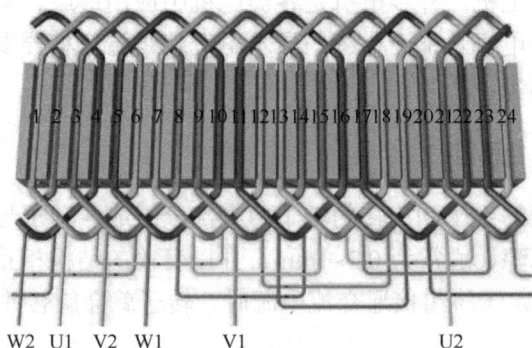

图 3-4　单层链式绕组展开图

2. 转子

转子在定子的内部，其要么是一个缠绕着很多导线的圆柱体（即绕线式转子），要么是笼型结构的圆柱体（即笼型转子），转子由于不被固定，而是与动力输出轴连接在一起旋转，因此被称为转子。

异步电机的转子铁芯外周的许多槽是用来嵌放转子绕组的，在转子槽内直接形成铝条即绕组，并同时铸出散热的风叶，简单又结实，如图 3-5 所示。异步电机与永磁同步电机的转子结构是完全不同的，异步电机的转子没有永磁体，它靠通电才能产生磁场。

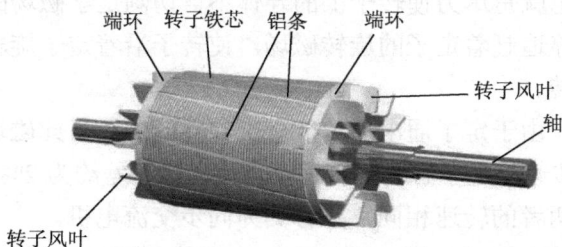

图 3-5 异步电机的转子

3.3.2 异步电机的工作原理

异步电机的工作原理逻辑如图 3-6 所示，异步电机的工作原理如图 3-7 所示。

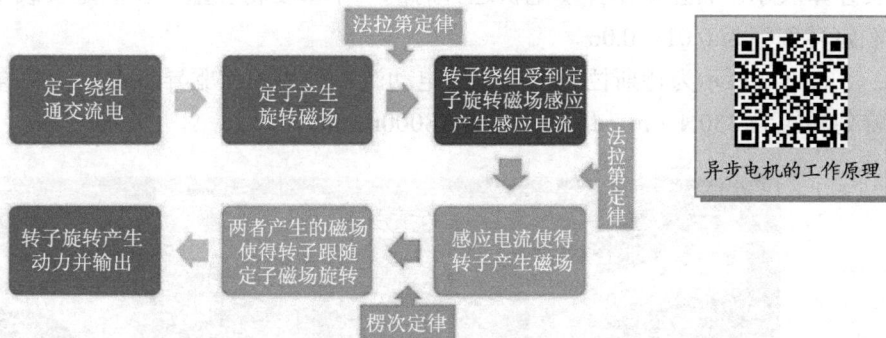

图 3-6 异步电机的工作原理逻辑

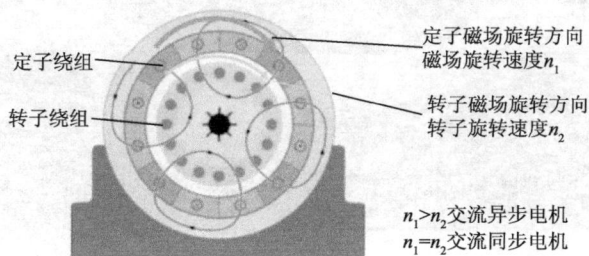

图 3-7 异步电机的工作原理

（1）当定子上缠绕的绕组通上交流电后，由于交流电的特性，定子绕组会产生一个旋转的电磁场。

（2）转子绕组是一个闭环导体，它处在定子的旋转磁场中就相当于在不停地切割定子的磁感应线。

（3）根据法拉第定律，闭合导体的一部分在磁场里做切割磁感应线的运动时，导体中就会产生电流，而这个电流又会形成一个磁场。

（4）此时，就有了两个磁场：一个是接通外部交流电后产生的定子磁场；另一个是因转子绕组切割定子的磁感应线而产生电流后形成的转子磁场。

（5）根据楞次定律，感应电流的磁场总要反抗引起感应电流的原因（转子绕组切割定子电磁场的磁感应线），也就是尽力使转子上的导体不再切割定子磁场的磁感应线。

（6）转子绕组会不停追赶着定子的旋转磁场，使转子沿着定子旋转电磁场相同的方向旋转，最终使电机开始旋转。

在整个工作流程中，由于定子通电后才能产生旋转的磁场，此磁场使转子发生电磁感应从而旋转，所以转子的转速与定子磁场的转速不同步（转速差约为 2%～5%），故称其为异步交流电机。反之，如果两者的转速相同，就称其为同步交流电机。

如果电机转子轴上带有机械负载，则负载被电磁转矩拖动而旋转。当负载发生变化时，转子转速也随之发生变化，使转子导体中的电动势、电流和电磁转矩发生相应变化，以适应负载需要。因此，异步电机的转速是随负载变化而变化的。

异步电机的转子转速与定子旋转磁场的同步转速之间存在转速差，它的大小决定着转子电动势及其频率的大小，直接影响异步电机的工作状态。通常将转速差与同步转速的比值用转差率表示。转差率是异步电机运行时的一个重要物理量，在额定负载条件下运行时，一般额定转差率为 0.01～0.06。

图 3-8 所示为特斯拉 Model S 纯电动汽车采用的前驱异步电机，其峰值功率为 193kW，峰值转矩为 330N·m，最高转速为 18000r/min。

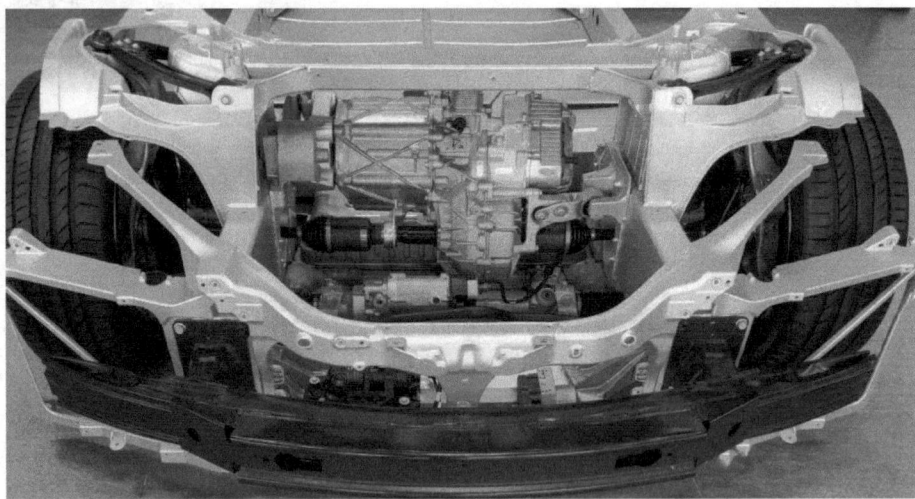

图 3-8　特斯拉 Model S 纯电动汽车采用的前驱异步电机

特斯拉 Model S 纯电动汽车电机解剖图如图 3-9 所示，电机采用水冷，冷却液分成两部分：第一路流入转子中心，第二路流入定子冷却水通道，流量比分别为 20% 和 80%。第一路冷却液离开转子轴后，通过导管流向变速器冷却系统；第二路冷却液退出蛇形水道后，进入逆变器冷却回路；两者最后又合并在一起，形成循环。

电机冷却水通道示意图如图 3-10 所示。

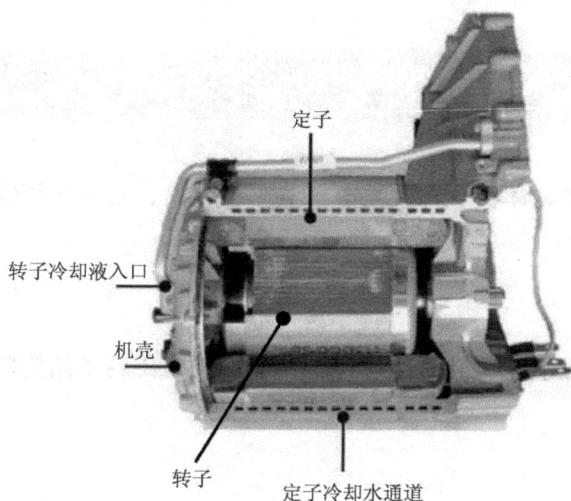

图 3-9   特斯拉 Model S 纯电动汽车电机解剖图

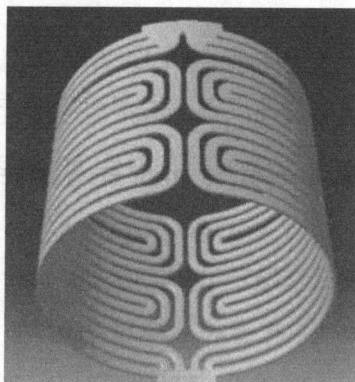

图 3-10   电机冷却水通道示意图

该电机的转子外直径为 155.8mm，内直径为 50mm，长度为 153.8mm，槽数为 74；定子外直径为 254mm，内直径为 157mm，长度为 152.6mm，槽数为 60。定子三相连接示意图如图 3-11 所示。

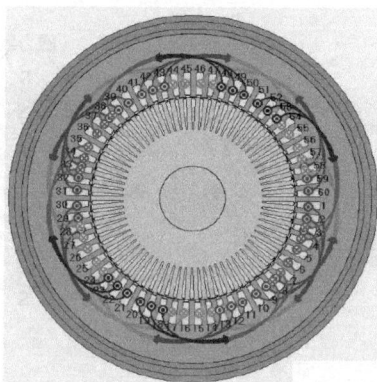

图 3-11   定子三相连接示意图

奔驰 EQA 纯电动汽车的驱动形式为前置前驱，搭载的驱动电机为交流异步电机（见图 3-12），电机峰值功率为 140kW，峰值转矩为 375N·m；变速器采用单挡变速器。

图 3-12   奔驰 EQA 纯电动汽车搭载的交流异步电机

3.4 永磁同步电机

永磁同步电机因具有效率高、转速范围宽、体积小、质量小、功率密度大、成本低等优点，成为纯电动乘用车市场的主要驱动电机。

3.4.1 永磁同步电机的类型

按照永磁体在转子上的位置，永磁同步电机永磁转子结构可分为表面式永磁转子结构和内置式永磁转子结构两大类。

1. 表面式永磁转子结构

表面式永磁转子结构如图 3-13 所示。该结构电机具有以下特点。

（1）交直轴磁路基本对称，凸极率（交轴电感与直轴电感之比）为 1，它是一种典型的隐极电机，无凸极效应和磁阻转矩。

（2）交直轴磁路的等效气隙都很大，电枢反应比较小。

（3）用作牵引电机时，动态响应快，转矩脉动小，但弱磁能力较差，恒功率弱磁运行范围通常都比较小。

（a）表贴式

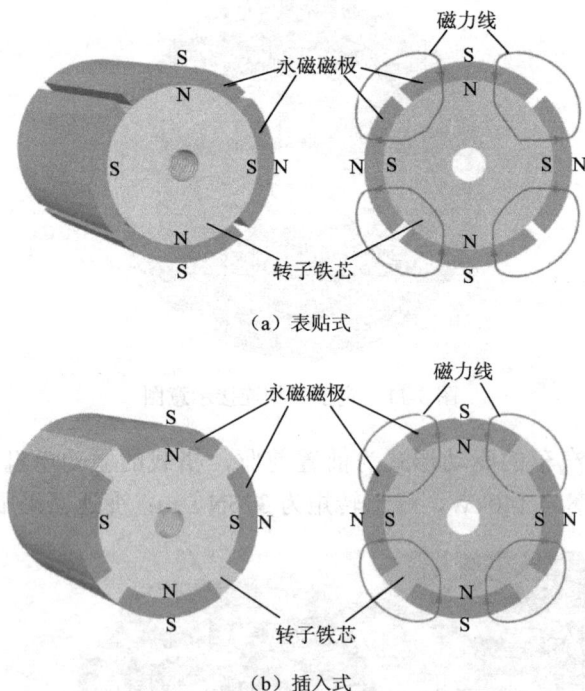

（b）插入式

图 3-13 表面式永磁转子结构

2. 内置式永磁转子结构

内置式永磁转子结构的永磁体位于转子铁芯内部，其表面与气隙之间有属于铁磁物质的极靴保护，永磁体受到极靴的保护。内置式永磁转子结构如图 3-14 所示，它具有径向式、切向式和 U 型混合式三种形式。该结构电机具有以下特点。

- 交直轴磁路不对称，电机凸极率大于 1，电磁转矩由永磁转矩和磁阻转矩共同产生，因此，内置式永磁转子电机也称为永磁磁阻电机。
- 磁阻转矩提高了电机的过载能力，而且易于弱磁扩散，扩大了电机的恒功率运行范围。

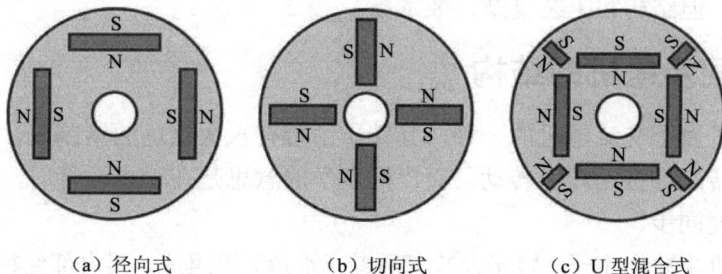

（a）径向式　　　　　　（b）切向式　　　　　　（c）U 型混合式

图 3-14　内置式永磁转子结构

（1）径向式永磁转子结构。径向式永磁转子结构如图 3-15 所示。把永磁体插入转子铁芯的安装槽内，如图 3-15 的左图所示；磁极的极性与磁通走向如图 3-15 的右图所示，可看出隔磁空气槽可减小漏磁的作用。这是一个 4 极转子。

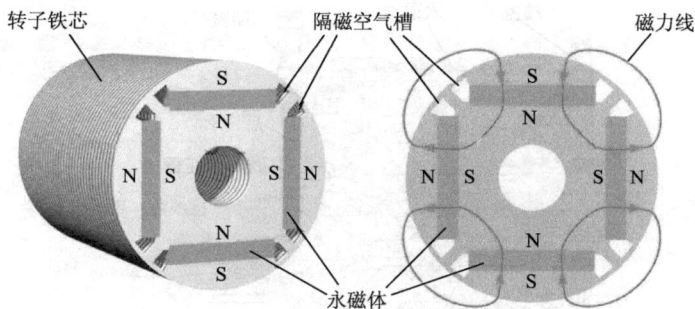

图 3-15　径向式永磁转子结构

（2）切向式永磁转子结构。切向式永磁转子结构如图 3-16 所示。图 3-16 的左图所示的是切向安装永磁体的笼型绕组转子，这也是一个 4 极转子，为了防止永磁体的磁通通过转轴短路，在转轴与转子铁芯间加装有隔磁材料，转子的磁通走向如图 3-16 的右图所示。

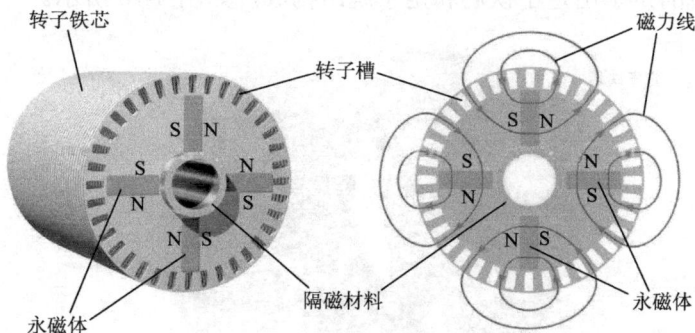

图 3-16　切向式永磁转子结构

径向式永磁转子结构的永磁同步电机的漏磁系数较小，不需要采取隔离措施，极弧系数易于控制，转子强度高，永磁体不易变形；切向式永磁转子结构的永磁同步电机漏磁系数大，需要采取隔离措施，每极磁通大，极数多，磁阻转矩大。

（3）U型混合式永磁转子结构。U型混合式永磁转子结构的永磁同步电机结合了径向式和切向式的优点，但结构和工艺复杂，成本高。

3.4.2 永磁同步电机的结构

永磁同步电机属于交流电机的一种，其转子由带有永久磁场的钢制成，电机工作时给定子通电，产生旋转磁场推动转子转动，而"同步"的意思是在稳态运行时，转子的旋转速度与磁场的旋转速度同步。

永磁同步电机主要由定子、转子及冷却系统（水道）等组成，其内部结构如图3-17所示。动力线将电机控制器产生的三相交流电输送到电机的定子上，定子在三相交流电的作用下产生按照一定规律变化的旋转磁场，转子在定子产生的旋转磁场的作用下旋转，电机轴将转子产生的动能输出，旋转传感器可以检测电机转子转动时的角度和角速度并输出到电机控制器作为控制电机的依据，水道用于给电机散热。

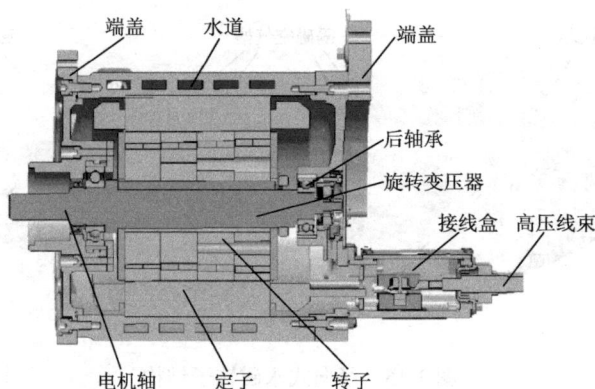

图 3-17 永磁同步电机的内部结构

1. 定子

永磁同步电机的定子由定子铁芯和定子绕组构成，如图3-18所示。

图 3-18 永磁同步电机的定子

定子铁芯采用硅钢片经裁剪、冲制、叠压而成。纯电动汽车永磁同步电机采用的硅钢片材料具有以下要求。

（1）具有较大的磁感应强度、磁导率和较低的铁损，以保证永磁同步电机低速大转矩、高速恒功率。

（2）具有较高的抗拉和屈服强度，以保证永磁同步电机转速范围宽、可频繁启停。

（3）具有良好的力学性能，以保证永磁同步电机振动噪声低。

（4）具有较大的热导率和较高的热稳定性，以适应永磁同步电机工作环境恶劣，温度变化大。

目前纯电动汽车用的永磁同步电机主要采用 0.25mm、0.27mm、0.3mm 及 0.35mm 厚的硅钢片，部分采用 0.2mm 冲片，以进一步降低铁损。

绕组是永磁同步电机的关键部件，其制造质量对电机的性能、寿命及可靠性等有着重要的影响，而绕组的设计、制作、嵌装以及绝缘工艺等都是影响绕组质量的关键因素。合理地进行绕组设计可以有效地减少铜耗，提升电机的效率，降低电机的温升，减小电机的体积，降低电机的质量，提高电机的功率密度等。

绕组分为分数槽集中式绕组和分布式绕组，如图 3-19 所示。

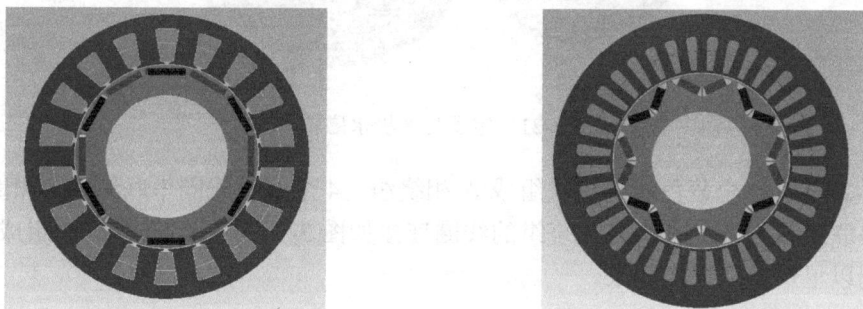

（a）分数槽集中式绕组　　　　　　　　　　（b）分布式绕组

图 3-19　分数槽集中式绕组和分布式绕组

分数槽集中式绕组是将线圈缠绕在定子齿上，其具有转矩特性优异、定位转矩小、转矩波动小的优点。下面通过一个 12 槽 8 极的分数槽集中式绕组永磁同步电机模型介绍其基本结构。

分数槽集中式绕组永磁同步电机的最大特点是集中式绕组，图 3-20 的右图所示是定子铁芯结构，铁芯内圆周开了 12 个槽，形成 12 个齿，每个齿端部有极靴；把线圈直接绕在定子齿极上，所有线圈节距为 1，称为集中绕组，共 12 个线圈。为显示清晰，在介绍原理时采用单层线圈表示，图 3-20 的左图所示是绕有线圈的定子。显然，分数槽集中式绕组的线圈端部长度短，铜损小，效率高；绕组无重叠，相间绝缘好；线圈易机械下线，生产成本低。

2. 转子

12 个槽的分数槽集中式绕组永磁同步电机的转子可以有 8 个极、10 个极、14 个极和 16 个极。本模型的永磁转子有 8 个极（4 对极），8 个永磁体采用表面贴片式，磁极的磁场方向为径向，蓝色永磁体磁场方向向外，为 N 极；橙色永磁体磁场方向向内，为 S 极。图 3-21 的左图是转子结构示意图，右图是定子与转子布置图。

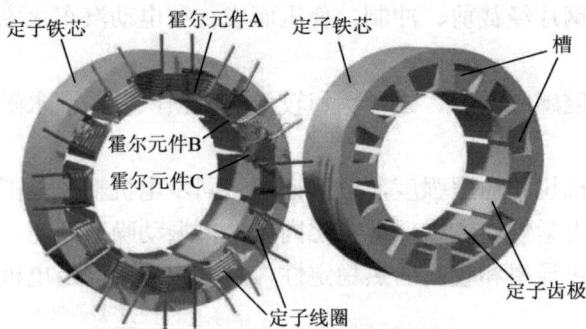

图 3-20 定子铁芯与集中式绕组

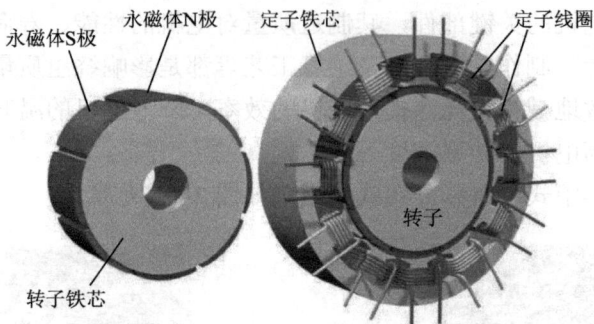

图 3-21 定子与 8 极永磁转子

在图 3-21 中，4 个蓝色线圈串联组成 A 相绕组，4 个绿色线圈串联组成 B 相绕组，4 个黄色线圈串联组成 C 相绕组。各相绕组的线圈连接如图 3-22 所示，12 个线圈组成三相绕组，三相的末端以星形接法连接起来。

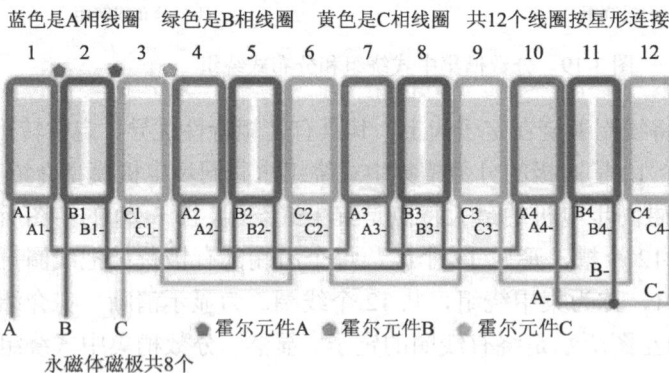

图 3-22 12 槽 8 极分数槽集中式绕组展开图

对于集中式绕组，常用的电机极槽配合有 12 槽 8 极、30 槽 20 极、54 槽 48 极等。集中式绕组适用于轴向尺寸要求苛刻的场合，如电机布置于发动机与变速器之间，较为典型的应用有本田的运动型混动电机和大众桑塔纳 P2 插电式混合动力系统。分数槽集中式绕组永磁同步电机适宜做成大转矩低转速电机，如直驱式轮毂电机。

　　分布式绕组的电机定子没有凸形极掌，每个磁极由一个或几个线圈按照一定的规律嵌装布线组成线圈组，通电后形成不同极性的磁极，故也称隐极式绕组。分布式绕阻绕组系数高，齿槽转矩小，转矩脉动小，适用于高速驱动电机，已经成为纯电动汽车驱动电机的主流设计方式。

　　纯电动汽车驱动电机多采用 48 槽 8 极结构，如图 3-23 所示。

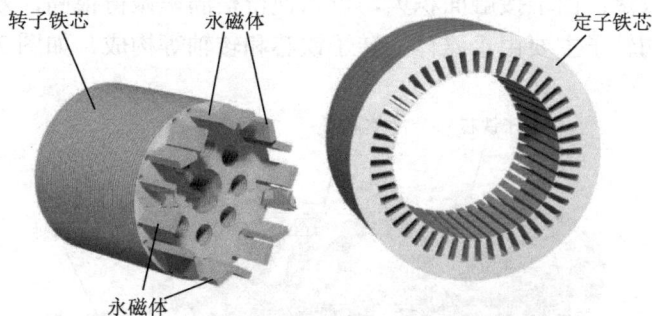

图 3-23　48 槽 8 极结构

　　典型的分布式绕组有丰田普锐斯 THS 系统的驱动电机绕组，从第一代至第四代均采用分布式绕组，通过电机的高速化，实现了功率密度的不断提升。丰田普锐斯的驱动电机从第一代到第四代均采用 48 槽 8 极电机，其中第一代到第三代为圆铜线绕组，第四代为扁铜线绕组，如图 3-24 所示。

（a）第三代丰田普锐斯驱动电机的圆铜线绕组

（b）第四代丰田普锐斯驱动电机的扁铜线绕组

图 3-24　丰田普锐斯驱动电机的圆铜线绕组和扁铜线绕组

　　圆铜线绕组的加工工艺比较简单，绕组的匝数便于调节，但端部尺寸一般较大，用铜量较多，发热严重，如果设计不合理，会使槽满率降低，严重时会影响电机的温升。扁铜线绕组与圆铜线绕组相比，由于扁铜线绕阻下线前形状已经成型，而且不会轻易变形，所以扁铜线绕组的端部可以做到规则且短，既节省了端部的用铜量，又减小了电阻，同时规则的排列有利于端部绕组的散热。扁铜线绕组由于是成型绕组，所以在槽内接触紧密，和铁芯接触良好，能够充分进行散热；由于接触面积大，可以使得槽满率做得很高，效率相对就高。

　　永磁同步电机的转子主要由永磁体、转子铁芯和转轴等构成，如图 3-25 所示。

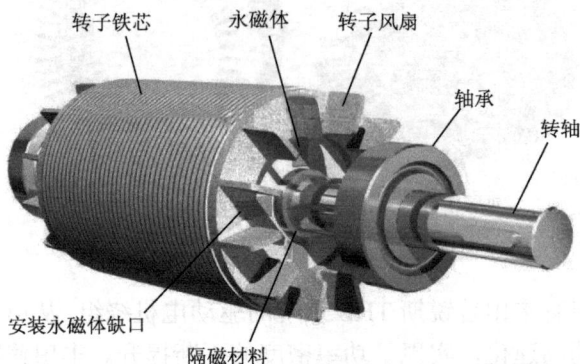

图 3-25　永磁同步电机的转子

3. 冷却系统

　　永磁同步电机的冷却方式主要有水冷和油冷两种。目前永磁同步电机的冷却方式多为水冷，如图 3-26 所示。该冷却方式可满足大部分的使用要求，但也有不足，主要表现在电机的内部热量需经过层层材料传递到外部，才能被机壳中的冷却液带走。比如电机内部的绕组，其产生的热量要先传递到定子铁芯，再传递到机壳，最后才传递到冷却液。由于热阻的存在，冷却液和绕组之间必然存在一定的温度梯度，从而导致绕组温度聚积，形成局部热点。

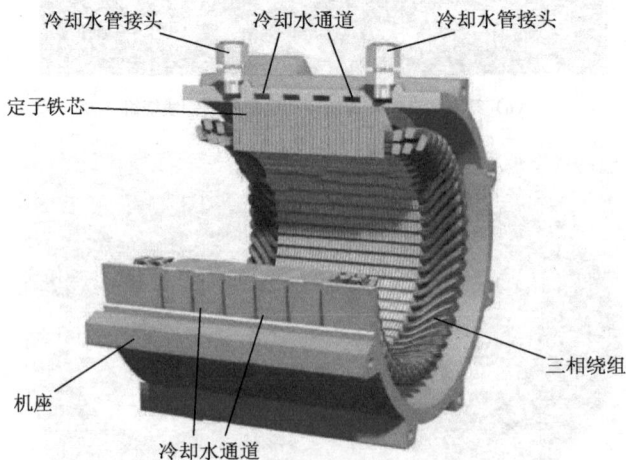

图 3-26　永磁同步电机的水冷

　　宝马 i3 驱动电机经典的冲片形式及水道设计，已经成为行业经典案例。宝马 i3 驱动电机的峰值功率为 125kW，峰值转矩为 250N·m，总质量为 42kg，采用螺旋水道冷却方式，72 槽 12 极结构。宝马 i3 驱动电机螺旋水道模型如图 3-27 所示。

图 3-27　宝马 i3 驱动电机螺旋水道模型

　　油冷却属于直接冷却方式，按冷却结构形式分为转子油冷却和定子油冷却两大类。转子油冷却的工作原理：冷却油从空心轴进油口流入，经空心轴内油道，流向各处出油口，冷却油部分喷洒在轴承处，部分通过空心轴喷洒在转子支撑处和绕组端部，达到良好的散热效果。定子油冷却的工作原理：冷却液从电机下端流入机壳，通过电机内的周向油道，流入电机上端，电机机壳上端分布多个均匀喷油孔，在压力的作用下，冷却油从电机上端孔处直接喷洒在绕组端部，同时冷却油可流经电机内其他发热零部件，以达到电机内降温散热的效果。永磁同步电机的油冷却如图 3-28 所示。

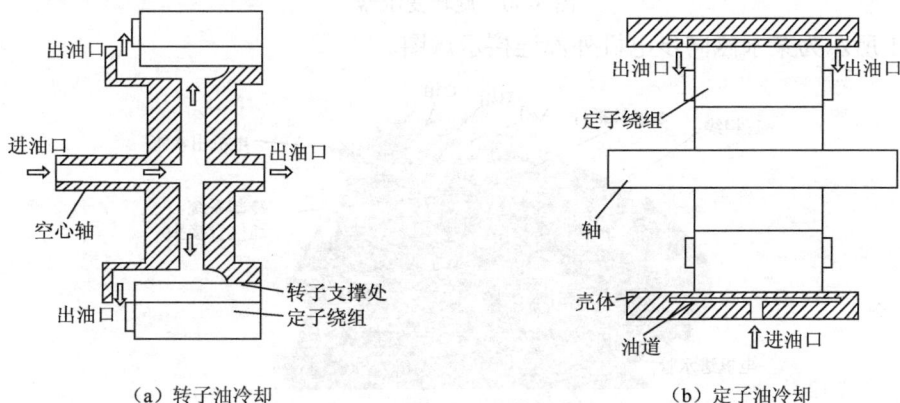

（a）转子油冷却　　　　　　　　　　（b）定子油冷却

图 3-28　永磁同步电机的油冷却

　　转子油冷却和定子油冷却虽然有一定的散热效果，但也有各自的局限性，在实际生产中多采用两种冷却方式的组合方式，如第四代丰田普锐斯驱动电机采用的就是转子油冷却和定子油冷却的组合方式，驱动电机的冷却油路分为定子和转子两条路线，由一个齿轮泵进行供油，如图 3-29 所示。

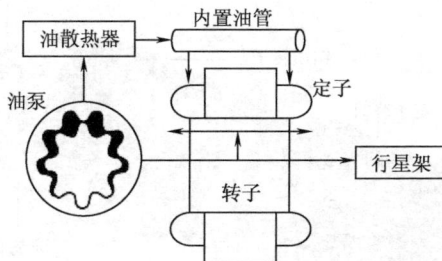

图 3-29　第四代丰田普锐斯驱动电机油路示意图

　　永磁同步电机还应装有绝对位置传感器，用来检测转子位置，并以此对电枢电流进行控制，从而控制永磁同步电机。永磁同步电机的位置传感器一般采用旋转变压器（也称为旋变传感器），如图 3-30 所示。旋转变压器具有环境适应性强、响应速度快、可靠性高等特点。旋转变压器包括一路励磁绕组、两路输出绕组，通过励磁绕组的是高频正弦交流励磁电压，随着转子的旋转，两相正交输出绕组分别感应到相差 90° 电角度的高频交流电压。输出绕组的电压随转子位置变化发生有规律的变化，可以通过解码该电压获取转子位置、转速信息，可采用专用的解码芯片 AU6802、AD2S80 等进行解码，也可以采用电机控制器（Motor Control Unit，MCU）进行解码。

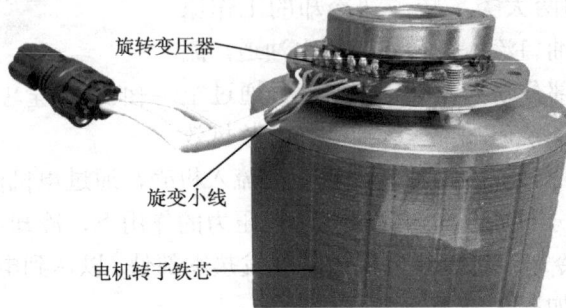

图 3-30　旋转变压器

图 3-31 所示为某永磁同步电机外部连接示意图。

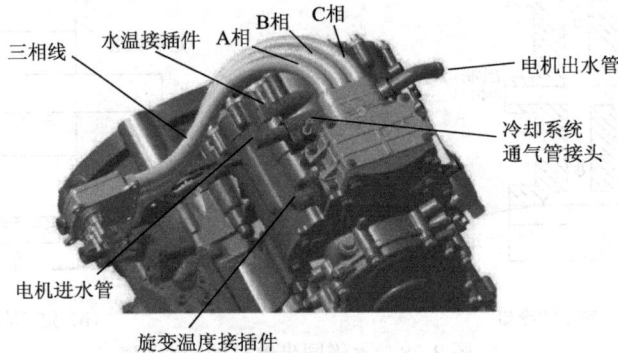

图 3-31　某永磁同步电机外部连接示意图

不同企业生产的永磁同步电机的具体结构是有差异的，图 3-32 所示为通用纯电动汽车的永磁同步电机构造，图 3-33 所示为奥迪纯电动汽车的永磁同步电机构造。

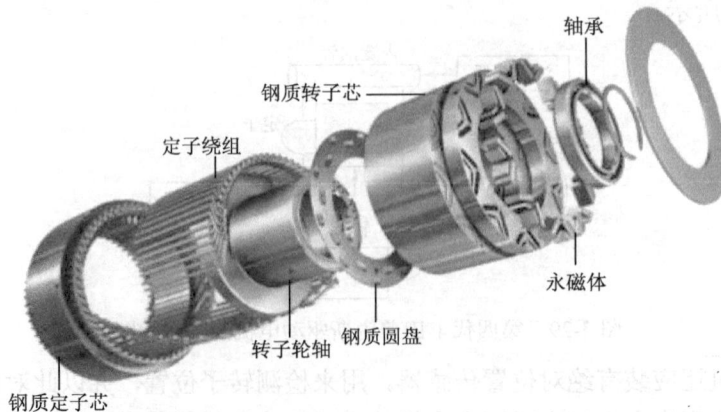

图 3-32　通用纯电动汽车的永磁同步电机构造

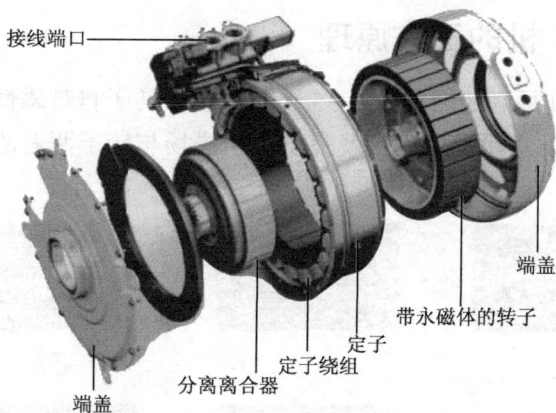

接线端口

端盖

带永磁体的转子

定子

定子绕组

分离离合器

端盖

图 3-33　奥迪纯电动汽车的永磁同步电机构造

图 3-34 所示为高尔夫纯电动汽车使用的永磁同步电机，电机峰值功率为 100kW，峰值转矩为 290N·m。该电机是一个永磁同步三相交流水冷电机，由一个带永久磁性的转子和一个定子组成。定子连接至 U、V 和 W 相线后，通过三相矩形波信号驱动。为了保证定子的旋转磁场与转子的磁场同步运行，需要一个电机转子位置传感器 1 G713。电机温度传感器 G712 安装在定子上，该传感器调节整个冷却回路并监控定子温度。如果发现温度过高，该电机就会减少电力输出。

（a）电机

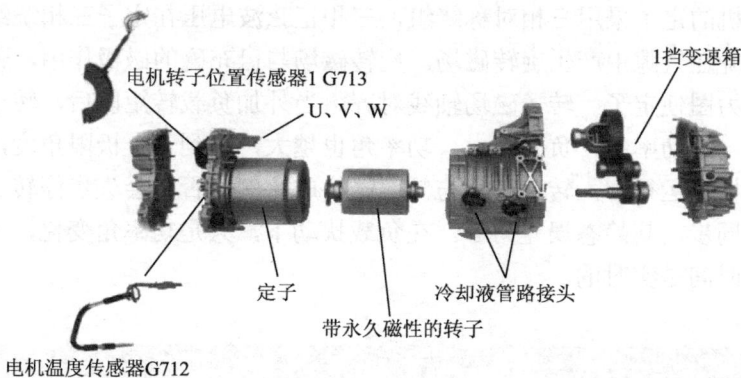

电机转子位置传感器1 G713

U、V、W

1挡变速箱

定子

带永久磁性的转子

冷却液管路接头

电机温度传感器G712

（b）爆炸图

图 3-34　高尔夫纯电动汽车使用的永磁同步电机

3.4.3 永磁同步电机的工作原理

永磁同步电机的工作原理逻辑如图 3-35 所示，由于转子自带磁性，当定子绕组通电后，转子立即受力，这就使得定子磁场与转子两者的转速达到了同步。

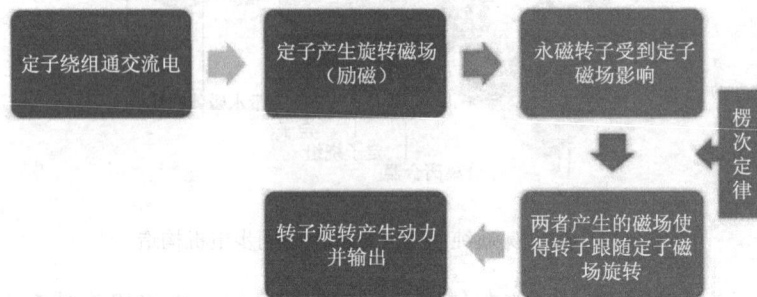

永磁同步电机的
工作原理

图 3-35　永磁同步电机的工作原理逻辑

永磁同步电机的工作原理如图 3-36 所示，电机的转子是个永磁体，N、S 极沿圆周方向交替排列，定子磁场是旋转的。电机运行时，定子存在旋转磁动势，转子像磁针在旋转磁场中旋转一样，随着定子的旋转磁场同步旋转。

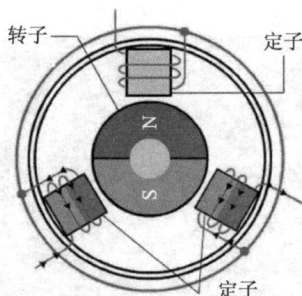

图 3-36　永磁同步电机的工作原理

永磁同步电机的定子采用三相对称绕组，三相正弦波电压在定子三相绕组中产生对称三相正弦波电流，并在气隙中产生旋转磁场。旋转磁场与已充磁的磁极作用，带动转子与旋转磁场同步旋转并力图使定子、转子磁场轴线对齐。当外加负载转矩以后，转子磁场轴线将落后定子磁场轴线一个功率角，负载越大，功率角也越大，直到一个极限角度，电机停止。由此可见，同步电机在运行中，转速必须与频率严格成比例，否则会失步停转。所以，转子的转速与旋转磁场同步，其静态误差为零。在负载扰动下，只是功率角变化，而不引起转速变化，转子的响应时间是实时的。

3.5　电机控制器

电机控制器是控制动力蓄电池与驱动电机之间能量传输的装置，是控制电机驱动整车行驶的控制单元，属于纯电动汽车的核心零部件。

3.5.1　电机控制器的功能

电机控制器在纯电动汽车中的作用主要是连接动力蓄电池与驱动电机，其连接如图 3-37 所示。它根据整车的需求，从动力蓄电池获得直流电，经过逆变器的调制，获得驱动电机需要的交流电，提供给驱动电机，使得驱动电机的转速和转矩满足整车的加速、减速、制动、停车等需求。

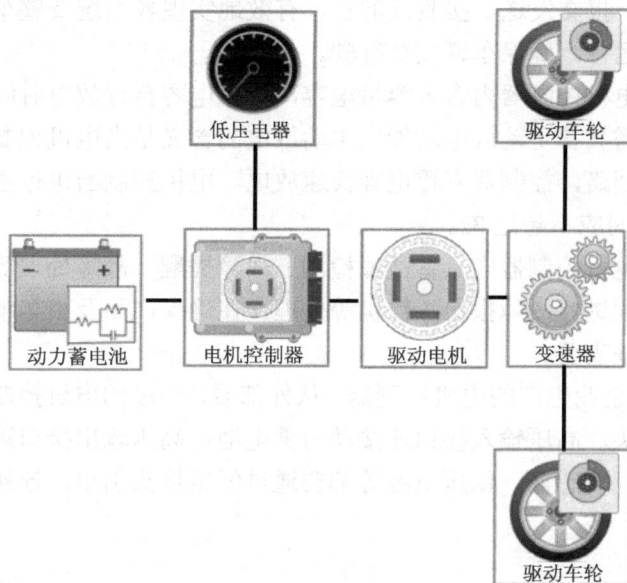

图 3-37　电机控制器的连接

电机控制器的功能及复杂度会随驱动电机工况的需要而不同。纯电动汽车的电机控制器一般应具有以下功能。

（1）把直流电变成交流电。动力蓄电池提供的是直流电，而驱动电机需要的是交流电，因此电机控制器必须把动力蓄电池提供的直流电转换成驱动电机需要的交流电。这种转换依靠的是电机控制器中的逆变器。

（2）控制驱动电机的正向旋转和反向旋转。燃油汽车的前进和后退主要依靠变速器的前进挡和倒挡，但纯电动汽车的前进和后退主要依靠驱动电机的正向旋转和反向旋转，因此，电机控制器应该能够根据纯电动汽车的前进和后退需求控制驱动电机的正向旋转和反向旋转。

（3）控制驱动电机的输出。纯电动汽车有各种不同的行驶工况，这些行驶工况对驱动电机的动力输出和转速输出的要求是不一样的，电机控制器应能够根据纯电动汽车的行驶工况控制驱动电机的输出，以满足纯电动汽车行驶的需求。例如纯电动汽车启动时需要较大的启动转矩，这就要求电机控制器在低速时能控制驱动电机输出较大的电流；纯电动汽车巡航行驶时需要稳定的输出力矩，这就要求电机控制器在巡航时能控制驱动电机输出稳定的电流。纯电动汽车行驶时，驾驶员踩加速踏板时，整车控制器将加速踏板开度大小换算为正转矩值大小，通过 CAN 报文发送给电机控制器，电机控制器按照该转矩值通过驱动电机输出以驱动纯电动汽车行驶。

（4）控制能量回收。纯电动汽车减速或制动时，电机控制器将驱动电机作为发电机运行时产生的三相交流电，经过整流变成直流电反馈到动力蓄电池，实现能量回收，提高纯电动汽车的续驶里程。驾驶员踩制动踏板时，整车控制器根据制动踏板信号及车速信号，将负转矩值通过 CAN 报文发送给电机控制器，电机控制器按照该转矩值控制驱动电机发电，并将能量反馈到动力蓄电池，实现能量回收。

（5）实现 CAN 通信。电机控制器具备高速 CAN 网络通信功能，能根据整车 CAN 协议内容正确地进行 CAN 报文发送、接收及解析，有效地实现各系统及整车功能策略，控制驱动电机系统安全可靠运行，确保车辆安全行驶。

（6）主动放电。电机控制器内含大容量电容，考虑电容自行放电时间长，存在高压安全风险，故电机控制器需具备主动放电功能。主动放电的含义是当电机控制器高压电源被切断后，切入专门的放电回路，控制器支撑电容快速放电。电机控制器进行主动放电时，支撑电容放电至 60V 所需时间应不超过 3s。

（7）安全保护。电机控制器应具备故障检测、故障提醒、故障处理等安全保护功能，能有效根据故障危害程度进行故障报警、停机等处理，在确保产品及整车使用安全的同时更好地满足纯电动汽车行驶需要。

图 3-38 所示为某企业生产的电机控制器。从外部看，一般的电机控制器最少具备两对高压接口和一个低压接头。高压输入接口连接动力蓄电池；高压输出接口连接驱动电机，提供控制电源。所有通信、传感器、低压电源等都要通过低压接头引出，连接到整车控制器和动力蓄电池系统。

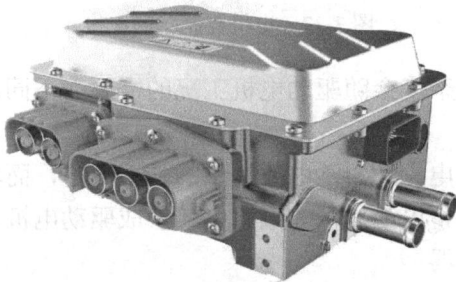

（a）60～80kW

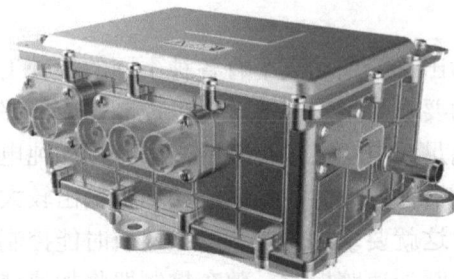

（b）80～135kW

图 3-38　某企业生产的电机控制器

不同纯电动汽车的电机控制器，其功能是有差异的，在使用前，应阅读其说明书。

3.5.2 电机控制器的组成

电机控制器主要由电子控制模块、驱动模块、功率变换模块和传感器组成。

（1）电子控制模块。电子控制模块包括硬件电路和相应的控制软件。硬件电路主要包括微处理器及其最小系统，对驱动电机电流、电压、转速、温度等状态的监测电路，各种硬件保护电路，以及与整车控制器、蓄电池管理系统等外部控制单元数据交互的通信电路。控制软件根据不同类型驱动电机的特点实现相应的控制算法。

（2）驱动模块。驱动模块将微处理器对驱动电机的控制信号转换为驱动功率变换器的驱动信号，并实现功率信号和控制信号的隔离。

（3）功率变换模块。功率变换模块对驱动电机电流进行控制。纯电动汽车经常使用的功率器件有大功率晶体管、门极可关断晶闸管、功率场效应管、绝缘栅双极型晶体管（IGBT）以及智能功率模块等。

（4）传感器。传感器主要包括电流传感器、电压传感器、温度传感器。电流传感器用以检测供给驱动电机工作的实际电流（包括母线直流电流、三相交流电流）；电压传感器用以检测供给电机控制器工作的实际电压（包括动力蓄电池电压、低压蓄电池电压）；温度传感器用以检测驱动电机控制器的工作温度（包括模块温度、电机控制器温度）。

电机控制器中的关键零部件主要有微处理、IGBT 功率器件、电容器、传感器等。

3.5.3 电机控制器的工作原理

电机控制器是驱动电机的控制中心，以 IGBT 模块为核心，辅以驱动集成电路和主控集成电路构成，通常也称为智能功率模块。

IGBT 与驱动电机的连接关系如图 3-39 所示。

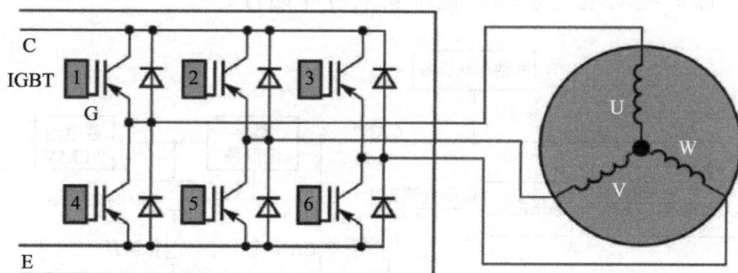

图 3-39 IGBT 与驱动电机的连接关系

由图 3-39 可知，在驱动电机时，左侧通常输入的是直流电，C 端（集电极）接直流电正极，E 端（发射极）接直流电负极，G 端（栅极）接控制端用于控制 IGBT 的通断；U、V、W 三根线作为输出连接到驱动电机相应的输入端口上。电机控制器的驱动集成电路给栅极（G端）加载一定的电压，就可以实现 IGBT 的导通，释放这个电压就可以实现 IGBT 的断通。同时，由于二极管的作用，C 端和 E 端没有直接相连，阻止了电流直接构成回路。

使用 IGBT 按以下方式将直流电转换成交流电。

（1）若 1、6 号 IGBT 导通，其他关断，则电流经过 1 号 IGBT 从 U 相输入，经过 6 号 IGBT 从 W 相输出。

（2）若 1、5、6 号 IGBT 导通，其他关断，则电流经过 1 号 IGBT 从 U 相输入，经过 5、6 号 IGBT 从 V、W 相输出。

（3）若 3、4 号 IGBT 导通，其他关断，则电流经过 3 号 IGBT 从 W 相输入，经过 4 号 IGBT 从 U 相输出。

（4）若 2、3、4 号 IGBT 导通，其他关断，则电流经过 2、3 号 IGBT 从 V、W 相输入，经过 4 号 IGBT 从 U 相输出。

由以上 4 个工作状态可以看出，只要控制相应的 IGBT 按照一定的规律通断，就可以实现有规律的三相交流电输出，从而控制驱动电机按照一定的规律旋转。

在再生制动的过程中，驱动电机作为发电机，将汽车行驶过程中产生的机械能转化为电能并输出，由于驱动电机是三相的，它发出的也是三相交流电，不能直接冲入动力蓄电池中，需要将三相交流电转换为直流电。

由图 3-39 可知，由于二极管的存在，驱动电机发出的三相交流电会自动转换为直流电。例如，若产生的交流电从 U 相输出，从 V 相回流，则产生的电流会经 1 号二极管从 C 端流出，经 E 端从 6 号二极管流回；若产生的交流电从 V、W 相输出，从 U 相回流，则产生的电流会经 2、3 号二极管从 C 端流出，经 E 端从 4 号二极管流回。由此可以看出，二极管的单向导通性确保了电流无论从驱动电机的哪相流出流入，在逆变器的作用下，从左侧流出的电流都将从 C 端流出逆变器，从 E 端流回逆变器，从而保证了逆变器左端始终为直流电。在此过程中，IGBT 是不能处于导通状态的，否则就会出现短路等危险情况。

图 3-40 所示为某纯电动汽车的电机控制器连接示意图。整车控制器根据驾驶员意图发出各种指令，电机控制器响应并反馈，实时调整驱动电机输出，以实现整车的怠速、前行、倒车、停车、能量回收以及驻坡等功能。电机控制器另一个重要功能是通信和保护，实时进行状态和故障检测，保护驱动电机系统和整车安全可靠运行。

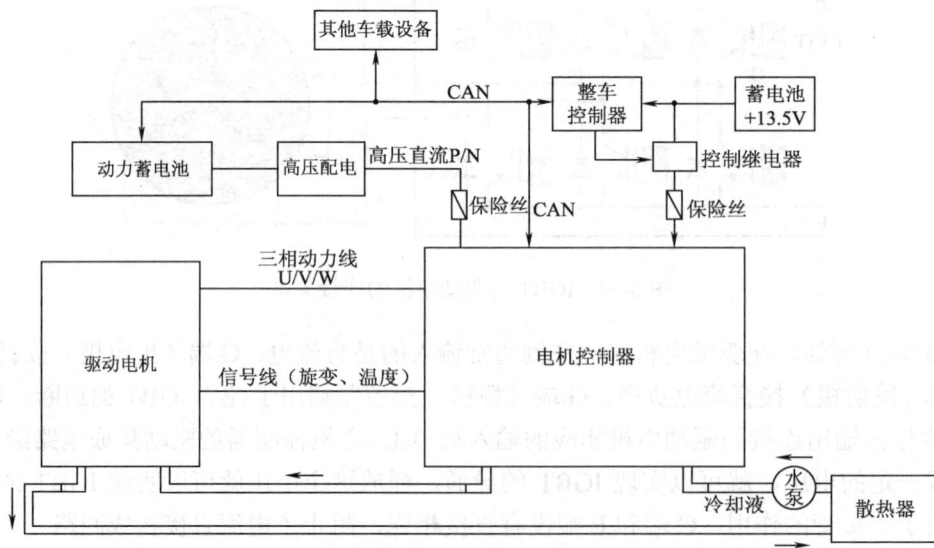

图 3-40 某纯电动汽车的电机控制器连接示意图

图 3-41 所示为某企业生产的 65kW 永磁同步电机控制器。该电机控制器的输入电压范围为 250~450V DC，输入额定电压为 384V DC；输出额定电流为 200A，峰值电流为 450A；输出额定功率为 65kW，峰值功率为 120kW；输出频率范围为 0~600Hz；控制器效率不小于 95%；控制电源为 12V DC 或 24V DC；防护等级为 IP67；冷却方式为水冷；外形尺寸为 497mm×300mm×138mm；质量为 13kg。

图 3-41 某企业生产的 65kW 永磁同步电机控制器

65kW 电机控制器是一款系统集成度高、控制功能多样化、输出特性良好的产品，适用于 65kW 永磁同步电机，具有以下优良性能。

（1）控制功能。根据整车控制需求，电机控制器接收整车控制器输出的转矩或转速信号，对驱动电机进行转矩或转速控制，在基频以下输出转矩最大可以达到驱动电机额定转矩的 3 倍。

（2）回馈制动功能。电机控制器具备回馈制动管理能力，根据整车控制器发出的回馈请求，进行制动操作，同时将能量回馈给动力蓄电池。

（3）控制器保护功能。电机控制器具备短路、过流、直流过压、直流欠压、过热、电机超速等保护功能，具有较大过载能力，免维护且寿命长。

（4）正反转功能。电机控制器具备正反转功能、正反转安全转换控制功能和反转限速功能。

（5）故障自诊断及保护功能。电机控制器及驱动电机出现异常状态时，能诊断故障等级，根据故障等级采取不同的处理方式，防止故障扩大，且能够实时记录故障，存储故障代码，便于事后进行故障定位。

（6）电磁兼容功能。电机控制器能根据整车电器件布置，采取有效的措施保证器件电磁兼容性能。

（7）通信功能。电机控制器能使用 CAN 总线进行程序下载、参数配置及与整车控制器通信。

（8）零速锁定功能。电机控制器具备零速锁定控制功能，它可以零速锁定与转矩控制的平滑切换，具备良好的坡起性能。

电机控制器的发展趋势是提高功率密度，目前主流的电控厂可以将功率密度做到 33kW/L，到 2025 年，乘用车电机控制器功率密度将达到 40kW/L；到 2030 年，乘用车电机控制器功率密度将达到 50kW/L；到 2035 年，乘用车电机控制器功率密度将达到 70kW/L。

电机控制正向集成化方向发展，已出现多种形式的集成化产品，常见的是把驱动电机、电机控制器和变速器集成为一体，成为三合一电驱动系统，图 3-42 所示为博格华纳的三合一电驱动系统。

图 3-43 所示为博世的三合一电驱动系统。

图 3-42　博格华纳的三合一电驱动系统

图 3-43　博世的三合一电驱动系统

图 3-44 所示为采埃孚的三合一电驱动系统。

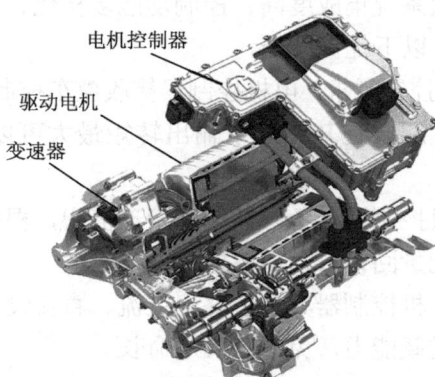

图 3-44　采埃孚的三合一电驱动系统

电机控制器、车载充电机、DC/DC 变换器、整车控制器和高压配电箱集成在一起，构成五合一集成控制器，如图 3-45 所示。

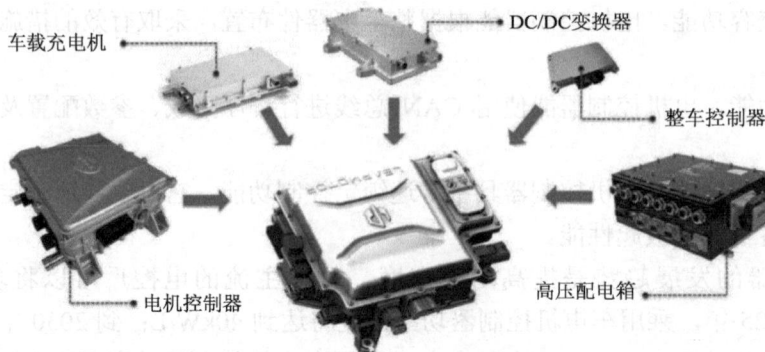

图 3-45　五合一集成控制器

3.6　变速器及电驱动系统

汽车变速器主要起到减速增扭的作用，纯电动汽车和燃油汽车使用的变速器是完全不同的，燃油汽车使用的变速器主要有自动离合变速器、自动变速器、无级变速器、双离合变速器、电控无级变速器等；纯电动汽车使用的变速器主要有单挡变速器和两挡变速器，单挡变速器也称为减速器。减速方式有圆柱齿轮减速、圆锥齿轮减速和行星齿轮减速。减速方式还可分为单级减速和多级减速。纯电动汽车的变速器一般不是孤立的，正向集成化的电驱动系统发展。

3.6.1　单挡变速器

单挡变速器

纯电动汽车的传动系统普遍采用单挡变速器。单挡变速器结构简单、成本低、传动效率高。单挡变速器由两级齿轮传动组成，其中第二级齿轮传动集成差速器。单挡变速器的减速机构主要有两种基本形式，分别是圆柱齿轮减速和行星齿轮减速，如图 3-46 所示。

（a）圆柱齿轮减速　　　　　　　　　　　　（b）行星齿轮减速

图 3-46　单挡变速器的减速机构形式

图 3-47 所示为博格华纳开发的单挡变速器，属于 2 级减速，4 个（2 对）齿轮，3 根轴，6 个轴承，一套 P 挡驻车机构，传动比为 6.54 或 9.07，

（a）剖视图

图 3-47　博格华纳开发的单挡变速器

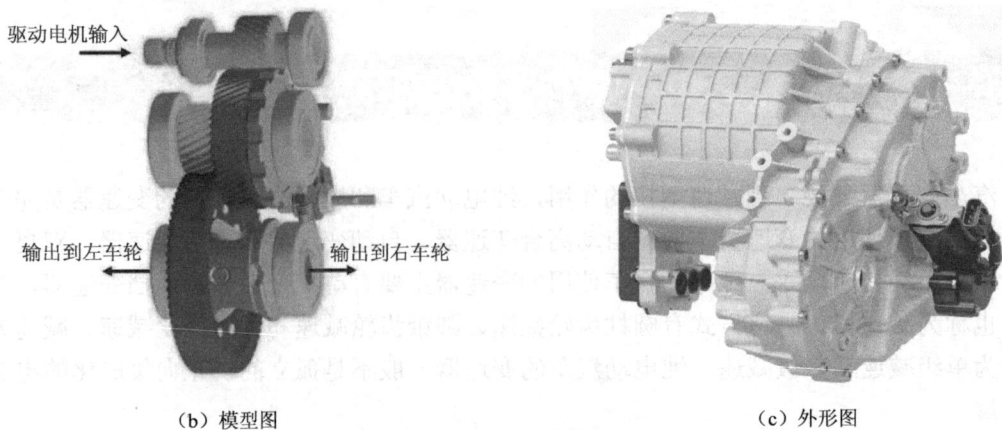

驱动电机输入

输出到左车轮　　　　输出到右车轮

（b）模型图　　　　　　　　　　　　　（c）外形图

图 3-47　博格华纳开发的单挡变速器（续）

单挡变速器中的驻车机构如图 3-48 所示。

驻车机构

图 3-48　单挡变速器中的驻车机构

单挡变速器中的差速器如图 3-49 所示。

差速器

图 3-49　单挡变速器中的差速器

图 3-50 所示为高尔夫纯电动汽车同轴单挡变速器，该变速器采用二级圆柱齿轮减速。一级传动比为 2.704（$Z_1=27$，$Z_2=73$），二级传动比为 3.609（$Z_1=23$，$Z_2=83$），总传动比为 9.759。

单挡变速器和三相电流驱动永磁同步电机一起构成一个单元。因为车辆驱动方向的改变是通过驱动电机改变转动方向实现的，所以纯电动汽车不需要手动换挡机构。这样，降速增扭成为变速器首要任务。

（a）外形

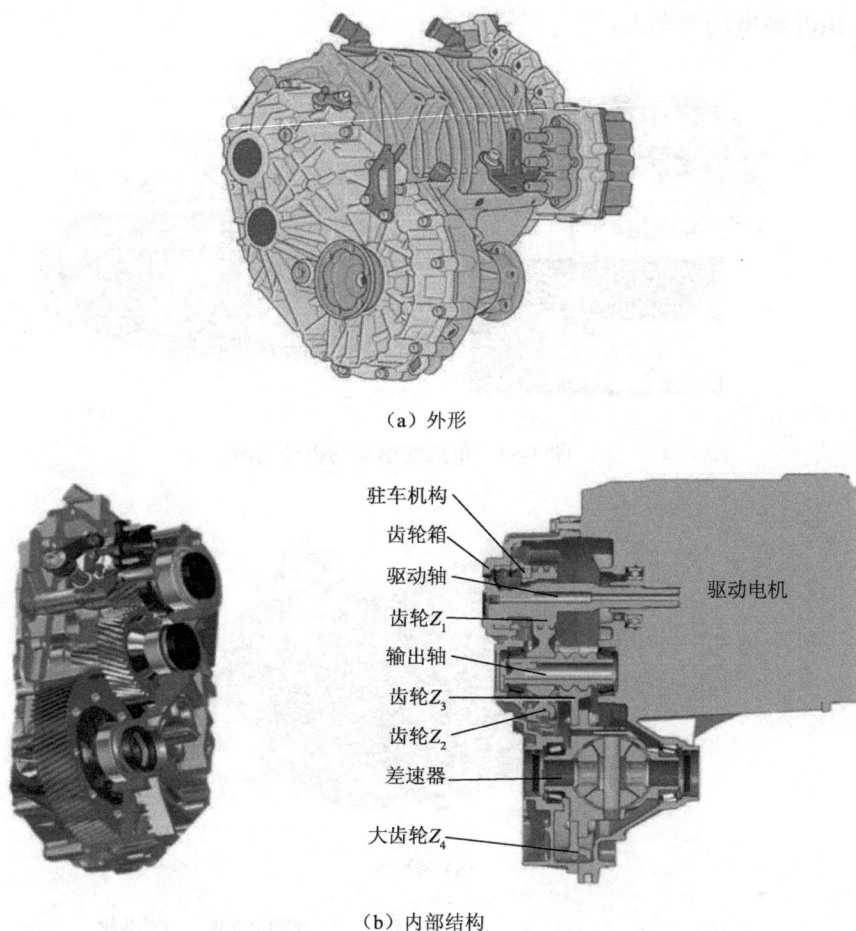

（b）内部结构

图 3-50　高尔夫纯电动汽车同轴单挡变速器

单挡变速器中的驻车机构如图 3-51 所示，采用机械驻车机构，锁止棘爪卡在挡块上，限制驱动轴的旋转，从而阻止纯电动汽车的移动。

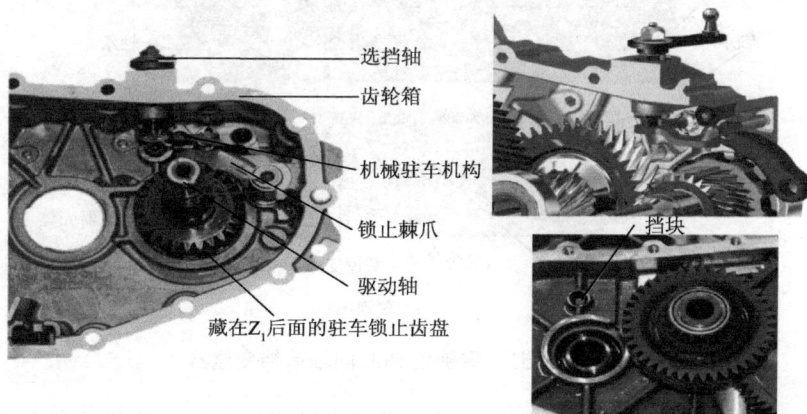

图 3-51　单挡变速器中的驻车机构

单挡变速器的机油润滑如图 3-52 所示，其内部有机油收集盒。

雪佛兰 Bolt 同轴单挡变速器如图 3-53 所示，传动比为 7.05，输入轴与输出轴同轴，应用在雪佛兰 Bolt 纯电动汽车上。

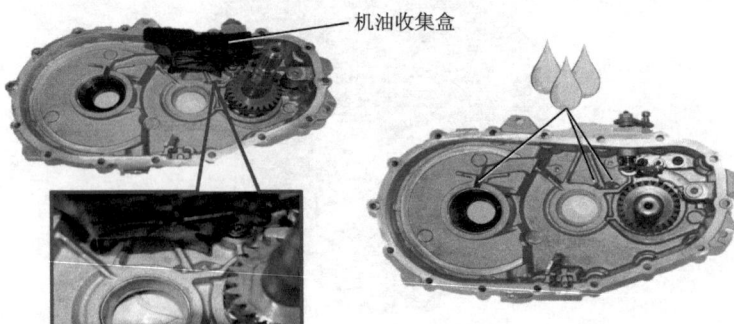

图 3-52 单挡变速器的机油润滑

（a）透视图

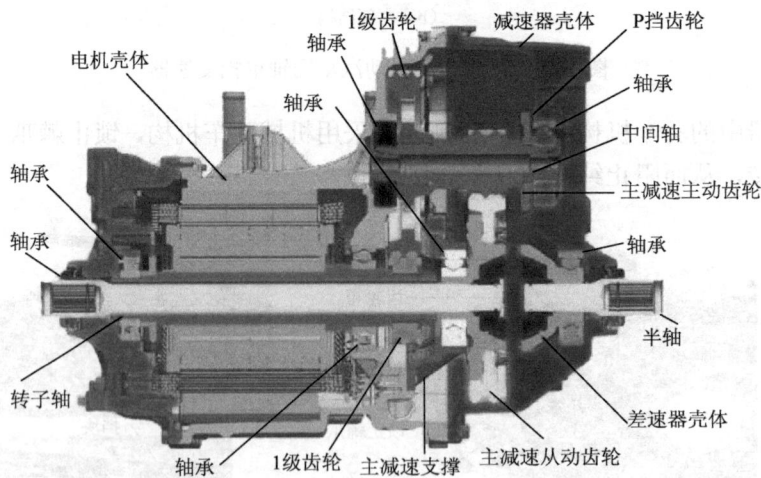

（b）剖视图

图 3-53 雪佛兰 Bolt 同轴单挡变速器

图 3-54 所示为吉凯恩同轴单挡变速器，采用同轴设计，传动比为 10.0，可承受峰值功率为 64kW，输出端转矩为 2000N·m，效率达到 96%；采用电子断开差速器，可以切断驱动电机的动力，应用在宝马纯电动汽车等上。

（a）变速器解剖图

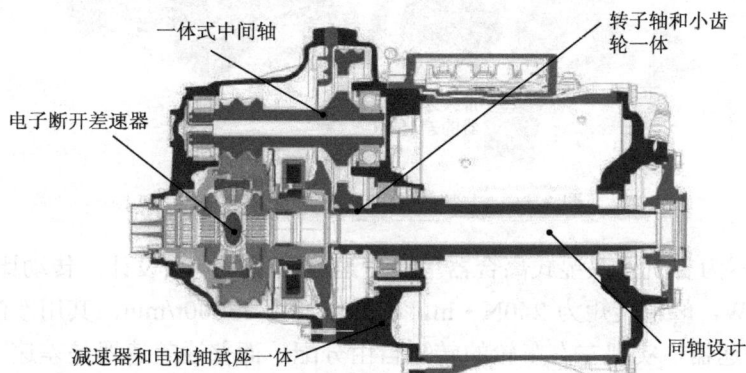

（b）变速器剖视图

图 3-54　吉凯恩同轴单挡变速器

　　吉凯恩同轴单挡变速器工作原理如图 3-55 所示，它结构简单，只有一个挡位，没有复杂的换挡装置。驱动电机的转矩通过第一级齿轮组向上传递到平行轴上，通过第二级齿轮组向下又回到了与驱动电机同心的差速器上，从与驱动电机同心的差速器再传递到左右两个半轴上。通过"一上一下"的同轴布置形式，变速器尺寸小，安装空间需求低。单挡变速器传动比取决于各级齿轮的齿数。

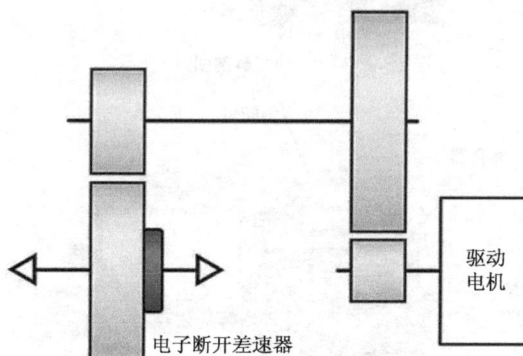

图 3-55　吉凯恩同轴单挡变速器工作原理

　　单挡变速器给车辆的运行带来了一些限制。例如，驱动电机的最高转速为 13000r/min，当车速到达大约 170km/h 时，驱动电机就已经逼近最高转速，而纯电动汽车设计的最高车速为 230km/h。因此，车辆必须在 170km/h 左右时断开驱动电机，保护其不会转速过载。实现这种断开功能的就是电子断开差速器。

图 3-56 所示为吉凯恩电子断开差速器爆炸图。高速时，电子断开差速器将驱动电机与车轮分离，以提高高速时系统效率并防止驱动电机超速。电子断开差速器控制犬牙式离合器接合或分离，使用霍尔传感器非接触地测量离合器位置。

图 3-56　吉凯恩电子断开差速器爆炸图

图 3-57 所示为吉凯恩双湿式离合器单挡变速器，采用同轴设计，传动比为 10，可承受峰值功率为 60kW，峰值转矩为 240N·m，最高转速为 13000r/min。其用双湿式离合器系统代替电子断开差速器，实现左右车轮的转矩自由分配，而普通差速器是差速不差扭的。例如在弯道中，采用这种单挡变速器的车辆可以将更多的转矩传递到弯道外侧的轮子上，从而提高车辆的转弯性能。这样的转矩分配系统被称为矢量转矩分配系统。

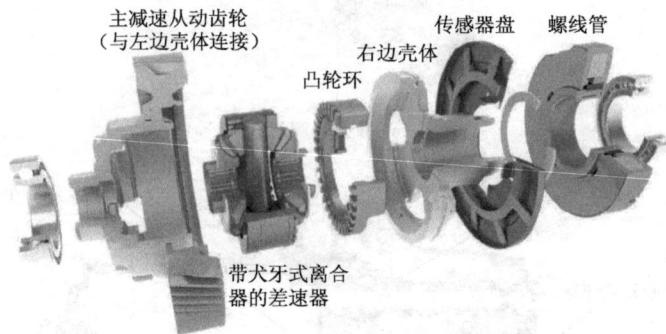

（a）解剖图

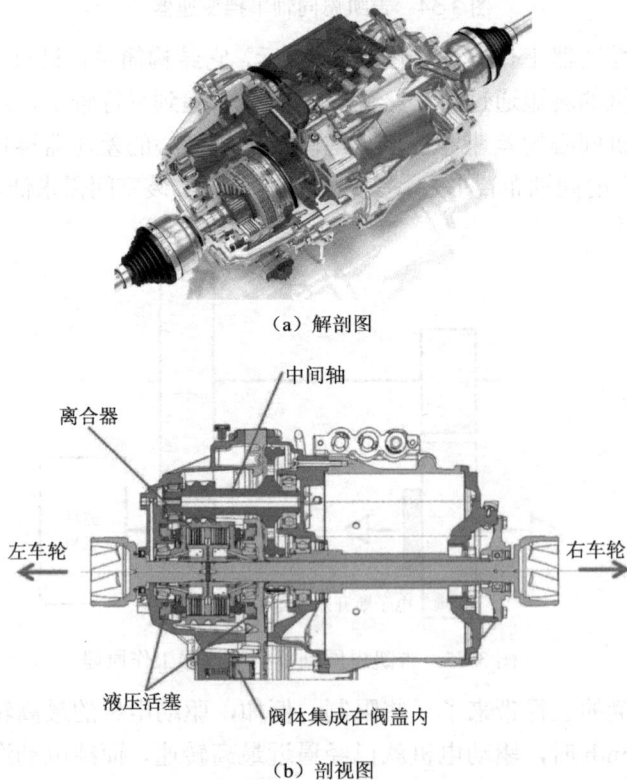

（b）剖视图

图 3-57　吉凯恩双湿式离合器单挡变速器

　　吉凯恩双湿式离合器单挡变速器工作原理如图 3-58 所示。其用两个离合器实现了矢量转矩分配。同时，由于有了两个离合器，当车速升高导致驱动电机转速逼近最高转速时，两个离合器打开，驱动电机就与车轮分开，从而实现电子断开差速器的功能。

　　图 3-59 所示为麦格纳 1eDT200 单挡变速器，最大输入转矩为 200N·m，最大输出转矩为 2500N·m；质量（不带油液）为 20kg；外形尺寸为 230mm×455mm×318mm；输入轴输出轴中心距为 157.5mm；传动比为 8.61 或 9.89；适用电机功率为 15～90kW，适用电压平台为 48～400V。

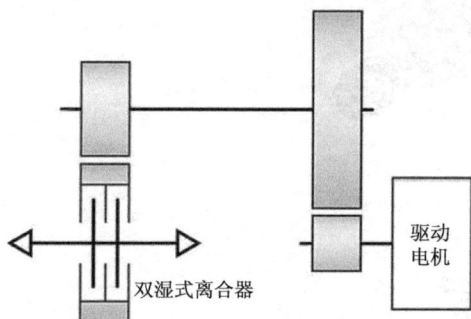

图 3-58　吉凯恩双湿式离合器单挡变速器工作原理　　　　图 3-59　麦格纳 1eDT200 单挡变速器

　　图 3-60 所示为麦格纳 1eDT350 单挡变速器，最大输入转矩为 300N·m，最大输出转矩为 3500N·m；质量（不带油液）为 28kg；外形尺寸为 338mm×488mm×198mm；输入轴输出轴中心距为 210mm；传动比为 8.61；适用电机功率为 65～110kW，适用电压平台为 300～400V。

　　奥迪 e-tron AKA320 同轴单挡变速器如图 3-61 所示，该变速器采用普通行星齿轮减速，差速器是特制的。

图 3-60　麦格纳 1eDT350 单挡变速器　　　　图 3-61　奥迪 e-tron AKA320 同轴单挡变速器

　　图 3-62 所示为保时捷纯电动汽车前电驱动系统使用的单挡变速器，采用行星齿轮机构，传动比为 8.05。

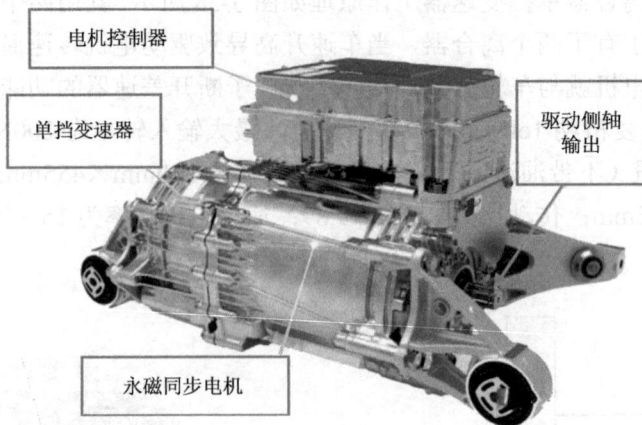

（a）安装图

（b）解剖图

图 3-62　保时捷纯电动汽车前电驱动系统使用的单挡变速器

3.6.2　两挡变速器

两挡变速器

　　与减速比为 9～10.5 的单挡变速器相比，两挡变速器的低速挡减速比设置为 11～12，满足加速和爬坡要求，而且所需驱动电机最大转矩可以降低；高速挡减速比设置为 5～9，满足最高车速要求，而且所需驱动电机最高转速可以降低。驱动电机最大转矩和最高转速降低，可使得驱动电机小型化、轻量化，而且两挡变速器可使驱动电机较多地在最佳效率点运转，降低油耗。

　　图 3-63 所示为吉凯恩两挡变速器，该变速器集成了两挡、同轴、双离合器式差速器的特点。

　　吉凯恩两挡变速器工作原理如图 3-64 所示，变速机构采用行星齿轮组，它由两个太阳轮（S1 及 S2）和一个行星齿轮架组成，没有齿圈。

（a）解剖图

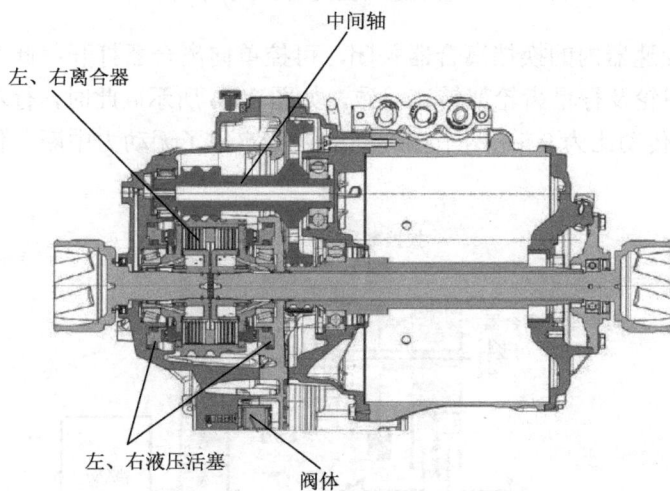

（b）两挡变速器剖视图

图 3-63   吉凯恩两挡变速器

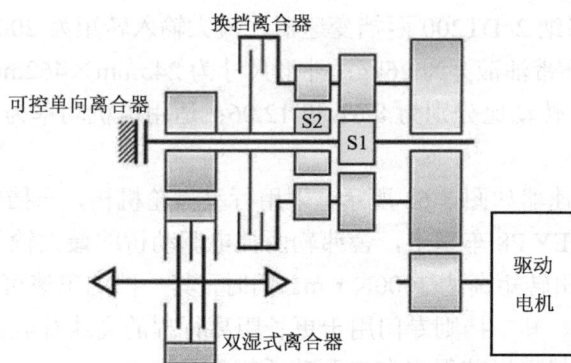

图 3-64   吉凯恩两挡变速器工作原理

在第一挡时，第一个太阳轮（S1）通过一个可控单向离合器被锁死，行星齿轮架推动第二个太阳轮（S2）及其所在轴转动，如图 3-65 所示。此时行星齿轮组的传动比较大，为 1.79，整个系统的传动比为 17.0。

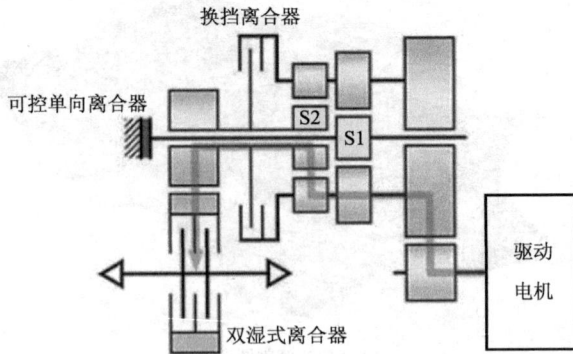

图 3-65　吉凯恩两挡变速器一挡功率流

在第二挡时，变速器内的换挡离合器关闭，可控单向离合器打开；此时，整个行星齿轮组被短路，两个太阳轮及行星齿轮架转速一致，如图 3-66 所示。此时，行星齿轮组的传动比为 1.0，整个系统的传动比为 9.5。两个挡位间的换挡实现了无动力中断，保证了换挡时的驾驶舒适性。

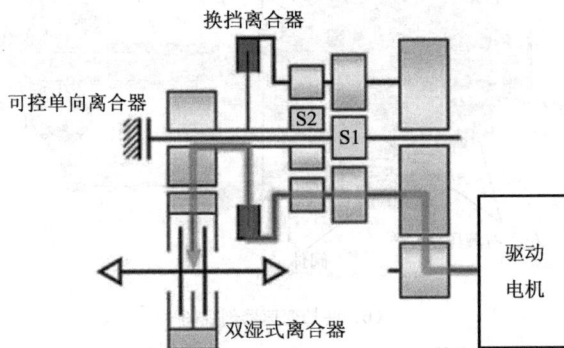

图 3-66　吉凯恩两挡变速器二挡功率流

图 3-67 所示为麦格纳 2eDT200 两挡变速器，最大输入转矩为 200N·m，最大输出转矩为 2500N·m；质量（不带油液）为 26kg；外形尺寸为 245mm×462mm×300mm；输入轴输出轴中心距为 188mm；传动比分别为 8.61 和 12.06；适用电机功率为 55～90kW，适用电压平台为 300～400V。

舍弗勒同轴两挡变速器如图 3-68 所示，采用行星齿轮机构，一挡传动比为 14.8，二挡传动比为 5.05。在长城 WEY P8 车型上，舍弗勒两挡电驱动桥的最大输入功率和转矩分别达到 90kW 和 200N·m，输出转矩高达 3000N·m。同时，其一挡的车速可至 120km/h，具有足够高车速的纯电行驶能力。其二挡则专门用于更长距离行程的高速行驶，保证车辆能够在速度超过 230km/h 的时候依然可以获得来自电驱动桥的额外动力。

图 3-69 所示为保时捷纯电动汽车后电驱动系统使用的两挡变速器，其采用行星齿轮机构。一挡传动比为 16，二挡传动比为 8.05。一挡可为车辆的静止起步提供更多的加速度，齿比（齿轮齿数比）更小的二挡可同时确保高效率和高能量储备，也有助于车辆高速行驶，最高车速可达 260km/h。驱动电机为永磁同步电机，电机峰值功率为 330kW，峰值转矩为 550N·m。

图 3-67　麦格纳 2eDT200 两挡变速器

图 3-68　舍弗勒同轴两挡变速器

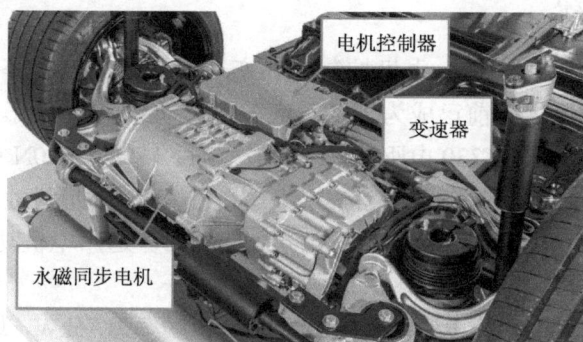

（a）变速器

（b）爆炸图

图 3-69　保时捷纯电动汽车后电驱动系统使用的两挡变速器

　　保时捷纯电动汽车后电驱动系统使用的两挡变速器结构如图 3-70 所示，换挡执行器用于执行所有不同的挡位：一挡、二挡、空挡、倒挡和驻车。换挡执行器驱动两个与爪形离合器和多片离合器连接的操纵杆。在多片离合器内部有一个行星排，确保一挡速比。在一挡，多片离合器打开，爪形离合器关闭，产生 16 速比；二挡时，爪形离合器打开，多片离合器关闭，行星排变为整体，可以节省行星排的损失，提高效率。

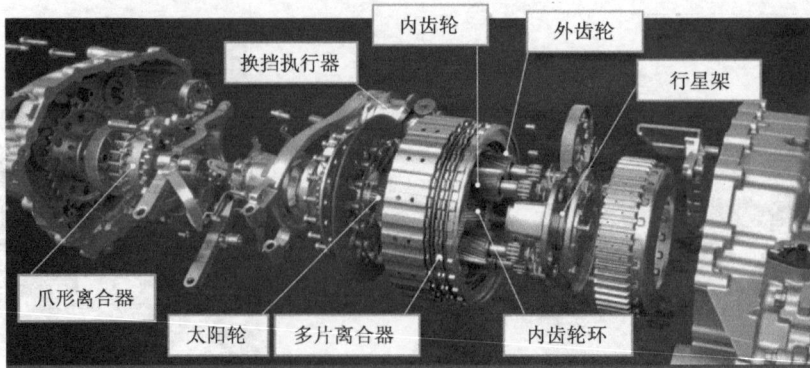

图 3-70　保时捷纯电动汽车后电驱动系统使用的两挡变速器结构

3.6.3　电驱动系统

电驱动系统是指将驱动电机、电机控制器和变速器（减速器）等集成为一体，三合一电驱动系统目前已成为纯电动汽车电驱动系统的主流。

图 3-71 所示为麦格纳 1eDT330 电驱动系统，最大输入转矩为 320N·m，最大输出转矩为 3300N·m；质量（不带油液）为 150kg；外形尺寸为 512mm×631mm×367mm；输入轴输出轴中心距为 215mm；传动比为 5.50；适用电机功率为 77～150kW，适用电压平台为 300～400V。

图 3-72 所示为麦格纳高集成电驱动系统（低），峰值功率为 76kW，最高转速为 13500r/min，最大输出转矩为 1600N·m；逆变器参数分别为 360V、350A。

图 3-71　麦格纳 1eDT330 电驱动系统

图 3-72　麦格纳高集成电驱动系统（低）

图 3-73 所示为麦格纳高集成电驱动系统（中），峰值功率为 140kW，最高转速为 18000r/min，最大输出转矩为 3800N·m；逆变器参数分别为 450V、500A。

图 3-74 所示为麦格纳高集成电驱动系统（高），峰值功率为 253kW，最高转速为 16500r/min，最大输出转矩为 5300N·m；逆变器参数分别为 460V、960A。

ZF 的三合一电驱动系统如图 3-75 所示，它把驱动电机、电机控制器及减速器集成为一体，适合于前驱或后驱。驱动电机采用感应异步电机，峰值功率为 90kW，峰值转矩为 1700N·m，最高转速为 21000r/min。

图 3-73 麦格纳高集成电驱动系统（中）

图 3-74 麦格纳高集成电驱动系统（高）

图 3-75 ZF 的三合一电驱动系统

博世的电驱动系统的产品系列按照设计可实现输出功率从 50kW 到 300kW、转矩从 1000N·m 到 6000N·m 不同的产品，用以覆盖纯电动汽车和混合动力电动汽车对电驱动系统的不同需求；可以安装在小型乘用车、越野车甚至轻型商用车上。

图 3-76 所示为博世的三合一电驱动系统，它由永磁同步电机、电机控制器和二级减速器集成在一起。其输出功率为 150kW，输出转矩为 3800N·m，质量为 90kg；功率密度为 1.67kW/kg，可用于总质量 7.5t 以内的车型。

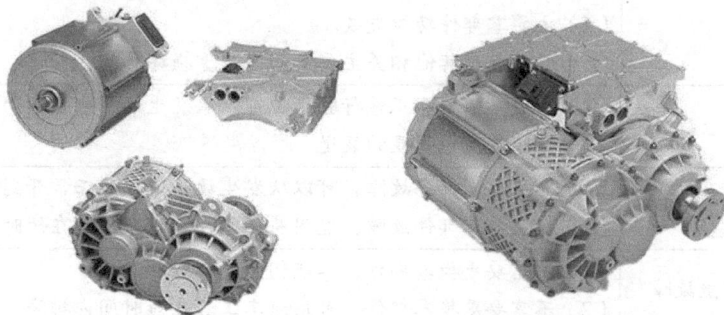

图 3-76 博世的三合一电驱动系统

捷豹纯电动汽车底盘如图 3-77 所示，采用四驱方式，驱动电机为永磁同步电机，前后电机峰值功率都为 147kW，峰值转矩都为 348N·m，最高转速都为 12000r/min；最高车速为 200km/h；0～100km/h 加速时间为 4.8s。

图 3-77　捷豹纯电动汽车底盘

3.7　驱动电机系统的故障诊断

驱动电机系统是指驱动电机、电机控制器及其工作必需的辅助装置的组合。

驱动电机系统的
故障诊断

3.7.1　驱动电机系统的故障分类

根据故障的危害程度，驱动电机系统的故障可分为致命故障、严重故障、一般故障、轻微故障 4 个等级。驱动电机系统的故障分类见表 3-1。

表 3-1　驱动电机系统的故障分类

故障等级	故障类型	故障特性描述
一级	致命故障	（1）危害人身安全。 （2）影响行车安全。 （3）对周围环境造成严重危害。 （4）造成车辆在故障发生地不能行驶。 （5）主要零部件功能失效。 （6）引起整车其他相关主要零部件严重损坏
二级	严重故障	（1）造成车辆不能正常行驶，但可以从发生故障地点移动到路边，等待救援。 （2）性能发生较明显的衰退
三级	一般故障	（1）非主要零部件故障，可以从发生故障地点非正常开到停车场。 （2）非主要零部件故障，能用易损备件和随车工具在短时间内排除
四级	轻微故障	（1）不需要更换零部件，车辆仍能正常行驶。 （2）不需要更换零部件，可用随车工具在短时间内排除

3.7.2　驱动电机系统的故障模式

驱动电机系统的故障模式如图 3-78 所示。

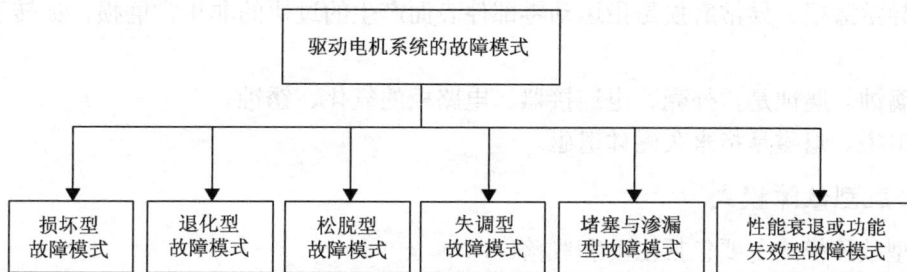

图 3-78　驱动电机系统的故障模式

1.　损坏型故障模式

损坏型故障模式主要包括断裂、碎裂、裂纹、开裂、点蚀、烧蚀、击穿、变形、压痕、烧损、磨损和短路。

（1）断裂。断裂是指具有有限面积的几何表面分离，发生位置如控制器的壳体、电机机座、端盖等。

（2）碎裂。碎裂是指零部件变成许多不规则形状的碎块的现象，发生位置如轴承、转子花键等。

（3）裂纹。裂纹是指在零部件表面或内部产生的微小的裂纹，发生位置如控制器的壳体、电机机座、端盖等。

（4）开裂。开裂是指焊接处、钣金件、非金属件产生的可见裂纹，发生位置如绝缘板、接线板、电缆线等。

（5）点蚀。点蚀是指零部件表面产生的点状剥蚀，发生位置如电机花键。

（6）烧蚀。烧蚀是指零部件表面因局部熔化而发生的损坏，发生位置如断路器。

（7）击穿。击穿是指绝缘体丧失绝缘，出现放电现象，造成损坏，发生对象如电机绕组、电容、功率器件等。

（8）变形。变形是指零部件在外力作用下改变原有的形状的现象，如电机转轴的弯曲或扭转变形，控制器外壳的变形等。

（9）压痕。压痕是指零部件表面产生的凹状痕迹，如转子花键表面的压痕。

（10）烧损。烧损是指由于运行温度超过零部件的允许温度，且持续一定时间，造成全部或部分功能失效，发生位置如定子绕组、功率器件、电容、电路板、风机、电机等。

（11）磨损。磨损是指由于摩擦使相互配合零件表面磨蚀严重而影响该对零部件正常工作的物理现象，或非配合零部件表面磨蚀严重而影响其中一个零部件正常工作的物理现象，如电缆线、连接线等的磨损。

（12）短路。短路是指电路中不同电位之间由于绝缘损坏发生线路短路。

2.　退化型故障模式

退化型故障模式主要包括老化、剥离、异常磨损、腐蚀和退磁。

（1）老化。老化是指非金属零部件随使用时间的增长或由于周围环境的影响，性能衰退的现象，如绝缘板、密封垫、密封圈等的老化。

（2）剥离。剥离是指金属、非金属或油漆层以薄片状与原表面分离的现象。

（3）异常磨损。异常磨损是指运动零部件表面产生的过快的非正常磨损，如转子花键的磨损。

（4）腐蚀。腐蚀是指外壳、电连接器、电路板的氧化、锈蚀。

（5）退磁。退磁是指永久磁体退磁。

3. 松脱型故障模式

松脱型故障模式主要包括松动和脱落。

（1）松动。松动是指连接件丧失应具有的紧固力或过盈失效，发生位置如连接螺栓、轴承、转子铁芯等。

（2）脱落。脱落是指连接件丧失连接而造成的零部件分离的现象，发生位置如悬挂点的连接等。

4. 失调型故障模式

失调型故障模式主要包括间隙超差、干涉和性能失调。

（1）间隙超差。间隙超差是指触点间隙或配合间隙超出规定值而影响功能的现象，如接触器、轴承等的间隙超差。

（2）干涉。干涉是指运动部件之间发生相碰或不正常摩擦的现象，如风机叶片与风罩、速度传感器与齿盘、电机定子与转子之间的干涉等。

（3）性能失调。性能失调是指关键输出量不稳定，如输出转矩、转速的振荡、不稳定。

5. 堵塞与渗漏型故障模式

堵塞与渗漏型故障模式主要包括堵塞、漏水和渗水。

（1）堵塞。堵塞是指在管路中流体流动不畅或不能流动的现象，发生位置如液冷电机和控制器的管路。

（2）漏水。漏水是指在密闭的管道及容器系统中，有液体成滴或成流泄出的现象。

（3）渗水。渗水是指在水密闭的管道及容器系统中，有液体痕迹，但不滴落的现象。

6. 性能衰退或功能失效型故障模式

性能衰退或功能失效型故障模式主要包括性能衰退、功能失效、公害限值超标、异响和过热。

（1）性能衰退。性能衰退是指在规定的行驶里程或使用寿命内，驱动电机及控制器的性能低于技术条件规定的指标的现象，如最大输出转矩、功率出现明显下降造成整车动力性能下降。

（2）功能失效。功能失效是指由于某一局部故障导致驱动电机或控制器某些功能完全丧失的现象。

（3）公害限值超标。公害限值超标是指产品的噪声超过规定的限值。

（4）异响。异响是指驱动电机或控制器在工作时发出的非正常声响。

（5）过热。过热是指驱动电机或控制器的整体或局部的温度超过规定值。

3.7.3　驱动电机系统故障分类举例

驱动电机系统致命故障举例见表 3-2。

表 3-2　驱动电机系统致命故障举例

序号	零部件名称	故障模式	情况说明
1	电机定子绕组	烧损	电机绕组之间由于短路或电机运行温度过高造成烧损
2	电机定子绕组	击穿	电机绕组绝缘击穿,造成对电机外壳短路或绕组匝间短路
3	电机转速/位置传感器	功能失效	不能产生电机转速/位置信号,造成驱动电机系统不能工作
4	转子花键	断裂或碎裂	转子花键断裂或异常磨损,不能传递转矩
5	接线板	烧损	控制器和电机之间电气连接失效
6	接线板	击穿	控制器输出线间短路或对外壳短路
7	电机轴承	碎裂	电机轴承碎裂,不能正常支撑转子
8	电机轴承	烧损	电机轴承温度过高,造成内部润滑脂蒸发,出现烧损
9	控制器电容器	烧损	控制器电容器本体或连接失效
10	控制器电容器	击穿	控制器电容器正负极之间或对外壳短路
11	控制器功率器件	烧损	功率器件功能失效
12	控制器功率器件	击穿	功率器件的阳极、阴极、门极之间或端子对外壳短路
13	电压电流传感器	烧损	传感器功能失效,造成控制器不能工作
14	电压电流传感器	击穿	传感器正负极之间或对外壳短路,造成控制器不能工作
15	接触器	烧损	接触器线包或触头烧损,功能失效,造成控制器不能工作
16	接触器	间隙超差	接触器无法可靠接触或断开,造成控制器不能工作
17	电路板	烧损	电路板部分元器件烧损,造成电路板部分或全部功能失效,控制器不能工作
18	电路板	击穿	电路板部分元器件击穿或带电部分对安装支座、外壳击穿,造成电路板部分或全部功能失效,控制器不能工作
19	充电电阻	烧损	控制器不能工作
20	熔断器	烧损	控制器不能工作
21	电缆线和连接件	烧损	电缆和连接件因磨损或其他原因造成短路、接地等故障,造成控制器不能工作
22	温度传感器	烧损	传感器功能失效,造成控制器不能工作
23	温度传感器	击穿	信号线间短路或对壳体短路,造成控制器不能工作
24	电机安装支座	脱落	电机发生明显位移,造成车辆无法安全行驶
25	电机永磁体	性能衰退	驱动电机系统 400h 可靠性试验后,电机失磁过高,造成最大转矩或最大功率低于技术条件规定指标的 5%
26	通信	功能失效	控制器不能工作
27	软件	功能失效	控制器不能工作

驱动电机系统严重故障举例见表 3-3。

表 3-3　驱动电机系统严重故障举例

序号	零部件名称	故障模式	情况说明
1	电机永磁体	性能衰退	电机性能低于技术条件规定指标,造成整车动力性能下降

序号	零部件名称	故障模式	情况说明
2	电机转速/位置传感器	功能失效	不能产生电机转速/位置信号，但驱动电机系统能在故障模式下工作
3	冷却风机	烧损	因冷却风机不能运转，控制器或电机无法连续正常工作
4	冷却风机	干涉	风机风罩与叶片干涉，造成风机不能正常运转，控制器或电机无法连续正常工作
5	冷却液体泵	烧损	因冷却液体泵不能运转，控制器或电机无法连续正常工作
6	冷却管路	堵塞	因冷却液无法循环，控制器或电机无法连续正常工作
7	冷却管路	漏液	冷却系统缺液，造成控制器或电机无法连续正常工作
8	电机轴承	异常磨损	电机轴承出现非正常磨损，对轴承进行清洗润滑处理后，电机仍可正常使用
9	风机或水泵接触器	烧损	风机或水泵无法启动，控制器或电机无法连续正常工作
10	风机或水泵接触器	间隙超差	接触器无法可靠接触或断开，造成风机和水泵无法正常启动，控制器或电机无法连续正常工作
11	温度传感器	烧损	传感器功能部分失效，控制器无法连续正常工作
12	温度传感器	击穿	信号线间短路或对壳体短路，控制器无法连续正常工作
13	电缆线和连接件	磨损	电缆和连接件因磨损造成短路、接地等故障，造成控制器无法连续正常工作
14	电机安装支座	脱落	电机发生明显晃动或振动，造成车辆无法连续行驶
15	电机	异响	需车辆回修理厂检查电机轴承，对其进行清洗和润滑或更换处理
16	软件	性能失调	造成控制器无法连续正常工作

驱动电机系统一般故障举例见表 3-4。

表 3-4　驱动电机系统一般故障举例

序号	零部件名称	故障模式	情况说明
1	冷却风机	烧损	需乘客下车，车辆缓慢回到修理厂
2	风机或水泵接触器	烧损	风机或水泵无法启动，需车辆缓慢回到修理厂
3	风机或水泵接触器	间隙超差	风机或水泵无法启动，需车辆缓慢回到修理厂
4	电机定子绕组	温度过高	需车辆缓慢回到修理厂
5	电机连接螺栓	松动	个别松动，需进修理厂紧固
6	控制器连接螺栓	松动	个别松动，需进修理厂紧固
7	电机冷却管路接头	漏液或渗液	紧固接头处需进修理厂紧固
8	控制器冷却管路接头	漏液或渗液	紧固接头处需进修理厂紧固
9	散热器	漏液或渗液	需进修理厂修理或更换
10	控制器插头	松动	需插头重新插接
11	电缆线和连接线	磨损	磨损处需用绝缘胶带和波纹管包好

序号	零部件名称	故障模式	情况说明
12	电机安装支座	脱落	个别脱落，不影响行车安全，需进修理厂
13	线束	松动	需进修理厂检查修理
14	温度传感器	烧损	传感器功能部分失效，控制器可在限制条件下工作，需更换传感器

驱动电机系统轻微故障举例见表 3-5。

表 3-5 驱动电机系统轻微故障举例

序号	零部件名称	故障模式	情况说明
1	安装螺栓	松动	个别松动，需紧固螺栓
2	导线固定件	松动	个别松动，需紧固固定件
3	外壳	腐蚀	外壳锈蚀
4	外壳	剥离	外壳油漆剥离
5	外壳	脱落	非关键焊点脱落
6	可恢复性故障保护	性能失调	出现故障保护且自动在很短时间内恢复，或关闭电源后重新启动能够自动恢复

3.7.4 驱动电机的故障诊断

驱动电机故障涉及的因素较多，如电路系统、磁路系统、绝缘系统、机械系统以及通风散热系统等。任何一个系统工作不良或其相互之间配合不好均会导致驱动电机出现故障，所以，驱动电机故障要比其他设备的故障更复杂，驱动电机故障诊断所涉及的技术范围更广。此外，驱动电机的运行还与其负载情况、环境因素有关。驱动电机在不同的状态下运行，表现出的故障状态各不相同，这进一步增加了驱动电机故障诊断难度。驱动电机的故障一般可分为机械故障与电气故障。机械方面的主要故障有定子铁芯损坏、转子铁芯损坏、轴承损坏和转轴损坏，其故障原因为由震动、润滑不充分、转速过高、静载过大、过热而引起的磨损、压痕、腐蚀、电蚀和开裂等；电气方面的故障则主要是定子绕组故障与转子绕组故障，故障原因包括驱动电机绕组接地、短路、断路、接触不良和鼠笼断条等。

驱动电机常见故障及处理方法见表 3-6。

表 3-6 驱动电机常见故障及处理方法

序号	故障现象	故障原因	处理方法
1	电机在空转时不能启动	电源未接通	检查开关、接触器触点及电机引出线头，查出后修复
		逆变器控制原因	检查逆变器
		定子绕组故障	检查定子绕组，找出故障并修复
		电源电压太低	检查电源电压和每个连接处

序号	故障现象	故障原因	处理方法
2	电机通电后不启动，"嗡嗡响"	定子、转子绕组断路	查明断路点进行修复
		绕组引出线始末端接错或绕组内部接反	定子绕组中通入直流电，检查绕组极性，判断绕组首末端是否正确
		电机负载过大或被卡住	检查设备，排除故障
		电源未能全部接通	紧固接线柱松动的螺钉，用万用表检查电源线某相断线或假接故障
3	定子过热	输电线或定子绕组一相断线，造成走单相	按序号1中处理方法的第1和3项进行检查
		过载	减少负载或增加容量
		绕组匝数不对	检查绕组电阻
		通风不良	检查风机是否正常
4	绝缘电阻低	绕组受潮或被水淋湿	进行加热烘干处理
		绕组绝缘粘满粉尘、油垢	清洗绕组油垢，并干燥、进行表面处理
		引出线绝缘老化破裂	重包引出线绝缘
		绕组绝缘老化	不能安全运行时，需要更换
5	电机振动	轴承磨损，间隙不合格	检查轴承间隙，应符合设计要求
		气隙不均匀	调整气隙
		转子不平衡	重新校对平衡
		笼型转子导条断裂	更换转子
		定子绕组故障	查出绕组故障点并进行处理
		转轴弯曲	校直转轴
		铁芯变形或松动	校正铁芯，或重新叠装铁芯
6	电机空载运行时空载电流不平衡，且相差较大	绕组首端接错	查明首末端，改正后再启动电机
		电源电压不平衡	测量电源电压，找出原因并消除
		绕组有故障	拆开电机检查绕组极性和故障
7	电机运行时有杂音，不正常	轴承磨损，有故障	检查并更换轴承
		定子、转子铁芯松动	检查松动原因，重新压装铁芯
		电压不平衡	测量电源电压，检查电压不平衡原因
		绕组有故障	检查绕组故障并处理
		轴承缺少润滑脂	清洗轴承，添加规定量的润滑脂
		气隙不均匀，定子、转子相擦	调整气隙，提高装配精度
8	轴承发热超过规定	润滑脂过多或过少	拆开轴承盖，检查油量，按规定增减润滑脂量
		脂质不好，含有杂质	检查油脂内有无杂质，更换好润滑脂
		轴承与轴配合过松或过紧	采取措施，使轴承与轴配合符合要求
		轴承与端盖配合过松或过紧	采取措施，使轴承与端盖配合符合要求

序号	故障现象	故障原因	处理方法
8	轴承发热超过规定	油封间隙配合太紧	更换或修理油封
		轴承内盖偏心，与轴相擦	修理轴承内盖，使其与轴的间隙合适
		电机两侧端盖或轴承盖未装平	按正确工艺将端盖或轴承盖装入止口内，然后均匀紧固螺钉
		轴承有故障、磨损、杂物等	更换损坏的轴承，对含有杂质的轴承要彻底清洗，换油
		轴承间隙过大或过小	更换新轴承

3.7.5　电机控制器的故障诊断

电机控制器的故障主要包括以下几类：IGBT 故障、输入电源线和接地线故障、整流二极管短路、直流母线接地错误、直流侧电容短路、晶闸管短路、温度超限报警、相电流过流、过电压以及欠电压等高压电气系统故障。

某电机控制器常见故障及处理方法见表 3-7。

表 3-7　某电机控制器常见故障及处理方法

故障码	故障说明	排除方法
1	W 相 IGBT 饱和保护	重新启动系统，如不能消除或经常发生，需要专业维修
2	U 相 IGBT 饱和保护	重新启动系统，如不能消除或经常发生，需要专业维修
3	V 相 IGBT 饱和保护	重新启动系统，如不能消除或经常发生，需要专业维修
100	高压欠电压	表示系统高压未接通，如高压已接通，而长时间没有消除，需专业维修
171	系统上电自检异常	需专业维修
190	高压过低	重新启动系统，如不能消除或经常发生，需要专业维修
191	旋变检查异常	检查旋变信号线，重新启动系统，如不能消除或经常发生，需要专业维修
192	瞬间超速保护	检查旋变信号线，重新启动系统，如不能消除或经常发生，需要专业维修
194	过流保护	重新启动系统，如不能消除或经常发生，需要专业维修
196	24V 瞬间断路	检查供电系统是否断路或接触不良
199	15V 驱动电源工作异常	重新启动系统，如不能消除或经常发生，需要专业维修
203	15V 驱动电源启动异常	重新启动系统，如不能消除或经常发生，需要专业维修

3.7.6　驱动电机故障诊断实例

1. 故障现象

客户驾驶某纯电动汽车，在行驶过程中系统故障警告灯突然点亮，车辆无法行驶，维修技师赶到现场通过诊断仪诊断出驱动电机超速保护故障，无法在原地进行维修，安排拖车将车辆拖至 4S 店。

2. 故障分析

该纯电动汽车的驱动电机与控制系统原理如图 3-79 所示。

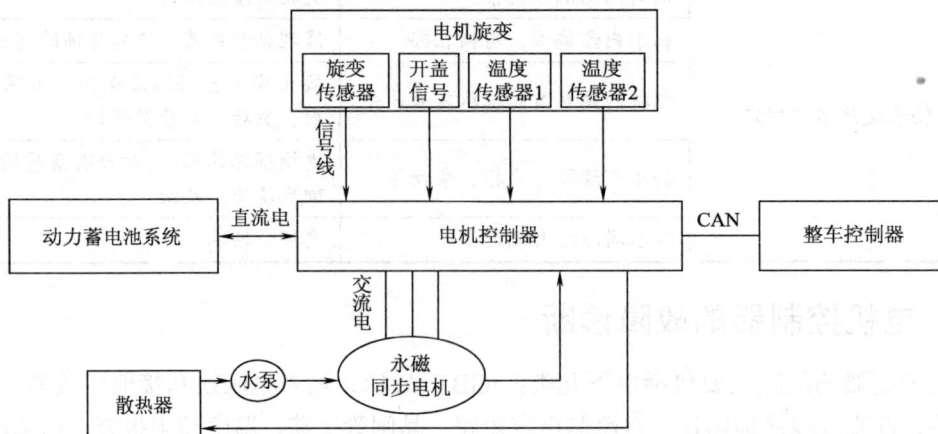

图 3-79　该纯电动汽车的驱动电机与控制系统原理

系统故障警告灯显示红色并持续闪烁，表示仪表和整车失去通信，系统故障警告灯显示红色并持续点亮，表示车辆出现 1 级故障。

驱动电机、旋变传感器和温度传感器如图 3-80 所示。旋变传感器用以检测驱动电机转子位置和转速，控制器解码后可以获知驱动电机转子位置和转速；温度传感器用以检测驱动电机的绕组温度，提供散热风扇启动信号，保护驱动电机，避免过热。

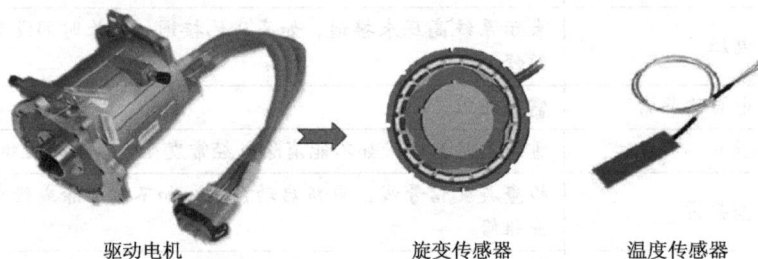

驱动电机　　　　　　　旋变传感器　　　　温度传感器

图 3-80　驱动电机、旋变传感器和温度传感器

旋变传感器内部原理如图 3-81 所示。

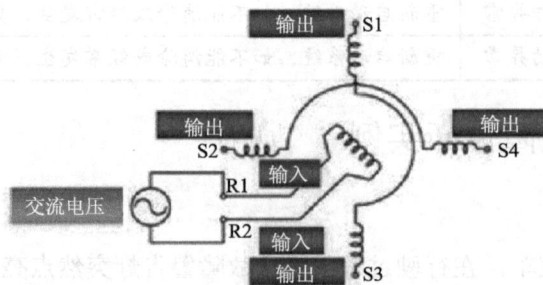

图 3-81　旋变传感器内部原理

3．故障诊断流程

故障诊断按以下流程进行。

（1）断开低压蓄电池负极电缆，拔下驱动电机控制器接插件 T35（该车的编号），如图 3-82 所示，部分引脚接线定义见表 3-8。检查接插件有无损坏或退针，若发现接插件损坏或退针，更换驱动电机控制器接插件 T35；如接插件良好，按照下一步骤进行检查。

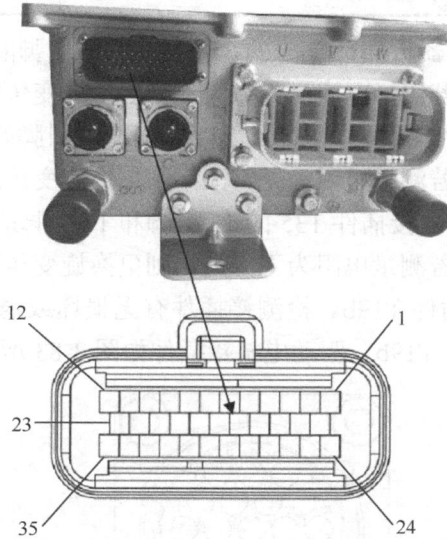

图 3-82　驱动电机控制器接插件 T35

表 3-8　驱动电机控制器接插件 T35 部分引脚接线定义

引脚编号	连接线名称	说明
12	励磁绕组 R1	旋变传感器接口
11	励磁绕组 R2	
35	余弦绕组 S1	
34	余弦绕组 S3	
23	正弦绕组 S2	
22	正弦绕组 S4	
33	屏蔽层	
24	12V-GND	控制电源接口
1	12V+	
32	CAN-H（高位数据线）	CAN 总线接口
31	CAN-L（低位数据线）	
30	CAN-PB（CAN 网关）	
29	CAN-SHIELD（CAN 屏蔽）	
10	TH	温度传感器接口

引脚编号	连接线名称	说明
9	TL	
28	屏蔽层	
8	485+	RS485 总线接口
7	485−	
15	HVIL1（+L1）	高低压互锁接口
26	HVIL2（+L2）	

（2）测量驱动电机控制器接插件 T35 的 35 引脚和 34 引脚的电阻值（余弦绕组 S1、S3）应为 $60×（1±10\%）$ Ω；若测量电阻为无穷大，则更换旋变传感器。

（3）测量驱动电机控制器接插件 T35 的 23 引脚和 22 引脚的电阻值（正弦绕组 S2、S4）应为 $60×（1±10\%）$ Ω；若测量电阻为无穷大，则更换旋变传感器。

（4）测量驱动电机控制器接插件 T35 的 12 引脚和 11 引脚的电阻值（励磁绕组 R1、R2）应为 $33×（1±10\%）$ Ω；若测量电阻为无穷大，则更换旋变传感器。

（5）拔下驱动电机接插件 T19b。检测接插件有无损坏或退针，若发现接插件损坏或退针，则更换驱动电机接插件 T19b。驱动电机接插件如图 3-83 所示。

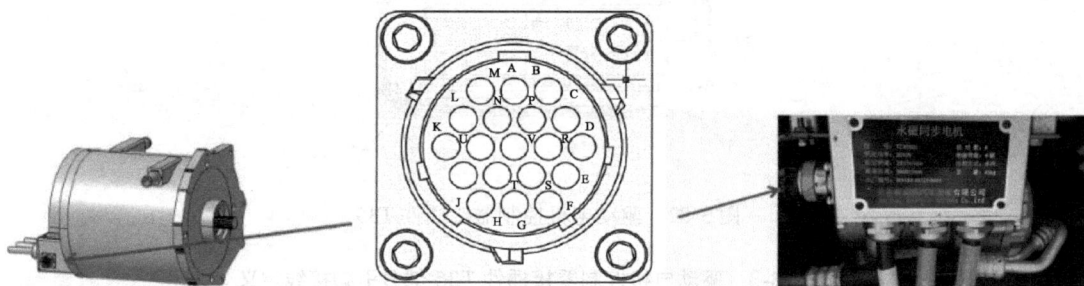

图 3-83　驱动电机接插件

驱动电机接插件部分引脚接线定义见表 3-9。

表 3-9　驱动电机接插件部分引脚接线定义

引脚编号	连接线名称	说明
A	励磁绕组 R1	
B	励磁绕组 R2	
C	余弦绕组 S1	
D	余弦绕组 S3	旋变传感器接口
E	正弦绕组 S2	
F	正弦绕组 S4	
G	TH0	温度传感器接口
H	TL0	
L	HVIL1（+L1）	高低压互锁接口
M	HVIL2（+L2）	

（6）测量驱动电机控制器接插件 T35 的针脚至驱动电机插接件 T19b 的针脚之间是否存在断路，若测量电阻为无穷大，则更换或修理线束。

（7）若以上测量均正常，替换驱动电机的旋变传感器后检查故障是否排除。

（8）故障排除后清除故障码。

4．故障排除

本故障案例为真实故障，在实际故障诊断过程中，检查发现驱动电机的旋变传感器损坏，经更换后故障排除，工作恢复正常。

【项目实训】

项目实训工单 3　纯电动汽车驱动电机系统的故障诊断

纯电动汽车行驶过程中，驱动电机系统提供动力，受力较大，容易出现故障，因此，驱动电机系统的故障诊断是纯电动汽车维修技师必备的维修技能。驱动电机系统故障可以是电机故障、也可以是电机控制器故障，根据实际情况，由指导教师确定。项目实训工单 3 主要是通过对实训车辆的驱动电机系统进行故障诊断，掌握驱动电机系统的常见故障以及故障诊断的程序、内容和方法等，培养实践技能。该实训不限定具体车型，故障类型由指导教师事先设定；不同车型的驱动电机系统故障诊断方法会有差异，应根据具体车型的维修手册制订故障诊断方法。后附项目实训工单 3。

【项目小结】

本项目主要讲解纯电动汽车驱动电机的类型与要求、驱动电机的主要性能指标、异步电机的结构和工作原理、永磁同步电机的结构和工作原理、电机控制器基本知识、变速器及电驱动系统基本知识，以及驱动电机系统的故障诊断。学生通过项目实训工单 3，可以掌握纯电动汽车驱动电机系统的故障诊断方法；通过实训考核和理论考核，可以巩固学习效果，最终培养分析问题和解决问题的能力以及驱动电机系统故障诊断技能。

【项目目标】

完成本项目，学生应该达到以下目标。

知识目标

（1）掌握整车控制器的技术要求与功能。

（2）掌握整车控制器的结构与原理。

（3）掌握整车控制器的工作模式。

（4）掌握整车控制器的故障诊断。

技能目标

（1）能够对整车控制器的连接线路和连接部件进行识别。

（2）能够对整车控制器进行故障诊断。

素质目标

（1）培养敬业精神和服务意识。

（2）培养沟通、协调、合作的能力，逐步形成良好的心理素质。

【项目导入】

整车控制器是纯电动汽车的核心控制器件，主要功能为采集车辆信息、驾驶员意图，控制车辆运行，诊断车辆故障等。随着汽车电动化、智能化和网联化的快速发展，对整车控制器的要求越来越高，其功能越来越强大。图4-1所示为某纯电动汽车整车控制器的拓扑结构。纯电动汽车整车控制器有什么技术要求与功能？整车控制器的结构与原理是怎样的？整车控制器的工作模式有哪些？整车控制器的常见故障有哪些？本项目将带领大家学习纯电动汽车的整车控制器知识和技能。

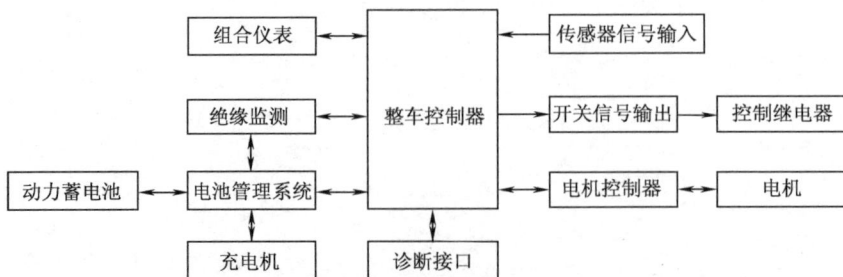

图 4-1　某纯电动汽车整车控制器的拓扑结构

【知识准备】

4.1　整车控制器的技术要求与功能

整车控制器（VCU）是纯电动汽车各动力系统的总成控制器，负责协调电驱动系统、动力蓄电池系统、制动系统等各部分的工作，提高纯电动汽车的动力性、经济性和安全性等。

4.1.1　整车控制器的技术要求

根据整车控制网络的构成以及对整车控制器输入输出信号的分析，整车控制器应满足以下技术要求。

（1）设计硬件电路时，应该充分考虑汽车恶劣的行驶环境，注重电磁兼容性，提高抗干扰能力。整车控制器在软硬件上都应该具备一定的自保护能力，以防止极端情况的发生。

（2）整车控制器需要有足够多的 I/O 接口，能够快速准确地采集各种输入信息，至少具备两路 A/D 转换通道用于采集加速踏板信号和制动踏板信号，应该具有多个开关量输入通道，用于采集汽车挡位信号，同时应该具有多个用于驱动车载继电器的功率驱动信号输出通道。

（3）整车控制器应该具备多种通信接口，CAN 通信接口用于与电机控制器、蓄电池管理系统和组合仪表通信，RS232 通信接口用于与上位机通信，同时预留一个 RS-485/422 通信接口，这可以将不支持 CAN 通信的设备兼容，例如某些型号的车载触摸屏。

（4）不同的路况条件下，汽车会遇到不同的冲击和震动，整车控制器应该具备良好抗冲击性，才能保证汽车的可靠性和安全性。

4.1.2　整车控制器的功能

整车控制器通过采集加速踏板信号、制动踏板信号和挡位开关信号等驾驶信息，同时接收 CAN 总线上电机控制器和蓄电池管理系统发出的数据，并结合整车控制策略对这些信息进行分析和判断，提取驾驶员的驾驶意图和车辆运行状态信息，最后通过 CAN 总线发出指令来控制各部件控制器的工作，保证车辆的正常行驶。

整车控制器的基本功能如图 4-2 所示。

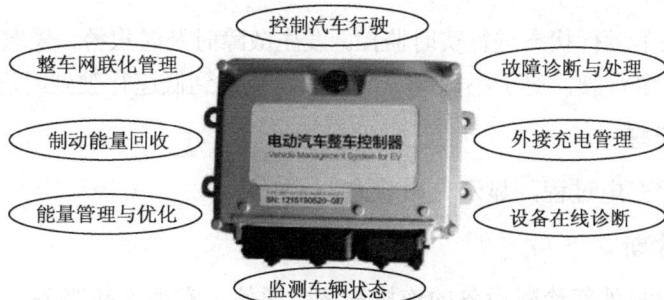

图 4-2　整车控制器的基本功能

1. 控制汽车行驶

控制纯电动汽车行驶，协调纯电动汽车各个分系统正常工作，这是整车控制器最基本的功能。整车控制器根据驾驶员意图和车辆实时状态按照设定的控制程序向相关电控单元发送控制信号。例如，当驾驶员踩下加速踏板时，整车控制器向电机控制器发送驱动电机输出转矩信号，电机控制器控制驱动电机按照驾驶员意图输出转矩。

2. 整车网联化管理

纯电动汽车整车通信网络是基于 CAN 总线技术的通信网络，具有多个主从节点，整车控制器作为车载网络的主节点，负责信息的组织与传输、网络状态的监控、网络节点的管理以及网络故障的诊断与处理，对车载网络的正常运行具有重要意义。

3. 制动能量回收

纯电动汽车的驱动电机可以工作在再生制动状态，对制动能量进行回收利用。整车控制器分析驾驶员制动意图、动力蓄电池系统状态和驱动电机状态等信息，并结合制动能量回收控制策略，在满足制动能量回收的条件下对电机控制器发送驱动电机模式指令和转矩指令，使得驱动电机工作在发电模式，在不影响制动性能的前提下将制动回收的能量储存在动力蓄电池中，从而实现制动能量回收，提高车辆能量利用效率。

4. 能量管理与优化

纯电动汽车有很多用电设备，包括驱动电机和空调设备等。整车控制器可以对能量进行合理优化来提高纯电动汽车的续驶里程。例如当动力蓄电池电量较低时，整车控制器发送控制指令关闭部分起辅助作用的电气设备，将电能优先用于保证车辆的安全行驶。

5. 监测车辆状态

整车控制器通过直接采集信号和接收 CAN 总线上的数据的方式获得车辆运行的实时数据，包括车速、驱动电机的工作模式、转矩、转速、蓄电池的剩余电量、蓄电池总电压、单体蓄电池电压、蓄电池温度和故障等信息，然后通过 CAN 总线将这些实时信息发送到组合仪表进行显示。此外，整车控制器定时检测 CAN 总线上各模块的通信，如果发现总线上某一节点不能够正常通信，则在组合仪表上显示该故障信息，并对相应的紧急情况采取合理的措施进行处理，防止极端状况的发生，使得驾驶员能够直接、准确地获取车辆当前的运行状态信息。

6. 故障诊断与处理

整车控制器对整车运行状态进行实时监控。发生故障时及时报警，采取安全措施并发送错误代码，确保车辆安全行驶；对于不太严重的故障，能做到低速行驶到附近维修站进行检修。

7. 外接充电管理

整车控制器监控充电过程，显示充电状态。

8. 设备在线诊断

整车控制器负责与外部诊断设备的连接和诊断通信，实现诊断服务，包括数据流读取、故障码的读取和清除，控制端口的调试。

4.2　整车控制器的结构与原理

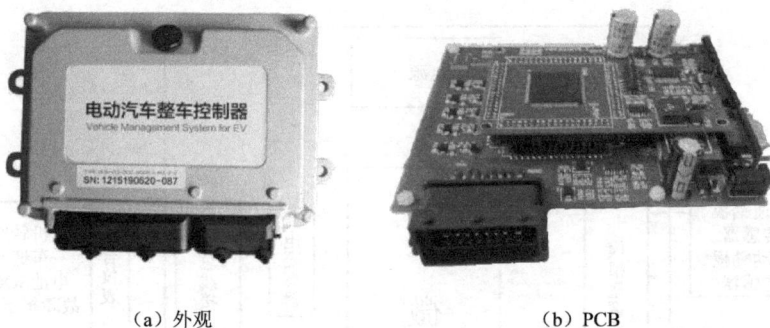

整车控制器是纯电动汽车的调度控制中心，负责与车辆其他部件进行通信，协调整车的运行。

4.2.1　整车控制器的结构

整车控制器由金属壳体和一组 PCB 组成，如图 4-3 所示。

（a）外观　　　　　　　　　（b）PCB

图 4-3　整车控制器

整车控制器系统功能结构如图 4-4 所示，其主要包含电源电路、开关量输入/输出模块、A/D 采集模块及 CAN 通信模块。

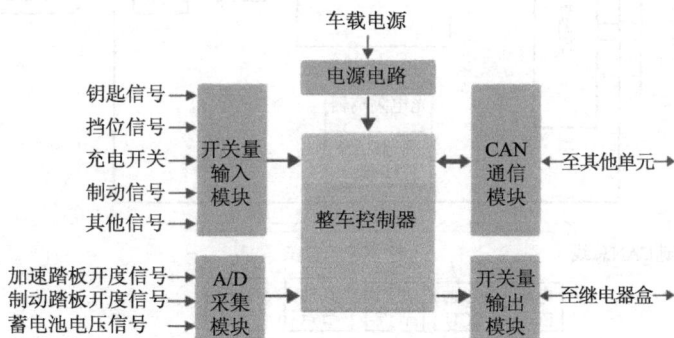

图 4-4　整车控制器系统功能结构

1. 电源电路

电源电路负责从车载 12V 蓄电池中取电，为整车控制器和各输入/输出模块提供隔离电源。

2. 开关量输入/输出模块

开关量输入模块接收的信号主要有钥匙信号、挡位信号、充电开关、制动信号等；开关量输出模块输出的信号主要用于控制继电器，其在不同整车控制器系统中意义略有不同，一般情况下控制水泵继电器及 PTC 继电器等。

3. A/D 采集模块

A/D 采集模块主要采集加速踏板开度信号和制动踏板开度信号及蓄电池电压信号。

4. CAN 通信模块

CAN 通信模块负责与整车其他设备通信，主要设备有电机控制器（MCU）、蓄电池管理系统及充电机等。

不同企业、不同车型的整车控制器的结构与功能是有差异的。图 4-5 所示为某公司开发的纯电动汽车整车控制器结构。整车控制器的硬件电路包括微控制器、开关量调理、模拟量调理、继电器驱动、高速 CAN 总线接口、电源等模块。

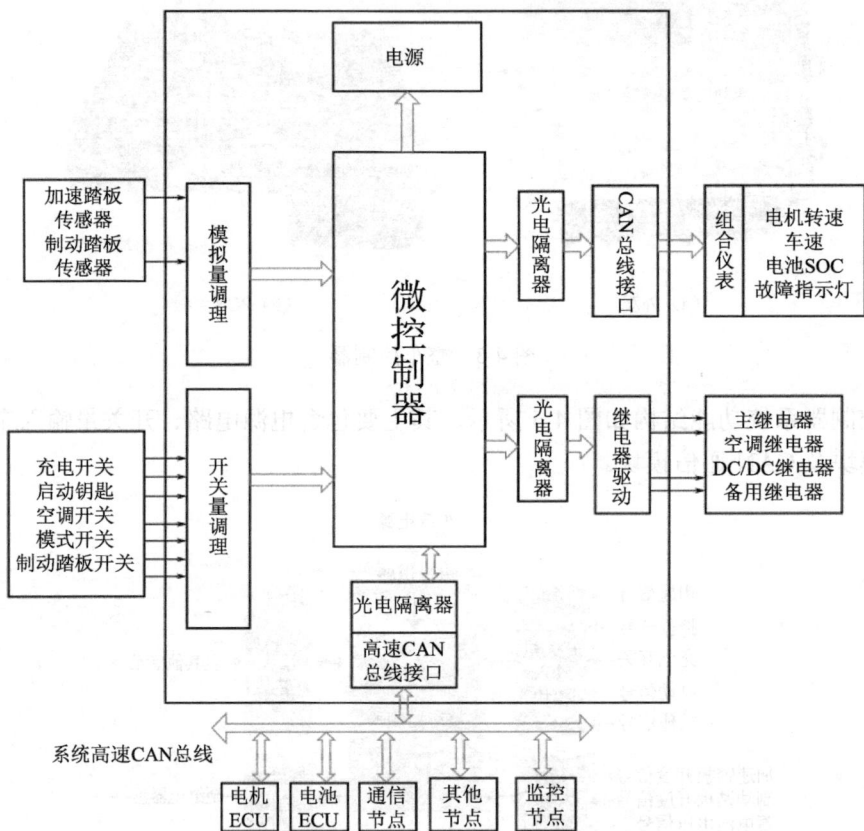

图 4-5　某公司开发的纯电动汽车整车控制器结构

（1）微控制器模块。微控制器模块是整车控制器的核心，综合考虑纯电动汽车整车控制器的功能及其运行的外界环境。微控制器模块应该具有高速的数据处理性能、丰富的硬件接口、低成本和高可靠性。

（2）开关量调理模块。开关量调理模块用于开关输入量的电平转换和整型，其一端与多个开关量传感器相连，另一端与微控制器相接。

（3）模拟量调理模块。模拟量调理模块用于采集加速踏板和制动踏板的模拟信号，并输送给微控制器。

（4）继电器驱动模块。继电器驱动模块用于驱动多个继电器，其一端通过光电隔离器与微控制器相连，另一端与多个继电器相接。

（5）高速 CAN 总线接口模块。高速 CAN 总线接口模块用于提供高速 CAN 总线接口，其一端通过光电隔离器与微控制器相连，另一端与系统高速 CAN 总线相接。

（6）电源模块。电源模块为微处理器和各输入、输出模块提供隔离电源，并对蓄电池电压进行监控，与微控制器相连。

4.2.2　整车控制器的原理

纯电动汽车比较重要的开关信号和模拟信号由传感器直接传递给整车控制器，而不通过 CAN 总线。开关信号包括钥匙信号、挡位信号、充电开关、制动信号等；模拟信号包括加速踏板开度信号、制动踏板开度信号、蓄电池电压信号等。纯电动汽车上的其他具有独立系统的电气设备，一般通过共用 CAN 总线的方式进行信息传递。

图 4-6 所示为某纯电动汽车整车控制器的控制原理。

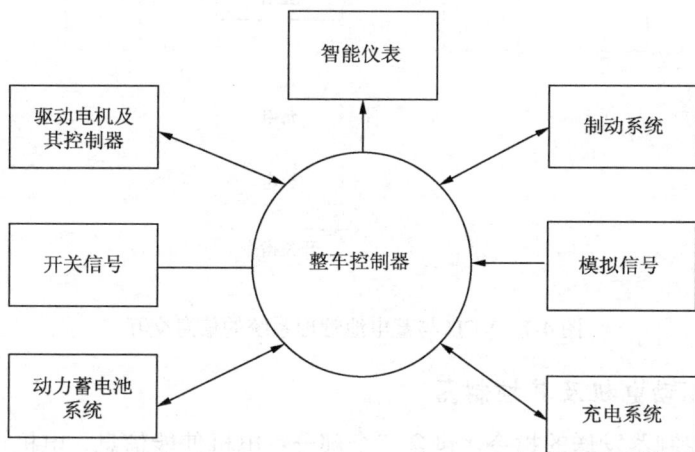

图 4-6　某纯电动汽车整车控制器的控制原理

1. VCU 与动力蓄电池系统

动力蓄电池是纯电动汽车动力的唯一来源。VCU 与蓄电池管理系统通过整车 CAN 总线进行信息交互，如图 4-7 所示。

蓄电池管理系统实时监测并上报给 VCU 的参数包括：总电流、总电压、最高单体蓄电池电压、最低单体蓄电池电压、最高温度、蓄电池荷电状态（SOC），某些系统还监测蓄电池健康状态（SOH）。

VCU 发送给动力蓄电池系统的命令包括充电、放电和开关指令。

（1）充电。在最初的充电连接信号确认后，整车处于禁止行车状态，VCU 交出控制权。整个充电过程由蓄电池管理系统和充电机共同完成，直至充电完成或者充电中断，车辆控制权重新回到 VCU 手中。

（2）放电。VCU 根据驾驶员意图，推算出车辆的功率需求，换算成电流需求，发送给蓄电池管理系统。蓄电池管理系统根据自身 SOC、温度和系统设计阈值，确定提供的电流值。

（3）开关指令。在充放电开始之前，VCU 控制整车强电系统是否上电，这要通过控制蓄电池的主回路接触器实现。在车辆运行过程中，遇到突发状况，VCU 酌情判断是否闭合或者断开主回路接触器。

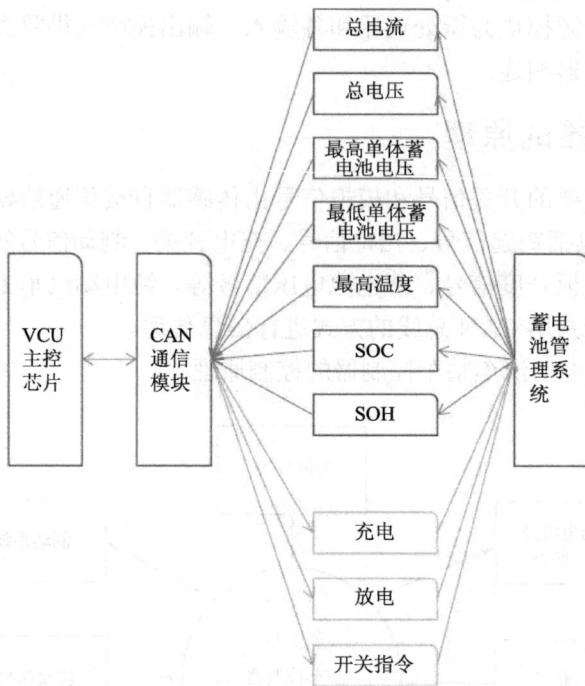

图 4-7　VCU 与蓄电池管理系统的信息交互

2. VCU 与驱动电机及其控制器

VCU 向电机控制器发送的指令，包含三个部分：电机使能信息、电机模式信息（再生制动、正向驱动、反向驱动），以及相应模式下的电机转矩。电机控制器向 VCU 上报驱动电机的各种参数及故障报警信息，主要参数包括电机转速、电机转矩、电机电压和电流。

3. VCU 与充电系统

充电系统包括车载充电机、非车载充电机，广义上还包含换电系统。充换电系统（这里的"充"主要是指非车载充电机），出于最大通用性的考量，需要一套统一的通信协议。

以充电枪与车辆上的充电接口的物理连接为开端，整个充电过程中的信息互换都在蓄电池管理系统和充电机之间进行，不再通过 VCU。

4. VCU 与制动系统

采用复合制动系统的纯电动汽车，需要综合考虑液压制动系统、电机制动和防抱死系统（ABS）的协调一致性，进而需要有自己的管理系统，称为制动管理系统（BCU）。BCU 可以独立于 VCU 之外，只通过 CAN 总线通信，也可以把功能集成到 VCU 内部。

根据制动踏板的开度和开度变化的速度，VCU 计算出车辆的制动需求力矩，传递给 BCU。BCU 根据车辆的具体状态做出具体力矩分配。

车速中等的一般制动，直接切入电机能量回馈制动，以最大数量的回收制动能量。车速高，驾驶员急踩踏板，需要紧急制动，则 BCU 首先启动液压制动系统，待减速状态稳定以后，再引入能量回馈制动，并逐渐加大比例。

行驶在冰雪路面，BCU 则会引入 ABS，并将其优先级设置为最高，以车辆正常安全行驶为要。

5. VCU 与智能仪表

智能仪表系统通过 CAN 总线与 VCU 相连，从 VCU 获取需要显示的数据。数据传输进仪表控制器以后，信号处理电路将信息还原成各个仪表的显示内容。

4.3 整车控制器工作模式与实例

4.3.1 整车控制器工作模式

根据整车工况和动力总成状态不同，整车控制器的工作模式主要有自检模式、启动模式、起步模式、行驶模式、制动模式、再生模式、停车模式、故障模式、充电模式、下电模式等，如图 4-8 所示。不同车型的整车控制器工作模式也会有差别。

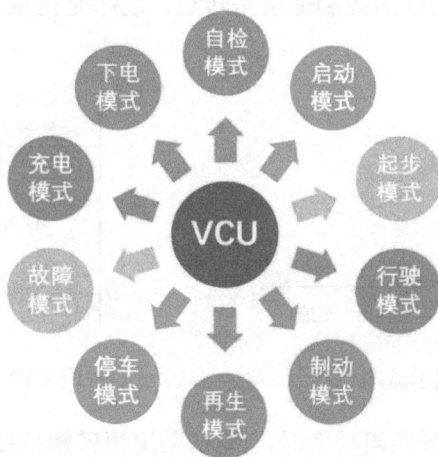

图 4-8 整车控制器的工作模式

1. 自检模式

如果钥匙门信号处于 ON 挡，则启动自检模式，闭合主继电器，同时 VCU 进行自检，如果自检失败进入故障模式，自检通过等待启动信号。

2. 启动模式

驾驶员通过打开钥匙等操作，使 VCU 上电，然后唤醒 CAN 网络上其他节点开始工作。当整车所有设备都正常启动后，系统进入准备（READY）状态，指示可以进行正常驾驶操作。

如果钥匙信号处于启动（START）挡，同时自检模式有效，挡位在 P 挡，没有禁止启动故障则进行高压上电程序；同时 VCU 给驱动电机系统、DC/DC 变换器及空调控制系统发送高压上电请求命令，驱动电机系统、DC/DC 变换器及空调控制系统检测没有高压故障则反馈给 VCU 准许高压上电指令；VCU 通过控制高压预充电及主继电器实现高压上电过程，高压上电结束后仪表上 EV-Ready 灯亮，完成启动模式。

3. 起步模式

这个模式最重要的特点是，进入起步模式后，如果车辆处于水平路面，则车辆会以较小的速度开始行驶；如果车辆处于斜坡上，则车辆至少会维持原地不动的状态。这是起步模式的特殊设计，该模式下，不必踩踏加速踏板，驱动电机自动输出一个基础转矩，防止溜车。如图 4-9 所示，当车辆由静止不踩加速踏板起步时，期望电机转矩以某标定的汽车转矩 T_{start} 为目标值；当车速 $V<V_1$ 时以某个斜率上升，以克服车辆的静止摩擦阻力；当车速 $V>V_2$ 时通过控制电机功率将车速控制在一个合理的速度范围内，输出的电机转矩进入一个滤波环节进行平滑处理，实现平稳的电起步。

4. 行驶模式

行驶模式是指车辆处于正常运行状态，包括加速、减速、倒车。这个过程中，VCU 持续监测各个电气系统电流、电压、温度等参数，以及车辆自身的车速、滑移率等行车参数，识别驾驶员意图，按照加速踏板的开度和开度变化率，计算电机的驱动转矩和蓄电池的输出功率。行驶模式主要根据加速踏板位置及车辆行驶状态，实时控制电机转矩指令，实现按驾驶员意图控制车辆运行。纯电动汽车行驶过程中对驱动电机的控制方式分为恒转矩控制和恒功率控制，如图 4-10 所示，VCU 的控制输出是转矩，功率是约束条件。

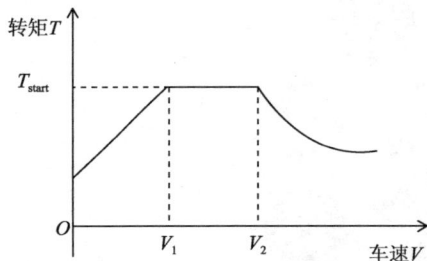

图 4-9　起步模式示意图　　　　图 4-10　行驶模式示意图

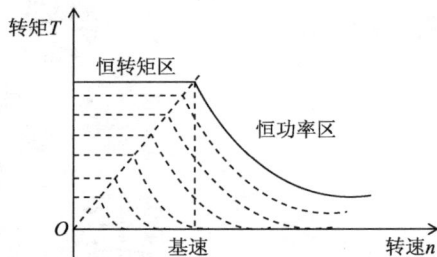

当电机输出功率没有达到期望功率时，VCU 采用恒转矩控制策略；当电机输出功率达到期望功率时，VCU 采用恒功率控制策略。

VCU 采集来自驾驶员的控制信号（挡位信号、加速踏板信号、车辆模式等），并根据系统的限制条件，经算法运算向 MCU 输出驱动转矩，控制汽车的运行。根据驾驶员的不同需要，可以实现蠕行、前进、后退、巡航、一般模式行驶、运动模式行驶、经济模式行驶等运行方式。

5. 制动模式

制动踏板被踩下，启动制动模式。VCU 分析制动踏板的开度和开度变化率以及车速，结合车辆自身的车型参数，推算制动力矩，指挥制动控制器，做出最合理的制动力矩分配方案（提供制动力矩的主体包括液压制动系统和电机回收制动），以及是否优先启动 ABS 主导制动过程，安全有效地实现驾驶员的制动意图。

与传统燃油汽车相比，纯电动汽车的制动过程可以实现能量回收。当纯电动汽车处于制动状态时，VCU 通过状态数据采集，推算所需的制动转矩。此时驱动电机从电动机模式转换为发电机模式向动力蓄电池充电。

6. 再生模式

再生模式实现特定工况下控制驱动电机发电给动力蓄电池充电，根据制动踏板状态分为滑行再生及制动再生两种情况。图 4-11 所示为再生制动策略示意图。

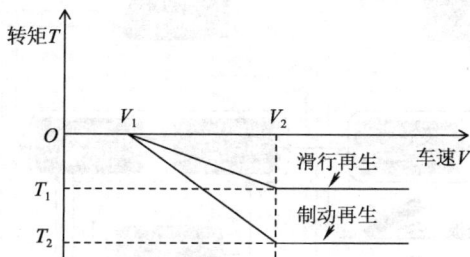

图 4-11 再生制动策略示意图

滑行再生制动与制动再生制动采取的发电转矩，当车速大于 V_2 时采取恒转矩发电，制动再生转矩为 T_2，滑行再生转矩为 T_1；车速大于 V_1 且小于 V_2 时，制动再生或滑行再生转矩按比例逐渐较小；车速小于 V_1 时，取消驱动电机发电。驱动电机发电转矩还取决于当前车速及驱动电机的发电能力。

7. 停车模式

停车模式是指整车运行过程中无故障出现，驾驶员正常关闭钥匙，此模式中 VCU 控制驱动电机和动力蓄电池系统下电，然后控制各个附件设备关闭，完成自下电过程。

8. 故障模式

纯电动汽车运行过程中，系统内出现的故障被分成几个等级。故障等级最低时，一般只是提示驾驶员，比如动力蓄电池温度达到 50°C。故障等级最高时，会强制车辆在一个比较短的时间内停车，比如检测出了系统绝缘故障。而介于两者之间的故障，不会强制停车，但会对车辆的运行状态进行限制，比如动力蓄电池电量 SOC 低于 30%，限速行驶。此时的动力蓄电池已经无法输出额定功率，而只能以一个较小的功率工作。

9. 充电模式

充电时，插上充电枪，充电机开始工作，VCU 被触发上电。在检测到充电连接信号后，VCU 监控整车当前状态允许充电时启动蓄电池管理系统，然后蓄电池管理系统与充电机进行通信，启动充电过程，VCU 持续监测蓄电池管理系统及充电机的状态信息，如果充电则仪表控制器显示充电灯充电状态。充电过程出现故障时，VCU 会及时切断蓄电池管理系统继电器，以中断充电过程，防止发生危险事故。

10. 下电模式

如果钥匙信号在 OFF 挡，则启动下电模式，VCU 根据驱动电机、空调等高压系统准许的高压信号来控制蓄电池管理系统断开高压继电器；同时 VCU 根据驱动电机系统的温度来确认是否要延时下电，温度降到一定范围内时，关闭驱动电机冷却水泵和冷却风扇，关闭电源主继电器，下电完成。

4.3.2 整车控制器实例

图 4-12 所示为某纯电动汽车的整车控制器原理。

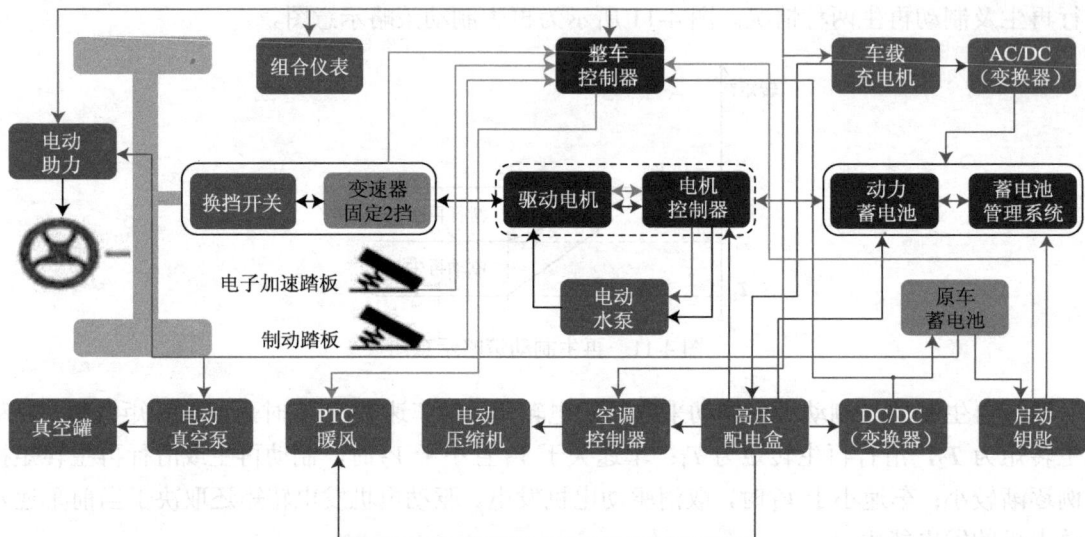

图 4-12 某纯电动汽车的整车控制器原理

该整车控制器具有以下功能。

1. 驾驶员意图解析

驾驶员意图解析主要是对驾驶员操作信息及控制命令进行分析处理，也就是将驾驶员的油门信号和制动信号根据某种规则，转化成驱动电机的需求转矩命令。因而驱动电机对驾驶员操作的响应性能完全取决于整车控制的油门解释结果，直接影响驾驶员的控制效果和操作感觉。

2. 驱动控制

根据驾驶员对车辆的操纵输入（加速踏板、制动踏板以及选挡开关）、车辆状态、道路及环境状况，经分析和处理，向整车控制器发出相应的指令，控制驱动电机的驱动转矩来驱动车辆，以满足驾驶员对车辆驱动的动力性要求；同时根据车辆状态，向整车控制器发出相应指令，保证安全性、舒适性。

3. 制动能量回馈控制

整车控制器根据加速踏板和制动踏板的开度、车辆行驶状态信息以及动力蓄电池的状态信息（如 SOC）来判断某一时刻能否进行制动能量回馈，在满足安全性能、制动性能以及驾驶员舒适性的前提下，回收部分能量。制动能量回馈的原则是制动能量回收不应该干预 ABS 的工作；当 ABS 进行制动力调节时，制动能量回收不应该工作；当 ABS 报警时，制动能量回收不应该工作；当电驱动系统有故障时，制动能量回收不应该工作。

4. 整车能量优化管理

整车能量优化管理是通过对纯电动汽车的电机驱动系统、蓄电池管理系统、传动系统以及其他车载能源动力系统（如空调、电动泵等）的协调和管理，提高整车能量利用效率，延长续驶里程。

5. 充电过程控制

充电过程控制是指与蓄电池管理系统共同进行充电过程中的充电功率控制，整车控制器收到充电信号后，应该禁止高压系统上电，保证车辆在充电状态下处于行驶锁止状态，并根据蓄电池状态信息限制充电功率，保护蓄电池。

6. 高压上下电控制

根据驾驶员对行车钥匙开关的控制，进行动力蓄电池的高压接触器开关控制，以完成高压设备的电源通断和预充电控制。上下电流程处理：协调各相关部件的上电与下电流程，包括电机控制器、蓄电池管理系统等部件的供电，预充电继电器、主继电器的吸合和断开时间等。

7. 电动化辅助系统管理

电动化辅助系统包括电动空调、电制动、电动助力转向。整车控制器应该根据动力蓄电池以及低压蓄电池状态，对 DC/DC 变换器、电动化辅助系统进行监控。

8. 车辆状态的实时监测和显示

整车控制器应该对车辆的状态进行实时检测，并且将各个子系统的信息发送给车载信息显示系统，其过程是通过传感器和 CAN 总线，检测车辆状态及其动力系统及相关电器附件，相关各子系统状态信息驱动显示仪表，将状态信息和故障诊断信息通过数字仪表显示出来。

9. 故障诊断与处理

连续监视整车电控系统进行故障诊断，并及时进行相应安全保护处理。根据传感器的输入及其他通过 CAN 总线通信得到的驱动电机、动力蓄电池、充电机等的信息，对各种故障进行判断、等级分类、报警显示；存储故障码，供维修时查看。故障指示灯指示故障类别和部分故障码。在行车过程中，根据故障内容进行故障诊断与处理。

10. 远程控制

远程控制包括远程查询、远程空调控制和远程充电控制。远程查询是指用户可以通过手机应用程序实时查询车辆状态，实时了解自己爱车的状况包括剩余 SOC、续驶里程等。远程空调控制是指无论在炎热的夏季还是在寒冷的冬季，用户在出门前可以通过手机指令实现远程的空调制冷、空调暖风和除霜功能，提前开启暖风或制冷，用户一上车就可以进入一个舒适的环境。远程充电控制是指用户离开车辆时将充电枪插入充电桩，并不进行立即充电，可以利用电价波谷，也可在家里实时查询 SOC，需要充电时通过手机应用程序发送远程充电指令，进行充电操作。

11. 整车 CAN 总线网关及网络化管理

在整车的网络管理中，整车控制器是信息控制的中心，负责信息的组织与传输、网络状态的监控、网络节点的管理、信息优先权的动态分配以及网络故障的诊断与处理等。通过 CAN 总线协调蓄电池管理系统、电机控制器、空调系统等模块相互通信。

12. 基于 CCP 的在线匹配标定

基于 CCP 的在线匹配标定的主要作用是监控 ECU 工作变量，在线调整 ECU 的控制参数（包括 MAP、曲线及点参数），保存标定数据结果以及处理离线数据等。完整的标定系统包括上位机 PC 标定程序、PC 与 ECU 通信硬件连接及 ECU 标定驱动程序三个部分。

13. 换挡控制

挡位管理心系驾驶员的驾驶安全，正确理解驾驶员意图，以及识别车辆合理的挡位。能在出现故障时做出相应处理保证整车安全，在驾驶员出现挡位误操作时通过仪表等提示驾驶员，使驾驶员能迅速纠正错误。

14. 防溜车功能控制

纯电动汽车在坡上起步时，驾驶员从松开制动踏板到踩油门踏板过程中，会出现整车向后溜车的现象。在坡上行驶过程中，如果驾驶员踩油门踏板的深度不够，整车会出现车速逐渐降到 0 然后向后溜车现象。为了防止纯电动汽车在坡上起步和运行时向后溜车，在整车控制策略中增加了防溜车功能。防溜车功能可以保证整车在坡上起步时，向后溜车小于 10cm；在整车坡上运行过程中如果动力不足，整车车速会慢慢降到 0，然后保持 0 车速，不再向后溜车。

4.4 整车控制器的故障诊断

4.4.1 整车控制系统的故障分级

整车控制系统根据 VCU、动力蓄电池、驱动电机、DC/DC 变换器、整车 CAN 网络等的状态，判断故障对整车的影响，以此判断故障的等级，从而采取对应的系统响应。整车控制系统故障按照对整车影响程度的不同，一般分为 4 个等级，见表 4-1。

表 4-1 整车控制系统的故障等级

故障等级	故障影响	系统响应	故障示例
一级	致命故障，会对车辆和人员安全造成非常严重的影响	紧急断开高压电路	MCU 直流母线过电压、动力蓄电池系统一级故障等
二级	严重故障，车辆无法运行	对应驱动电机系统二级故障，将驱动电机的转矩降为 0；对应动力蓄电池系统二级故障，限制动力蓄电池的放电电流小于 20A	MCU 过电流故障、电机节点丢失故障、IGBT 故障、旋变故障、挡位信号故障等

续表

故障等级	故障影响	系统响应	故障示例
三级	一般故障,车辆可在低性能状态下运行	进入跛行模式,车辆在低性能状态下运行	加速踏板信号故障
		降低驱动电机的功率	MCU 开启驱动电机超速保护
		限功率,动力蓄电池以小于7kW 的输出功率运行	SOC<1%,单体蓄电池欠电压,内部通信、硬件等三级故障
		限速,车辆以小于15km/h 的速度行驶	低压系统欠电压故障、制动系统故障
四级	轻微故障,不影响车辆运行	四级故障属于维修提示,VCU 不对整车进行限制,仅在仪表盘显示;四级能量回收故障停止能量回收,不影响车辆行驶	驱动电机温度传感器异常、直流欠电压、DC/DC 变换器异常等故障

4.4.2 整车控制器的常见故障

整车控制器的常见故障有 VCU 故障、VCU 与挡位传感器的连接故障、VCU 与加速踏板位置传感器的连接故障、VCU 与车载充电机的连接故障、VCU 与 DC/DC 变换器的连接故障、VCU 与 MCU 的连接故障、VCU 与蓄电池管理系统的连接故障、VCU 与高压配电箱的连接故障、VCU 与空调压缩机控制器的连接故障和整车供电故障等。

1. VCU 故障

当 VCU 出现烧损、连接故障或电源供电故障时,整车控制系统无法工作。此时车辆无法启动,用诊断仪连接车载诊断系统(On-Board Diagnostics,OBD)诊断接口时,诊断仪无法与车辆通信。对于此类故障,应先检查 OBD 诊断接口是否正常;然后检查 VCU 的电源电路,查看其供电是否正常;最后检查 CAN 总线通信是否正常。如果以上检查均正常,则说明 VCU 出现故障,应更换 VCU。

2. VCU 与挡位传感器的连接故障

VCU 与挡位传感器连接以获取挡位(前进挡、空挡、倒挡)信息,并据此调节变速器的挡位。当两者出现连接故障时,纯电动汽车的挡位控制功能失效,将导致车辆无法启动或行驶中的车辆无法正常换挡。对于此类故障,应检查挡位传感器输出信号及挡位传感器与 VCU 之间的信号传输电路是否正常,然后检查挡位传感器电源电路是否正常。

某纯电动汽车的挡位传感器输出信号参考值见表 4-2,其挡位传感器信号传输及电源电路如图 4-13 所示,其中 82-5、90-4、83-3、91-2 为信号传输电路,其余为电源电路。

表 4-2 某纯电动汽车的挡位传感器输出信号参考值

挡位	输出信号电压/V			
	信号 1	信号 2	信号 3	信号 4
倒挡(R)	0.3	4.5	4.5	0.3

续表

挡位	输出信号电压/V			
	信号 1	信号 2	信号 3	信号 4
空挡（N）	0.3	4.5	0.3	4.5
前进挡（D）	4.5	0.3	4.5	0.3

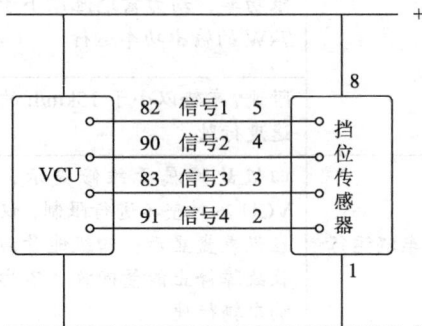

图 4-13　某纯电动汽车的挡位传感器信号传输及电源电路

3. VCU 与加速踏板位置传感器的连接故障

VCU 通过加速踏板位置传感器获取加减速信息，并通过 MCU 调节驱动电机转矩和转速，从而实现车速控制。如果 VCU 与加速踏板位置传感器出现连接故障，将导致驾驶员无法通过加速踏板控制车速，车辆进入跛行模式。对于此类故障，应先检查加速踏板位置传感器的输出信号及信号传输电路是否正常，然后检查加速踏板位置传感器电源电路是否正常。

某纯电动汽车的加速踏板位置传感器输出信号参考值见表 4-3，其加速踏板位置传感器信号传输及电源电路如图 4-14 所示，其中 6-4、25-6 为信号传输电路，其余为电源电路。

表 4-3　某纯电动汽车的加速踏板位置传感器输出信号参考值

踏板位置	输出信号电压/V			
	端子 4（+）	端子 3（-）	端子 6（+）	端子 5（-）
0～100%	0.74～4.8		0.37～2.4	

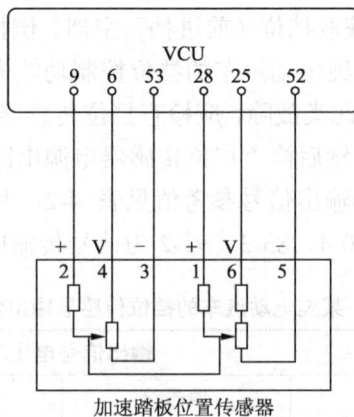

图 4-14　某纯电动汽车的加速踏板位置传感器信号传输及电源电路

4. VCU 与车载充电机的连接故障

当 VCU 与车载充电机出现连接故障时，车辆无法获取连接确认信号和充电唤醒信号，充电指示灯不亮，车辆无法充电。对于此类故障，应先检查充电连接确认（CC）和控制确认（PE）电路是否正常；然后检查车载充电机的信号输出、信号传输电路和通信线路是否正常。

某纯电动汽车车载充电机与 VCU 的通信原理如图 4-15 所示。

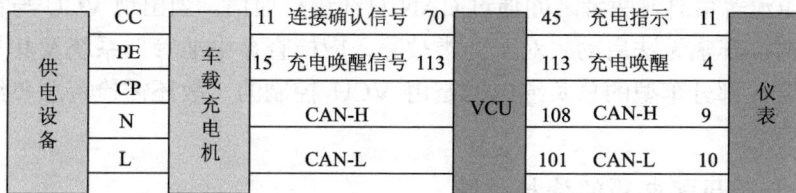

图 4-15　某纯电动汽车车载充电机与 VCU 的通信原理

5. VCU 与 DC/DC 变换器的连接故障

当 VCU 与 DC/DC 变换器出现连接故障时，动力蓄电池无法为低压蓄电池充电，低压蓄电池故障指示灯点亮。对于此类故障，应检查 DC/DC 变换器及其与 VCU 的连接电路是否正常。

某纯电动汽车 VCU 与 DC/DC 变换器的连接电路如图 4-16 所示。当需要动力蓄电池为低压蓄电池充电时，DC/DC 变换器接收 VCU 发出的使能信号，将动力蓄电池的高压直流电变压后输送给低压蓄电池；同时，VCU 对 DC/DC 变换器进行监控，DC/DC 变换器在发生故障时会向 VCU 上报故障信息。

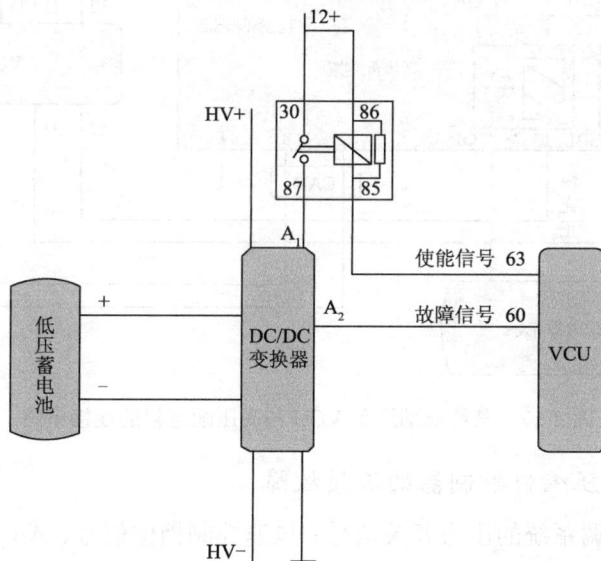

图 4-16　某纯电动汽车 VCU 与 DC/DC 变换器的连接电路

6. VCU 与 MCU 的连接故障

VCU 向 MCU 发送转矩需求信号，MCU 向 VCU 反馈驱动电机的转速、温度和 MCU 的温度等信息，两者之间通过 CAN 总线进行通信。当出现 VCU 与 MCU 的连接故障时，车辆无法行驶，仪表盘无驱动电机的转速、温度等数据显示。对于此类故障，应检查 MCU 及其与 VCU 的通信线路是否正常。

7. VCU 与蓄电池管理系统的连接故障

VCU 向蓄电池管理系统发送电能需求信号，蓄电池管理系统向 VCU 反馈蓄电池电量、温度、电压、电流等信息，两者之间通过 CAN 总线进行通信。当出现 VCU 与蓄电池管理系统的连接故障时，车辆无法启动。对于此类故障，应检查蓄电池管理系统及其与 VCU 的通信线路是否正常。部分车型的总负继电器是由 VCU 控制的，故还需检查总负继电器及其连接线路是否正常。

8. VCU 与高压配电箱的连接故障

高压配电箱内部一般设置快充继电器、PTC 控制器以及相关电路的熔断器等，当这些部件发生故障或高压配电箱与 VCU 出现连接故障时，车辆对应的功能将丧失。对应此类故障，应先检查相应的继电器、熔断器是否正常，然后检查高压配电箱与 VCU 的连接电路是否正常。图 4-17 所示为某纯电动汽车 VCU 与高压配电箱的连接电路。

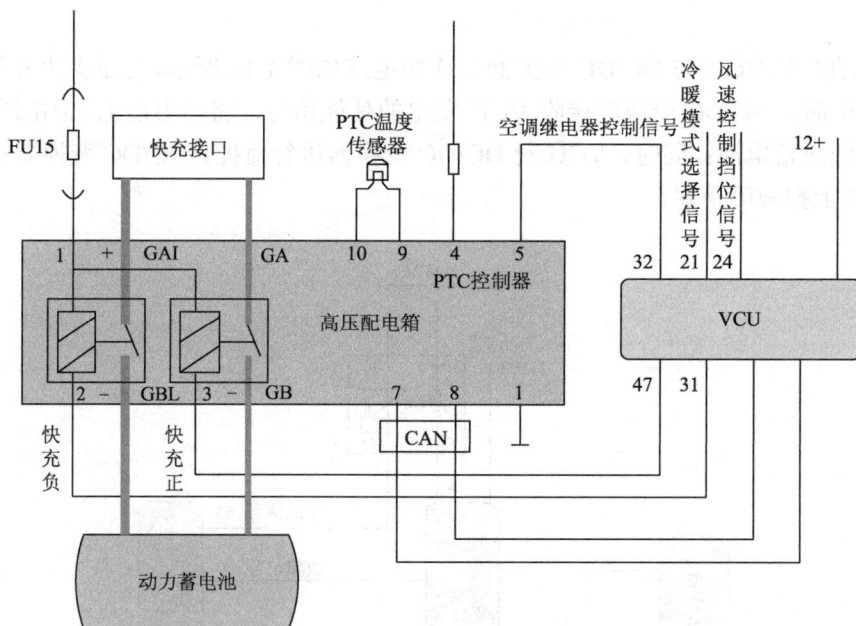

图 4-17　某纯电动汽车 VCU 与高压配电箱的连接电路

9. VCU 与空调压缩机控制器的连接故障

VCU 接收来自空调系统的压力开关信号、风速控制挡位信号、A/C 信号、蒸发器温度信号、冷/暖模式选择信号等，通过压缩机控制器控制压缩机的运行。当 VCU 与压缩机控制器出现连接故障时，压缩机无法启动，空调不制冷。对于此类故障，应先检查压缩机控制器、压缩机及其连接电路是否正常；然后检查压缩机控制器与 VCU 之间的 CAN 总线连接是否正常。图 4-18 所示为某纯电动汽车 VCU 与空调压缩机控制器的连接电路。

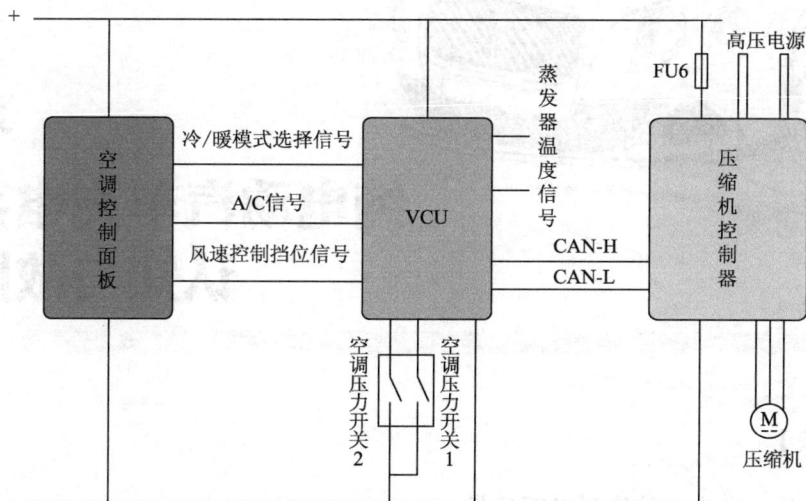

图 4-18　某纯电动汽车 VCU 与空调压缩机控制器的连接电路

如果纯电动汽车整车控制器还有与其他控制器的连接，则也会出现相应的连接故障。

10. 整车供电故障

当纯电动汽车发生整车供电故障时，车辆将无法启动。对于此类故障，应先判断 VCU 是否正常工作，即检查 VCU 的电源、搭铁和唤醒电路是否正常，检查 CAN 总线网络是否正常。如果 VCU 正常工作，即可用故障诊断仪读取其存储的故障码，并据此进行相应的检查；如果 VCU 不工作，应检查 VCU 电源电路是否正常，如果正常则更换 VCU 后重新检查。

【项目实训】

项目实训工单 4　纯电动汽车整车控制器的故障诊断

整车控制器是纯电动汽车的控制中心，随着汽车电动化、智能化和网联化的快速发展，与整车控制器相关联的控制系统或部件越来越多，由此产生的与整车控制器相关联的故障也会越来越多。项目实训工单 4 主要是通过对实训车辆整车控制器的故障诊断，掌握纯电动汽车整车控制器的故障诊断方法，培养实践技能。该实训不限定具体车型，故障类别由指导教师根据实际情况进行预先设置。后附项目实训工单 4。

【项目小结】

本项目主要讲解纯电动汽车整车控制器的技术要求与功能、整车控制器的结构与原理、整车控制器的工作模式以及整车控制器的故障诊断。学生通过项目实训工单 4，可以掌握纯电动汽车整车控制器的常见故障及其故障诊断方法等；通过实训考核和理论考核，可以巩固学习效果，最终培养分析问题和解决问题的能力以及整车控制器故障诊断技能。

项目 5
纯电动汽车充电系统的
认知与故障诊断

【项目目标】

完成本项目，学生应该达到以下目标。

知识目标

（1）了解纯电动汽车充电设备的要求与类型。

（2）了解车载充电机与非车载充电机的基本知识。

（3）了解纯电动汽车的充电方法和充电方式及充电注意事项。

（4）掌握纯电动汽车充电系统的故障诊断。

技能目标

（1）能够对纯电动汽车进行正确充电。

（2）能够对纯电动汽车充电系统进行故障诊断。

素质目标

（1）培养敬业精神和服务意识。

（2）培养沟通、协调、合作的能力，逐步形成良好的心理素质。

【项目导入】

纯电动汽车的能量来自于动力蓄电池，动力蓄电池存储的电能是有限的，纯电动汽车行驶一定距离后，就要对动力蓄电池进行能量补充，即充电。纯电动汽车充电就像燃油汽车加油一样，是要经常实施的行为。图 5-1 所示为某纯电动汽车充电。纯电动汽车充电设备有哪些？纯电动汽车充电方法和充电方式是怎样的？纯电动汽车充电系统出现故障如何诊断？本项目将带领大家学习纯电动汽车充电系统的基本知识和技能。

图 5-1　某纯电动汽车充电

【知识准备】

5.1 纯电动汽车充电设备的要求与类型

纯电动汽车由动力蓄电池提供能量，并由驱动电机提供动力来实现行驶，纯电动汽车行驶消耗的是动力蓄电池的能量，动力蓄电池能量消耗后需要补充，把电网或者其他储能设备中的电能转移到纯电动汽车动力蓄电池的过程就是充电。

5.1.1 纯电动汽车充电设备的要求

纯电动汽车的充电设备是指与纯电动汽车或动力蓄电池相连接，并为其提供电能的设备。纯电动汽车对充电设备有以下基本要求。

（1）安全性。纯电动汽车充电时，要确保人员的人身安全和动力蓄电池系统的安全。

（2）使用方便。充电设备应具有较高的智能性，不需要操作人员过多干预充电过程。

（3）成本经济。成本经济、价格低廉的充电设备有助于降低整个纯电动汽车的成本，提高运行效益，促进纯电动汽车的推广应用。

（4）效率高。高效率是对现代充电设备最重要的要求之一，效率的高低对整个纯电动汽车的能量效率具有重大影响，也会影响用户的充电体验。

（5）对供电电源污染小。采用电力电子技术的充电设备是一种高度非线性的设备，会对供电网及其他用电设备产生有害的谐波污染，而且由于充电设备功率因数低，在充电系统负载大量增加时，对其供电网的影响也不容忽视。

5.1.2 纯电动汽车充电设备的类型

纯电动汽车充电设备主要有车载充电机和非车载充电机。

1. 车载充电机

车载充电机是指固定安装在纯电动汽车上运行，将交流电能转换为直流电能，采用传导方式为纯电动汽车动力蓄电池充电的专用装置，如图 5-2 所示。

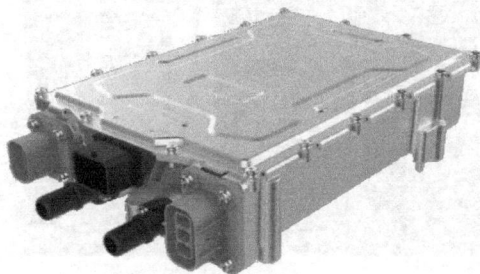

纯电动汽车充电设备
的类型

车载充电机

图 5-2 车载充电机

　　车载充电机由交流输入接口、功率单元、控制单元、直流输出接口等部分组成。车载充电机作为纯电动汽车电气系统的一部分，被固定在底盘上。车载充电机的输入端，以标准充电接口的形式固定在车体上，用于连接外部电源；车载充电机的输出端，直接连接动力蓄电池系统慢充电接口。

非车载充电机

　　2. **非车载充电机**

　　非车载充电机是指安装在纯电动汽车车体外，将电网的交流电能变换为直流电能，采用传导方式为纯电动汽车动力蓄电池充电的专用装置。

　　非车载充电机包括交流充电桩、直流充电桩和交直流充电桩。

　　（1）交流充电桩。交流充电桩是指固定安装在纯电动汽车车体外、与交流电网连接，采用传导方式为具有车载充电机的纯电动汽车提供交流电源的专用供电装置。交流充电桩只提供电力输出，没有充电功能，需连接车载充电机为纯电动汽车充电，即仅起提供电源的作用。图 5-3 所示为纯电动汽车交流充电桩充电示意图及实物图。

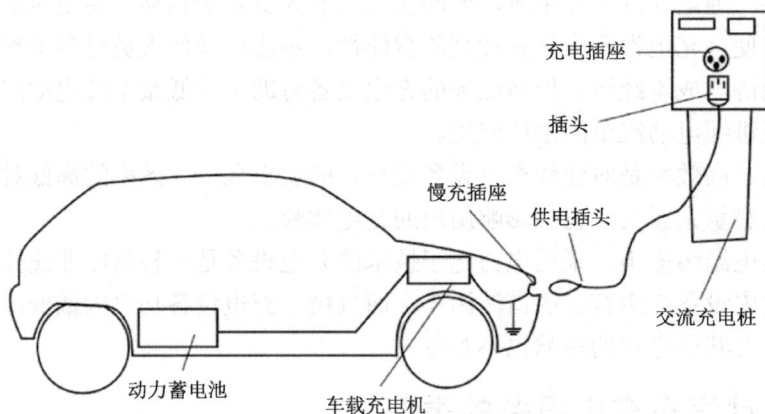

（a）充电示意图

（b）实物图

图 5-3　纯电动汽车交流充电桩充电示意图及实物图

交流充电桩由桩体、电气模块和计量模块三部分组成。桩体外部结构包括外壳和人机交互界面；电气模块包括充电插座、供电电缆、电源转接端子排、安全防护装置等；计量模块包括电能表、计费管理系统、非接触式读写装置等。

交流充电桩输出单相/三相交流电，通过车载充电机转换成直流电给动力蓄电池充电，功率较小，有 7kW、22kW、40kW 等，充电速度较慢，一般安装在商业区、写字楼、小区停车场等。

交流充电示意图如图 5-4 所示。高压电通过变压器转化成低压电，低压电经由低压电缆引至非车载充电机，输出交流电，通过车载充电机给动力蓄电池充电。

（2）直流充电桩。直流充电桩是指固定在纯电动汽车车体外、与交流电网连接，可以为纯电动汽车动力蓄电池提供大功率直流电源的供电装置。直流充电桩直接输出直流电给车载动力蓄电池进行充电，功率较大，有 60kW、120kW、200kW 甚至更高，充电速度较快，故一般安装在大型充电站中。图 5-5 所示为纯电动汽车直流充电桩充电示意图及实物图。直流充电桩主要由触摸屏、刷卡区、充电指示灯、插枪接口、充电桩体等部分组成。

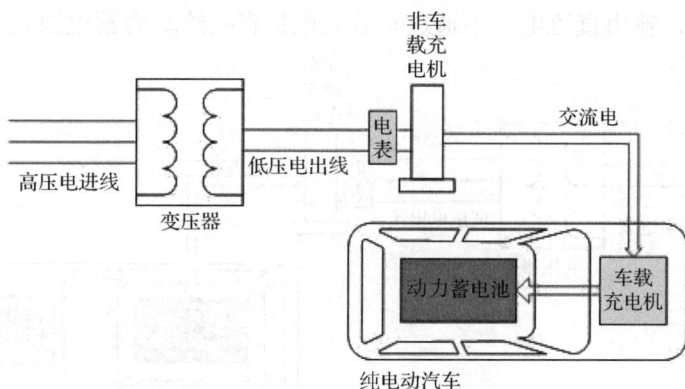

图 5-4　交流充电示意图

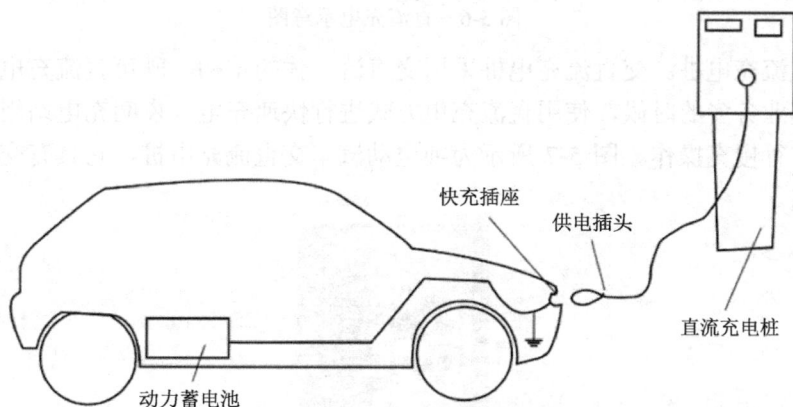

（a）充电示意图

图 5-5　纯电动汽车直流充电桩充电示意图及实物图

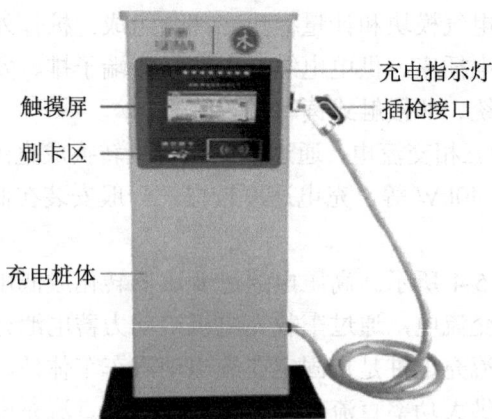

（b）实物图

图 5-5　纯电动汽车直流充电桩充电示意图及实物图（续）

直流充电示意图如图 5-6 所示。高压电通过变压器转化为低压电，低压电经由低压电缆引至非车载充电机，输出直流电，不通过车载充电机直接给动力蓄电池充电。

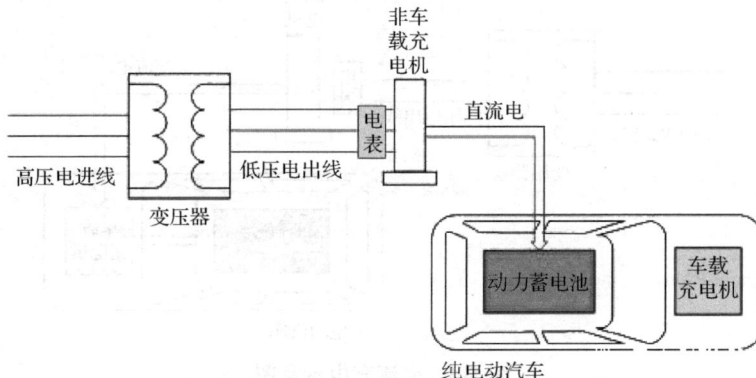

图 5-6　直流充电示意图

（3）交直流充电桩。交直流充电桩采用交直流一体的结构，既可直流充电，又可交流充电。白天充电业务多的时候，使用直流充电方式进行快速充电；夜间充电站用户少时可用交流充电方式进行慢充操作。图 5-7 所示为纯电动汽车交直流充电桩，它具有交流充电接口和直流充电接口。

图 5-7　纯电动汽车交直流充电桩

5.2　车载充电机与非车载充电机

5.2.1　车载充电机

车载充电机是指固定安装在纯电动汽车上的充电机,具有为纯电动汽车动力蓄电池安全、自动充满电的能力。车载充电机依据蓄电池管理系统提供的数据,能动态调节充电电流或电压参数,执行相应的动作,完成充电过程。

1. 车载充电机的组成

车载充电机由交流输入端口、功率单元、控制单元、低压辅助单元、直流输出端口等组成,其连接示意图如图 5-8 所示。

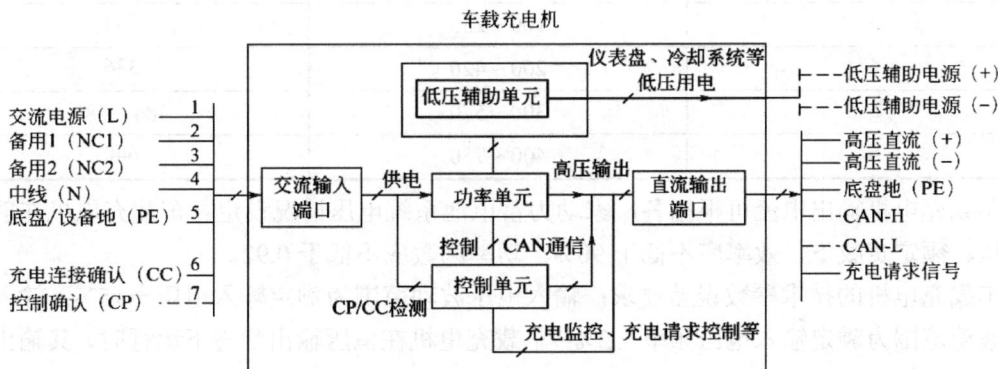

图 5-8　车载充电机连接示意图

（1）交流输入端口。交流输入端口是车载充电机与地面供电设备的连接装置。

（2）功率单元。功率单元作为充电能量的传递通道,主要作用是在控制单元的配合下,把电网的交流电转换成动力蓄电池需要的高压直流电。

（3）控制单元。控制单元的主要作用是通过电力电子开关器件控制功率单元的转换过程,通过闭环控制方式精确地完成转换功能,并提供保护功能。

（4）低压辅助单元。低压辅助单元的主要作用是为控制单元的电力电子器件提供低压供电及实现系统与外界的联系。

（5）直流输出端口。直流输出端口是车载充电机与动力蓄电池之间的连接装置。

车载充电机的优点是不管车载动力蓄电池在任何时候、任何地方需要充电,只要有匹配充电机额定电压的交流插座,就可以对纯电动汽车动力蓄电池进行充电。车载充电机的缺点是受纯电动汽车的空间所限,功率较小,输出充电电流小,动力蓄电池充电的时间较长。

2. 车载充电机技术参数

车载充电机输入技术参数的推荐值见表 5-1。

表 5-1　车载充电机输入技术参数的推荐值

序号	额定输入电压/V	额定输入电流/A	额定输入功率/kW	额定频率/Hz
1	单相 220	10	2.2	
2	单相 220	16	3.5	
3	单相 220	32	7.0	50
4	三相 380	16	10.5	
5	三相 380	32	21.0	
6	三相 380	63	41.0	

车载充电机输出技术参数的推荐值见表 5-2。

表 5-2　车载充电机输出技术参数的推荐值

输出电压等级	输出电压范围/V	标称输出电压推荐值/V
1	24~65	48
2	55~120	72
3	100~250	144
4	200~420	336
5	300~570	384、480
6	400~750	640

车载充电机输出电流可根据各厂家动力蓄电池系统电压情况设定。车载充电机在额定输入电压、额定负载下，效率应不低于 90%，功率因数应不低于 0.92。

车载充电机的技术参数误差要求：输入电压波动范围为额定输入电压 ±15%；输入电压频率波动范围为额定输入电压频率 ±2%；车载充电机在恒压输出状态下运行时，其输出电压与设定电压的误差应为 ±1%；车载充电机在恒流输出状态下运行时，其输出电流与设定电流的误差应为 ±5%；车载充电机在允许的输出电流的范围内，输出电流的周期和随机偏差不能大于设定电流周期和随机偏差的 10%；车载充电机在稳流区间工作时，稳流精度应小于 1%，在稳压区间工作时，稳压精度应小于 0.5%。

3. 车载充电机充电接口

纯电动汽车车载充电机充电接口属于交流充电接口的，车辆供电插头的触头布置方式如图 5-9 所示，车辆充电插座的触头布置方式如图 5-10 所示。车载充电机充电接口（慢充口）有 7 个孔，中间三个大圆孔分别接中线（火线）、地线、交流电源（零线），用来传导交流电。

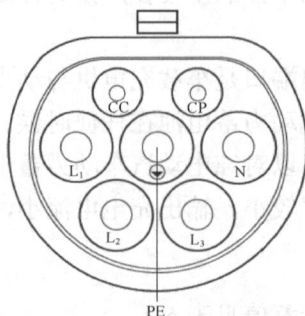

图 5-9　车辆供电插头的触头布置方式

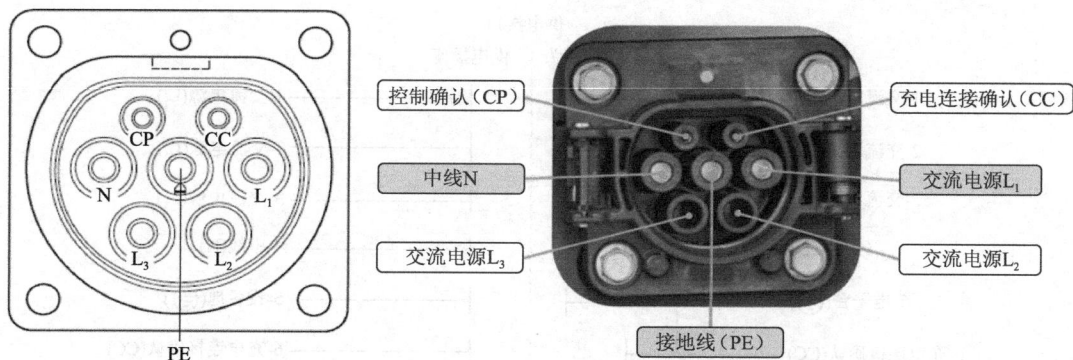

图 5-10　车辆充电插座的触头布置方式

车载充电机车辆供电插头和充电插座如图 5-11 所示。

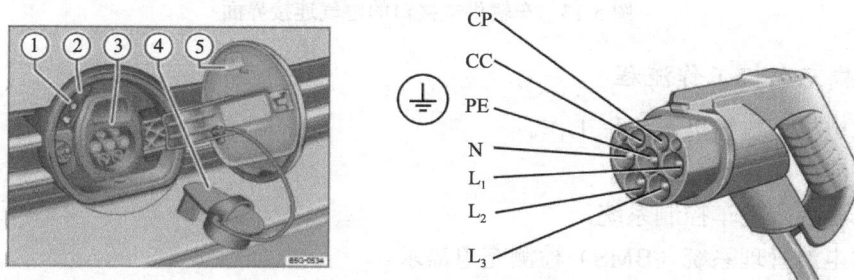

①—整车充电按钮；②—充电过程指示灯；③—充电插座；④—保护盖；⑤—保护盖的接片

图 5-11　车载充电机车辆供电插头和充电插座

在充电连接过程中，首先接通保护接地触头，最后接通控制确认触头与充电连接确认触头；断开过程相反。车辆充电接口的电气连接界面如图 5-12 所示，车辆供电接口的电气连接界面如图 5-13 所示。

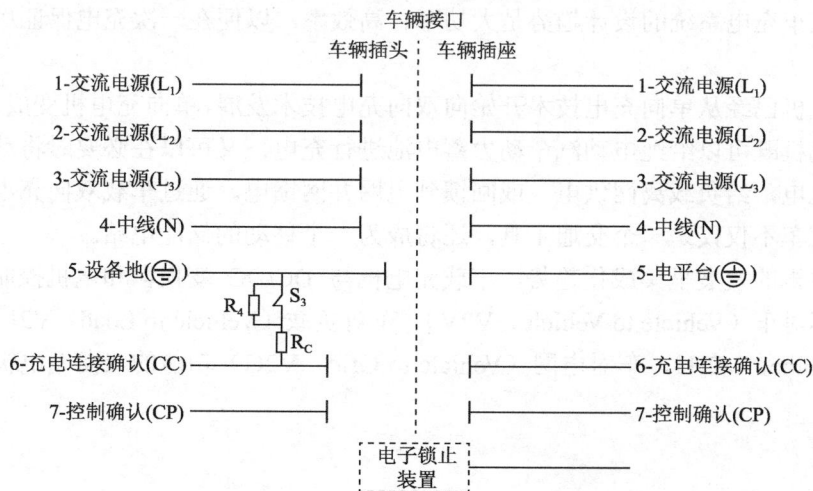

图 5-12　车辆充电接口的电气连接界面

供电接口

供电插头　供电插座

1-交流电源(L_1) ——————————————— 1-交流电源(L_1)

2-交流电源(L_2) ——————————————— 2-交流电源(L_2)

3-交流电源(L_3) ——————————————— 3-交流电源(L_3)

4-中线(N) ——————————————— 4-中线(N)

5-电平台(⏚) ——————————————— 5-设备地(⏚)

6-充电连接确认(CC) ——————————————— 6-充电连接确认(CC)

7-控制确认(CP) ——————————————— 7-控制确认(CP)

电子锁止
装置

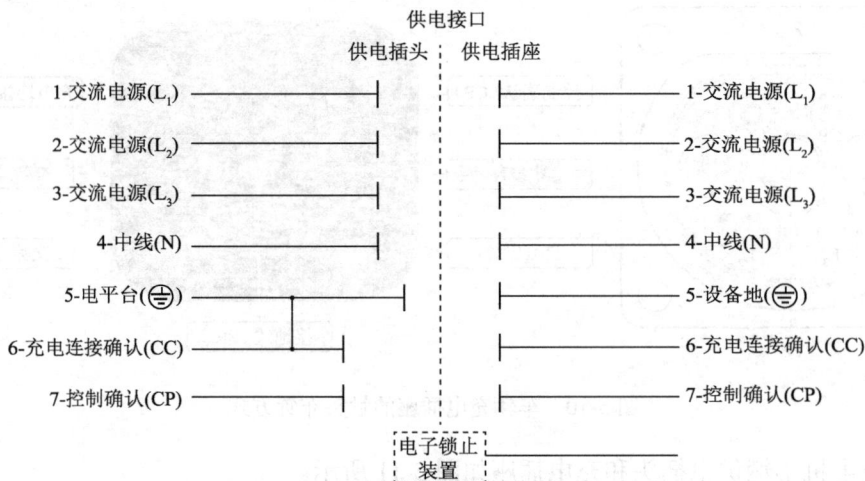

图 5-13　车辆供电接口的电气连接界面

4. 车载充电机工作流程

车载充电机一般按以下流程工作。

（1）交流供电。

（2）低压唤醒整车控制系统。

（3）蓄电池管理系统（BMS）检测充电需求。

（4）BMS 给车载充电机发送工作指令并闭合继电器。

（5）车载充电机开始工作，给动力蓄电池充电。

（6）动力蓄电池检测充电完成后，给车载充电机发送停止指令。

（7）车载充电机停止工作。

（8）断开继电器。

5. 车载充电机发展趋势

纯电动汽车充电系统的设计趋势是大功率、高效率，以便在一次充电保证尽可能多的续驶里程。

车载充电机已经从单向充电技术开始向双向充电技术发展，单向充电机变成双向充电机。车载双向充电机既可以给纯电动汽车动力蓄电池进行充电，又可以在必要时将动力蓄电池的电逆变成交流电，给负载离网供电，或回馈到电网并网馈电。通过车载双向充电机的应用，未来纯电动汽车不仅仅是一个交通工具，还将成为一个移动的储能电站。

车载充电机的发展呈集成化趋势，车载充电机与 DC/DC 变换器和电机控制器集成在一起，为具有车对车（Vehicle to Vehicle，V2V）、车对负载（Vehicle to Load，V2L）、车对家庭（Vehicle to Home，V2H）、车对电网（Vehicle to Grid，V2G）功能的双向充电机，如图 5-14 所示。

（a）V2V　　　　　　　　　　　　　　　　（b）V2L

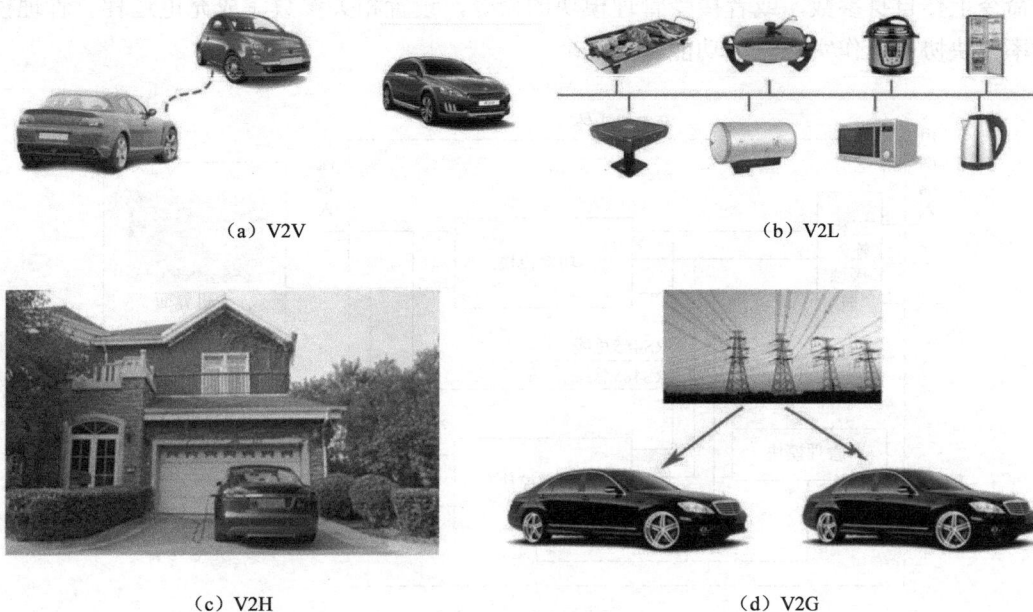

（c）V2H　　　　　　　　　　　　　　　　（d）V2G

图 5-14　车载双向充电机

5.2.2　非车载充电机

作为推动纯电动汽车发展的重要因素，纯电动汽车充电站这一基础设施的建设显得尤为重要，纯电动汽车没有充电站就相当于燃油汽车没有加油站，充电站的建设对于实现纯电动汽车远程旅行，提高续驶里程，具有非常重要的作用。而作为充电站的核心，非车载充电机是必不可少的。

1. 非车载充电机的组成

非车载充电机主要由充电机主体和充电终端两个部分组成，如图 5-15 所示。充电机主体包括三相输入接触器、功率模块和管理模块，其中三相输入接触器与电网相连，将交流电转换为电压、电流可调的直流电。充电机主体的输出经过充电终端的充电线缆接口与纯电动汽车的动力蓄电池相连。充电终端主要包括终端 MCU 主控制器、整流柜控制系统、IC 卡计费系统、信息打印系统、电能测量系统、蓄电池管理系统、充电站监控系统、人机界面等，如图 5-16 所示。

功率模块是非车载充电机中实现能量传递的主体，是充电机中最关键的部件，单个功率模块难以实现充电机的大功率输出，必须选择分布式系统来实现，即多个相同的功率模块并联均流。

人机界面不但要提供给充电时客户所关心的一些信息，还要提供给充电站维护人员的一些必要信息，主要有蓄电池类型、充电电压、充电电流、电能量计量信息、单体蓄电池最高/最低电压、故障及报警信息等。在充电完成后，需要充电机打印输出交易信息，比如用电度数、交易金额及充电时间等。

管理模块和充电终端以及各功率模块进行数据交互，通过 RS485 总线下发正确的充电控制命令和参数设置命令给各功率模块。功率模块作为充电的具体执行模块，按照管理模块下发的命令上传自身参数，或者接受管理模块的命令，设置相关参数完成充电过程。管理模块和功率模块协同工作实现充电功能。

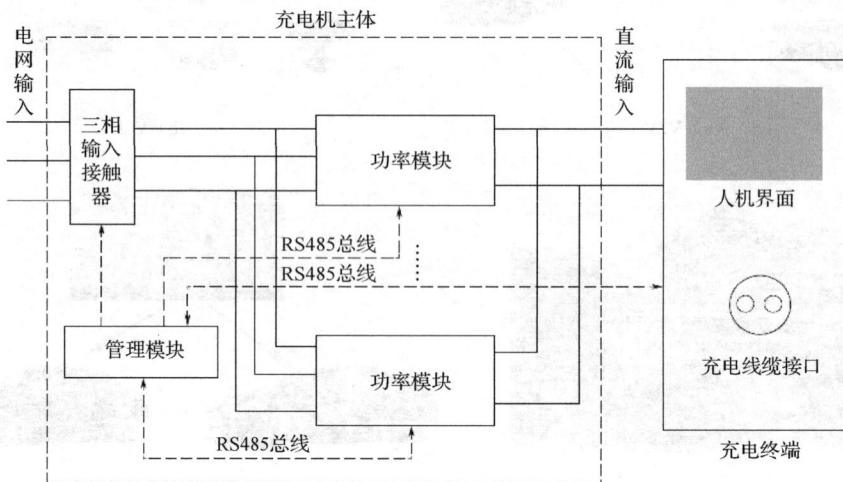

图 5-15　非车载充电机的系统结构

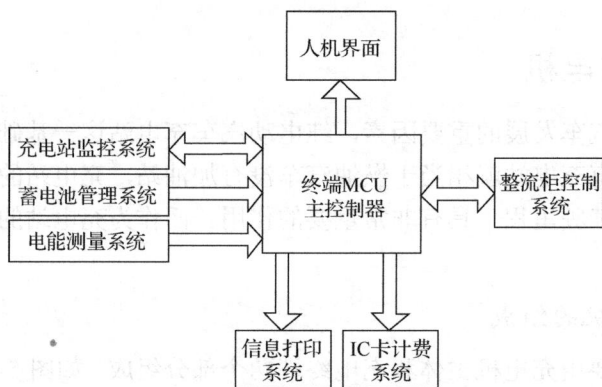

图 5-16　非车载充电机充电终端的结构

2. 非车载充电机技术参数

纯电动汽车非车载充电机输入技术参数见表 5-3。

表 5-3　纯电动汽车非车载充电机输入技术参数

序号	输入电压额定值/V	输入电流额定值/A	频率/Hz
1	单相 220	$I_N \leqslant 16$	
2	单相 220/三相 380	$16 < I_N \leqslant 32$	50
3	三相 380	$I_N > 32$	

根据动力蓄电池系统电压等级，非车载充电机输出电压一般分为三级：150～350V、300～500V、450～700V。

非车载充电机输出额定电流宜采用 10A、20A、50A、100A、160A、200A、315A、400A、500A。

当非车载充电机的输出功率为额定功率的50%～100%时，效率不应小于90%，功率因数不应小于0.9。

非车载充电机技术参数误差要求：当交流电源电压在标称值的±15%范围内变化，输出直流电压在规定的相应调节范围内变化时，输出直流电流在额定值的20%～100%范围内任意数值上应保持稳定，充电机输出电流精度不应超过±1%；当交流电源电压在标称值的±15%范围内变化，输出直流电流在额定值的0～100%范围内变化时，输出直流电压在规定的相应调节范围内任意数值上应保持稳定，充电机输出电压精度不应超过±0.5%。

3. 非车载充电机充电接口

纯电动汽车非车载充电机充电接口属于直流充电接口，其车辆供电插头的触头布置方式如图5-17所示，车辆充电插座的触头布置方式如图5-18所示。非车载充电机充电接口（快充口）有9个孔，中间两个大孔分别接直流正极和直流负极。

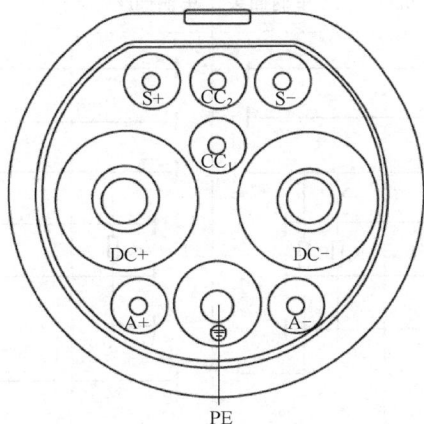

图 5-17　非车载充电机车辆供电插头的触头布置方式

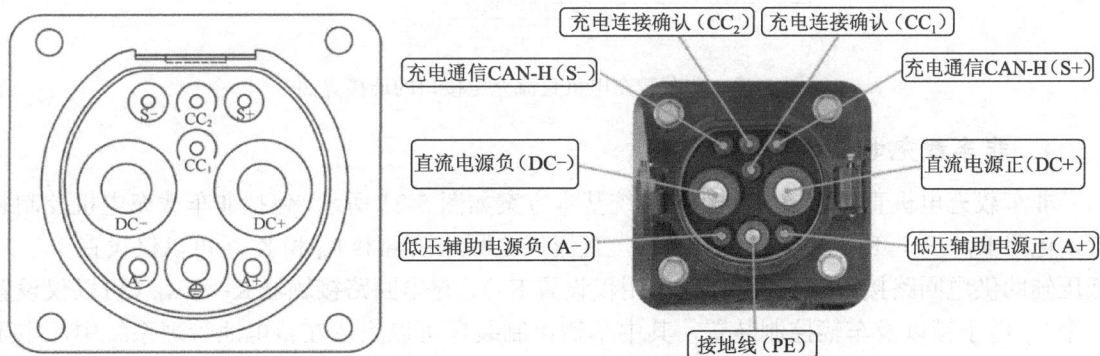

图 5-18　非车载充电机车辆充电插座的触头布置方式

非车载充电机车辆供电插头和充电插座如图5-19所示。

非车载充电机车辆供电插头和车辆充电插座在连接过程中触头耦合的顺序为：保护接地，直流电源正、直流电源负、车辆端连接确认，低压辅助电源正与低压辅助电源负，充电通信与供电端连接确认；在脱开的过程中顺序则相反。非车载充电机直流充电接口的连接界面如

图 5-20 所示。

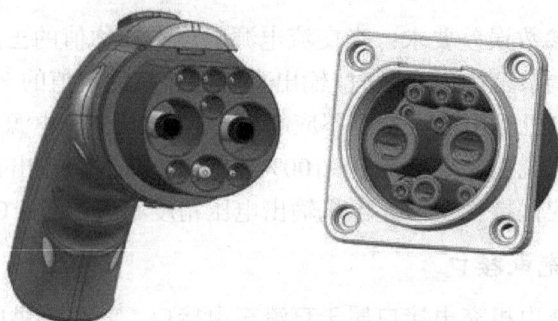

图 5-19 非车载充电机车辆供电插头和充电插座

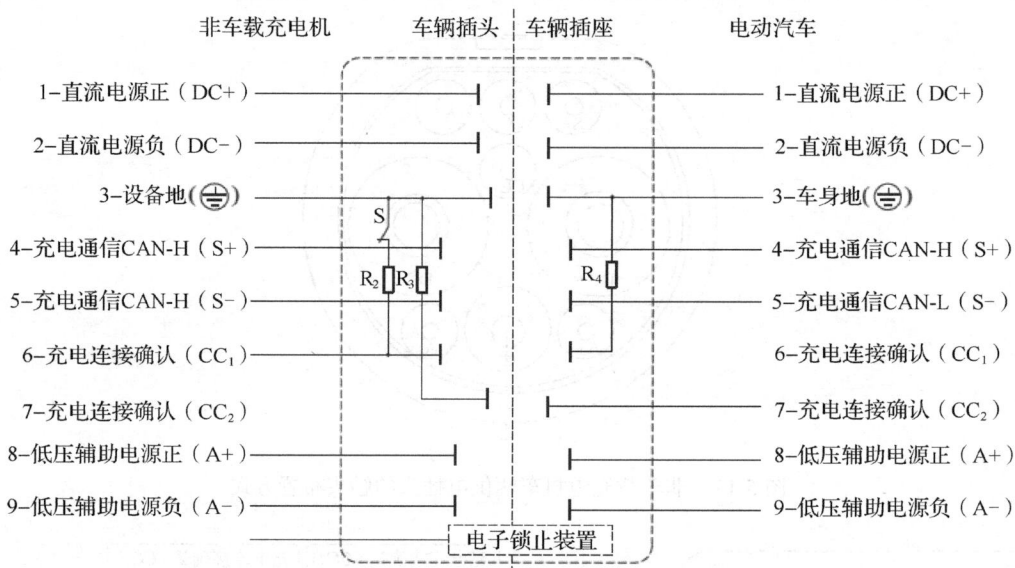

图 5-20 非车载充电机直流充电接口的连接界面

4. 非车载充电机的充电过程

非车载充电机直流充电安全保护系统基本方案如图 5-21 所示，包括非车载充电机控制装置，电阻 R_1、R_2、R_3、R_4、R_5，开关 S，直流供电回路接触器 K_1 和 K_2（可以仅设置 1 个）、低压辅助供电回路接触器 K_3 和 K_4（可用仅设置 K_3）、充电回路接触器 K_5 和 K_6（可以仅设置 1 个），电子锁以及车辆控制装置，其中车辆控制装置可以集成在蓄电池管理系统中。电阻 R_2 和 R_3 安装在车辆插头上，电阻 R_4 安装在车辆插座上。开关 S 为车辆插头的内部常闭开关，当车辆插头和车辆插座完全连接后，开关 S 闭合。在整个充电过程中，非车载充电机控制装置应能监测接触器 K_1、K_2，接触器 K_3、K_4 及电子锁状态，并控制其接通及关断；纯电动汽车车辆控制装置应能监测接触器 K_5 和 K_6 状态并控制其接通及关断。

利用非车载充电机对纯电动汽车充电过程如下。

（1）将车辆插头和车辆插座插合后，车辆的总体设计方案可以自动启动某种触发条件，通过互锁或者其他控制措施使车辆处于不可行驶状态。

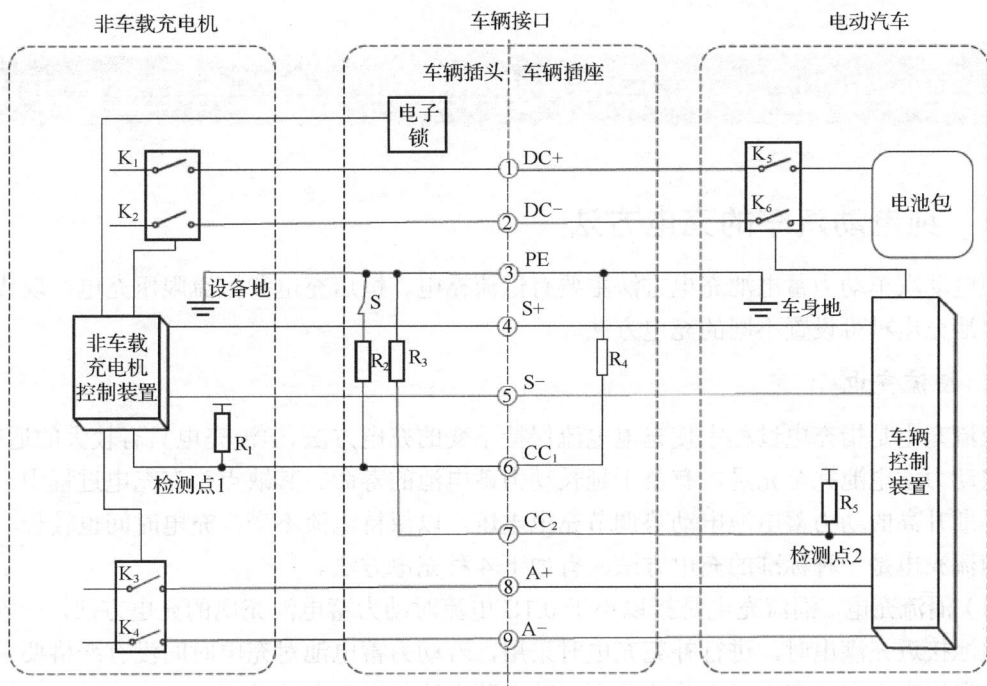

图 5-21　非车载充电机直流充电安全保护系统基本方案

（2）操作人员对非车载充电机进行充电设置后，非车载充电机控制装置通过测量检测点 1 的电压值判断车辆插头与车辆插座是否已完全连接，如检测点 1 的电压值为 4V，则判断车辆接口完全连接，非车载充电机控制电子锁锁止。

（3）在车辆接口完全连接后，如非车载充电机完成自检，则闭合接触器 K_3 和 K_4，使低压辅助供电回路导通，同时开始周期发送"充电机辨识报文"；在得到非车载充电机提供的低压辅助电源供电后，车辆控制装置通过测量检测点 2 的电压值判断车辆接口是否已完全连接；如检测点 2 的电压值为 6V，则车辆控制装置开始周期发送"车辆控制装置（或蓄电池管理系统）辨识报文"，该信号也可以作为车辆处于不可行驶状态的触发条件之一。

（4）车辆控制装置与非车载充电机控制装置通过通信完成"握手"和配置后，车辆控制装置闭合接触器 K_5 和 K_6，使充电回路导通，非车载充电机控制装置闭合接触器 K_1 和 K_2，使直流供电回路导通。

（5）在整个充电阶段，车辆控制装置通过向非车载充电机控制装置实时发送充电级别需求来控制整个充电过程，非车载充电机控制装置根据动力蓄电池充电级别需求来调整充电电压和充电电流，以确保充电正常进行，此外，车辆控制装置和非车载充电机控制装置还相互发送各自的状态信息。

（6）车辆控制装置根据动力蓄电池系统是否达到满充状态或是否收到"充电机中止充电报文"来判断是否结束充电。在满足以上充电结束条件时，车辆控制装置开始周期发送"车辆控制装置（或蓄电池管理系统）中止充电报文"，在一定时间后断开接触器 K_5 和 K_6；非车载充电机控制装置开始周期发送"充电机中止充电报文"，并控制充电机停止充电，之后断开接触器 K_1、K_2、K_3 和 K_4，然后电子锁解锁。

5.3 纯电动汽车的充电方法和充电方式及充电注意事项

5.3.1 纯电动汽车的充电方法

纯电动汽车动力蓄电池充电方法主要有恒流充电、恒压充电和恒流限压充电，现代智能型蓄电池充电机可设置不同的充电方法。

1. 恒流充电

恒流充电是指充电过程中使充电电流保持不变的充电方法。恒流充电具有较大的适应性，容易将动力蓄电池完全充足，有益于延长动力蓄电池的寿命。其缺点是在充电过程中，需要根据逐渐升高的动力蓄电池电动势调节充电电压，以保持电流不变，充电时间也较长。

恒流充电是一种标准的充电方法，有如下4种充电方法。

（1）涓流充电。涓流充电是指以小于0.1C电流对动力蓄电池充电的充电方法，一般在动力蓄电池接近充满电时，进行补充充电时采用，若动力蓄电池对充电时间没有严格要求，建议采用涓流充电方式充电（在此情况下，动力蓄电池使用寿命较长）。

（2）最小电流充电。最小电流充电是指在能使深度放电的蓄电池有效恢复蓄电池容量的前提下，把充电电流尽可能地调整到最小的充电方法。

（3）标准充电。标准充电即采用标准速率充电的充电方法，充电时间为14h。

（4）高速率（快速）充电。高速率（快速）充电即在3h内就给蓄电池充满电的充电方法，这种充电方法需要自动控制电路保护蓄电池不损坏。

2. 恒压充电

恒压充电是指充电过程中保持充电电压不变的充电方法，充电电流随蓄电池电动势的升高而减小。合理的充电电压，应在蓄电池即将充足时使其充电电流趋于0。如果电压过高会造成充电初期充电电流过大和过充电，如果电压过低则会使蓄电池充电不足。充电初期若充电电流过大，则应适当调低充电电压，待蓄电池电动势升高后再将充电电压调整到规定值。

恒压充电的优点是充电时间短，充电过程无须调整电压，较适合补充充电。缺点是不容易将蓄电池完全充足，充电初期大电流对极板会有不利影响。

3. 恒流限压充电

恒流限压充电是先以恒流方式进行充电，当蓄电池组端电压上升到限压值时，充电机自动转换为恒压充电，直到充电完毕的充电方法。

充电深度（Depth of Charge，DOC）和放电深度（Depth of Discharge，DOD）是充电的基本概念，是蓄电池保有容量数值的表示方法，以百分比来表示。充电深度是指蓄电池在充电过程中从外电路接受的容量与其完全充电状态时的容量的比值。放电深度是指在蓄电池使用过程中，蓄电池放出的容量占其额定容量的百分比。放电深度的高低和蓄电池充电寿命的长短有很大的关系，蓄电池的放电深度越大，其充电寿命就越短，因此在使用时应尽量避免深度放电。容量为10A·h的蓄电池放电后容量变为2A·h，称为80%DOD；容量为10A·h

的蓄电池，充电后容量为 8A·h，称为 80%COD。形容满充满放，通常用 100%DOD 表示。

5.3.2　纯电动汽车的充电方式

纯电动汽车的充电方式有交流慢充方式、直流快充方式、蓄电池更换充电方式、无线充电方式和移动充电方式等，其中以交流慢充方式和直流快充方式为主，纯电动汽车上一般都有交流慢充和直流快充接口，如图 5-22 所示。两个充电接口从结构上是不同的，不能互换。插电式混合动力电动汽车因为带电量小，只配备交流慢充接口。充电是纯电动汽车使用过程中的重要一环，充电的体验很大程度上决定了消费者的购买决策和用车体验。

图 5-22　交流慢充和直流快充接口

1.　交流慢充方式

交流慢充方式是用交流充电桩充电接口，把电网的交流电输入纯电动汽车的慢充接口，经过汽车内部的车载充电机把交流电转成直流电后再输入动力蓄电池，完成充电，如图 5-23 所示。交流充电桩没有功率转换模块，不做交直流转换。这种方式的充电功率取决于车载充电机功率。

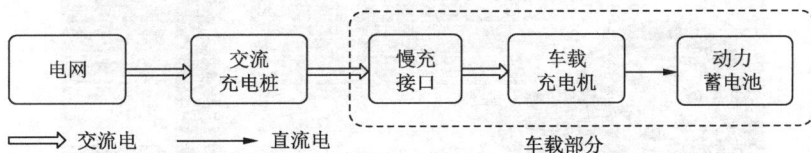

图 5-23　交流慢充方式示意图

交流慢充方式也可以使用标准家用电源插座或者预装的充电墙盒以及充电桩。交流慢充方式采用恒压、恒流的传统充电方式对纯电动汽车进行充电，相应的充电机的工作和安装成本相对比较低。纯电动汽车家用充电设施（车载充电机）和小型充电站多采用这种充电方式。车载充电机是纯电动汽车的最基本的一种充电设备，如图 5-24 所示。由于只需将车载充电机的插头插到停车场或家中的电源插座上即可进行充电，因此充电过程一般由用户自己独立完成。充电时直接从低压照明电路取电，充电功率较小，由 220V/16A 规格的标准电网电源供电。典型的充电时间为 8~10h（SOC 达到 95%以上）。这种充电方式对电网没有特殊要求，只要能够满足照明要求的供电质量就能够使用。由于在家中充电通常是晚上或者是在电力低谷期，有利于电能的有效利用，因此电力部门一般会给予纯电动汽车用户一些优惠，例如电力低谷期充电打折。

图 5-24　车载充电机充电

　　小型充电站充电是纯电动汽车最重要的一种充电方式，如图 5-25 所示，充电机设置在街边、超市、办公楼、停车场等处。采用交流慢充方式充电，纯电动汽车驾驶员只需将车停靠在充电站指定的位置上，接上电线即可开始充电。计费方式是投币或刷卡，充电功率一般为5～10kW，采用三相四线制 380V 供电或单相 220V 供电。其典型的充电时间是补电 1～2h，充满 5～8h（SOC 达到 95%以上）。

图 5-25　小型充电站充电

交流慢充方式主要具有以下优点。

（1）充电技术成熟，技术门槛低，使用方便，容易推广普及。

（2）充电设施配置简单，占地较小，投资少；蓄电池充电过程缓和，蓄电池能够深度充满，续驶里程长。

（3）充电时蓄电池发热温和，不易发生高温短路或爆炸危险，安全性较高。

（4）接口和相关标准较低。

（5）充电功率相对低，对配电网要求较低，基础设施配套需求小。

（6）一般选择夜间充电，可避开傍晚用电高峰期，享受低谷电价优惠，节能效果较好。

交流慢充方式主要具有以下缺点。

（1）充电时间长，续驶里程有限。

（2）用于有慢速充电需求的停车场所，如住宅小区停车场，社会公共停车场等，使用受到限制。

2. 直流快充方式

直流快充方式是用直流充电桩充电接口，把电网的交流电转化成直流电，输送到纯电动汽车的快充接口，电能直接进入动力蓄电池充电，如图 5-26 所示。直流充电桩内置功率转换模块，能将电网的交流电转换为直流电，不需要经过车载充电机转换。直流充电方式的功率取决于蓄电池管理系统和充电桩输出功率，两者取小。

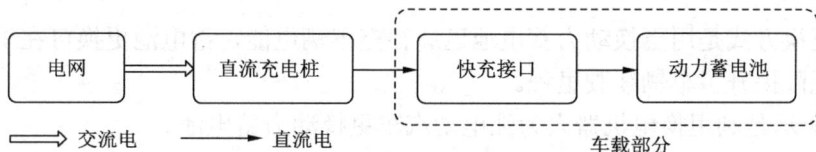

图 5-26　直流快充方式示意图

快速充电是用直流电充电，每小时最多可充电 40kW。直流快充方式以 150～400A 的高充电电流在短时间内为蓄电池充电，与交流慢充方式相比安装成本相对较高。快速充电也可称为迅速充电或应急充电，其目的是在短时间内给纯电动汽车充满电，充电时间应该与燃油汽车的加油时间接近。大型充电站（机）（见图 5-27）多采用这种充电方式。

图 5-27　大型充电站

直流快充方式主要针对需要进行快速补充电能的情况进行充电，充电机功率很大，一般都大于 30kW，采用三相四线制 380V 供电。其典型的充电时间是 10～30min。这种充电方式对蓄电池寿命有一定的影响，特别是普通蓄电池不能进行快速充电，因为在短时间内接受大量的电量会导致蓄电池过热。快速充电站的关键是非车载快速充电组件，它能够输出 35kW甚至更高的功率。由于功率和电流的额定值都很高，因此这种充电方式对电网有较高的要求。

直流快充方式主要具有以下优点。

（1）技术较为成熟，接口标准要求较低。

（2）充电速度快，能增强纯电动汽车长途续航能力，是一种有效的补充方案。

直流快充方式主要具有以下缺点。

（1）充电功率较大，接口和用电安全提高，蓄电池散热成为重要因素。

（2）蓄电池不能深度充电，一般为蓄电池容量的80%左右，容易损害蓄电池寿命，需要承担更多的蓄电池折旧成本。

（3）短时用电消耗大，对配电网要求较高，基础设施配套需求巨大。

（4）一般在白天和傍晚时间段充电，属于城市电力负荷高峰时段，对城市电网的安全性是一种威胁，而且不享受夜间电价打折。

3. 蓄电池更换方式

蓄电池更换方式是用更换动力蓄电池迅速补充车辆电能，蓄电池更换可在10min以内完成，理论上无限提升了车辆续驶里程。

图5-28所示是利用换电机器人为纯电动汽车更换动力蓄电池。

图5-28　利用换电机器人为纯电动汽车更换蓄电池

蓄电池更换方式主要具有以下优点。

（1）用户感受接近传统的加油站加油。

（2）用户只需购买裸车，蓄电池采用租赁的方式，大幅降低了车辆价格。

（3）采用适合的充电方式保证蓄电池的健康以及蓄电池效能的发挥，蓄电池集中管理便于集中回收和维护，减少环境污染。

（4）选择夜间用电低谷时段慢速充电，可降低服务机构运行成本，对电网起到错峰填谷作用。

蓄电池更换方式主要具有以下缺点。

（1）基础设施建设成本较高，占用场地大，电网配套要求高。

（2）需解决纯电动汽车更换蓄电池方便问题，例如蓄电池设计安装位置、蓄电池拆卸难易程度等。

（3）需要纯电动汽车行业众多标准的严格统一，包括蓄电池本身外形和各项参数的标准化，蓄电池和电动车接口的标准化，蓄电池和外置充电设备接口的标准化等。

（4）蓄电池更换容易导致蓄电池接口接触不良等问题，对蓄电池及车辆接口的安全可靠要求提高。

（5）蓄电池租赁带来了资产管理、物流配送、计价收费等一系列问题，使运作更复杂，提高了成本。

4. 无线充电方式

无线充电方式是利用无线电能传输技术对蓄电池进行充电的一种新型充电方式，主要有电磁感应充电方式和磁共振充电方式，电磁感应充电方式是将受电线圈安装在汽车的底盘上，将供电线圈安装在地面上，当纯电动汽车行驶到供电线圈正上方时。供电线圈中有交变电流通过，通过电磁感应在受电线圈中产生一定的电流，如图 5-29（a）所示；磁共振充电方式与电磁感应充电方式工作原理大致相同，其区别在于磁共振充电方式中的供电线圈和受电线圈使用相同的共振周波，即谐振，将供电线圈和受电线圈调整到相同的频率，它们就可以交换彼此的能量，如图 5-29（b）所示。

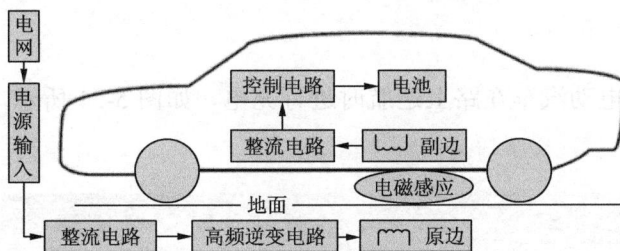

（a）电磁感应充电方式

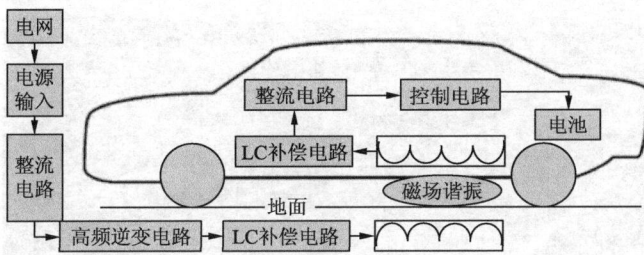

（b）磁共振充电方式

图 5-29 无线充电方式

相对于纯电动汽车的有线充电方式而言，无线充电方式具有以下优势。

（1）充电设备占地小，充电便利性高。

（2）充电设施可无人值守，后期维护成本低。

（3）相同占地面积下，可充电的纯电动汽车数量提升，增大空间利用率。

无线充电方式具有以下劣势。

（1）充电效率不高，峰值效率为 90%左右，有线充电效率为 95%左右。

（2）传递功率不够大，一般为 10kW 以下。

（3）无线充电主要采用电磁方式，存在辐射泄漏的安全问题。

有了无线充电技术，公路上行驶的纯电动汽车或双能源汽车可通过安装在电线杆或其他高层建筑上的发射器快速补充电能。电费将从汽车上安装的预付卡中扣除。

纯电动汽车无线充电示意图如图 5-30 所示。

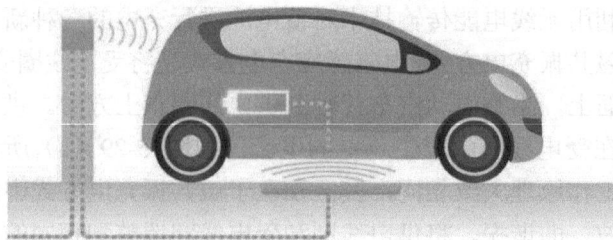

图 5-30　纯电动汽车无线充电方式示意图

5．移动充电

移动充电是指纯电动汽车在路上巡航时进行充电，如图 5-31 所示，有接触式和感应式两种。

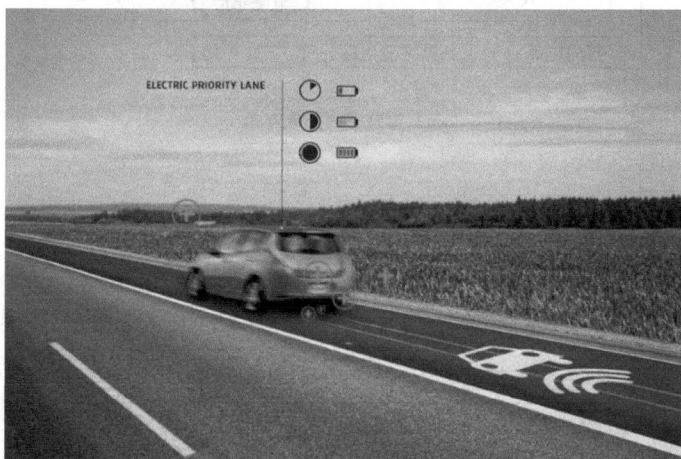

图 5-31　纯电动汽车移动充电

（1）接触式移动充电。接触式移动充电系统需要在车体的底部装一个接触拱，通过与嵌在路面上的充电元件相接触，接触拱便可获得瞬时高电流。当纯电动汽车行驶通过移动式充电区时，为纯电动汽车充电。

（2）感应式移动充电。接触式移动充电系统车载式接触拱由感应线圈所取代，嵌在路面上的充电元件由可产生强磁场的高电流绕组所取代，便成为感应式移动充电系统。

5.3.3　纯电动汽车的充电注意事项

当纯电动汽车 SOC 显示为 20%左右时，就应该充电。

纯电动汽车充电要注意以下事项。

（1）选择充电方式。充电方式有快充和慢充，要阅读使用说明书，选择最佳充电方式。

（2）快速充电。快速充电的电流电压较高，短时间内对蓄电池的冲击较大，容易令蓄电池的活性物质脱落和令蓄电池发热，因此对蓄电池保护散热方面有更高的要求，并不是每款车型都可快速充电。

（3）常规充电。常规充电采用随车配备的便携式充电设备进行充电，可使用家用电源或专用的充电桩电源。充电电流较小，一般为 16～32A，充电时间为 5～8h。

（4）低谷充电。可充分利用电力低谷时段进行充电，降低充电成本。

（5）正确掌握充电时间。在使用过程中，应根据实际情况准确把握充电时间，参考平时使用频率及行驶里程情况，把握充电频次。正常行驶时，如果电量表指示红灯和黄灯亮，就应充电；如只剩下红灯亮，应停止运行，尽快充电，否则蓄电池过度放电会严重缩短其寿命。充满电后运行时间较短就充电，充电时间不宜过长，否则会过度充电，使蓄电池发热。过度充电、过度放电和充电不足都会缩短蓄电池寿命。

（6）避免大电流放电。纯电动汽车在起步、加速、上坡时，应尽量避免猛踩加速，形成瞬间大电流放电，大电流放电容易损害蓄电池极板的物理性能。

（7）车辆长期不用时，蓄电池存储一般采用半电存储，可以为 30%～60%。

为了防止纯电动汽车在充电过程中过充，应注意以下事项。

（1）设置好时间。用充电桩进行充电时，一定要设置好时间，不要过分充电。应该根据纯电动汽车所剩余电量的实际情况，选择到底充电多久。如果时间过长，对蓄电池是一种伤害。

（2）定时检查。在给纯电动汽车充电时，应该定时去检查一下，看一看电量是否充满。如果充满就应该及时拔掉电源。

（3）利用好时段。一般情况下纯电动汽车充满电需要 5～8h，因此，充电应该利用好时间段。提前计算好充电时间，比如利用晚上时间，从晚上 10 点开始充，到第二天早晨 6 点断电，正好 8h。

（4）勤充少充。如果选择在办公场所的停车场充电，而且是用电源充电的话，最好的方法是充电次数多一些，每次充电时间少一些。比如，上午 8:30 到达办公场所的停车场就开始充电，中午 12：00 拔掉电源，然后开车回家。

（5）尽量不要用快充。在充电的时候，尽量不要用快充的方式给纯电动汽车充电，除非到万不得已的时候。因为快充的原理，就是利用高压使电离子快速进入蓄电池。虽然充电过程快，但对蓄电池是一种伤害。

（6）蓄电池不要闲置太久。对于纯电动汽车，用户应该多驾驶。不要闲置一两个月才驾驶一次，那样对蓄电池的损伤很大。经常使用，能激发蓄电池的能量，使其变得更加耐用。

5.4　纯电动汽车充电系统故障诊断

5.4.1　纯电动汽车充电系统故障分类

纯电动汽车充电系统故障分为严重故障、蓄电池故障、一般故障和告警提示，见表 5-4。

表 5-4　纯电动汽车充电系统故障分类

故障分类	故障描述	故障名称
严重故障	直接影响人身安全级别故障	绝缘故障
		漏电故障
		泄放回路故障
		防雷故障
蓄电池故障	可能引发蓄电池热失控风险的故障	达到单体蓄电池最高电压未停止充电
		达到蓄电池总电压未停止充电
		达到蓄电池最高允许温度未停止充电
一般故障	不涉及人身安全但需要及时维护的故障	连接器故障
		电子锁故障
		急停故障
		输入过/欠电压
		输入缺相
		交流接触器故障
		直流接触器故障
		充电模块故障
		充电电流不匹配
		输出短路
		输出过压/过流
		蓄电池反接
		充电系统过温
		充电枪过温
告警提示	设备处于告警提示状态	通信超时

当发生严重故障时，设备或者充电模块须立即停机，等待专业维护人员维修；当蓄电池出现热失控故障时，应立即停止充电，并主动告警，并在充电系统后台中记录；当发生一般故障时，充电设备停止本次充电，并做好故障记录（需重新插拔充电电缆后，才能进行下一次充电）；当充电设备处于告警提示状态时，充电设备中止充电，待故障现象排除后自动恢复充电（检测到故障状态解除后，重新通信握手开始充电）。

5.4.2　纯电动汽车充电系统常见故障

纯电动汽车充电系统常见故障有 DC/DC 变换器故障和车载充电机故障。

1. DC/DC 变换器故障

DC/DC 变换器故障主要表现 DC/DC 变换器未正常工作，解决方案是检查高压连接器是否正常连接，检查高压保险是否熔断，检查使能信号是否给出等。

2. 车载充电机故障

车载充电机有以下常见故障。

（1）充电桩显示车辆未连接。解决方案是检查车辆与充电桩两端枪是否反接。

（2）动力蓄电池继电器未闭合。解决方案是检查高压连接器是否正常连接，检查充电机输出唤醒是否正常。

（3）动力蓄电池继电器正常闭合，但充电机无输出电流。解决方案是检查车端充电枪是否连接到位，检查高压保险是否熔断，检查高压连接器及线缆是否正确连接。

对于慢充系统，如果出现动力蓄电池总正、总负继电器无法闭合，采用以下步骤进行检查。

（1）检查低压蓄电池的电压，正常值应大于 11.5V；否则，应为低压蓄电池充电或更换低压蓄电池。

（2）将点火开关置于 ON 挡，观察仪表显示情况，如果仪表显示正常，则检查 PE 电路是否正常；如果有故障信息提示，则连接故障诊断仪读取故障码，然后根据故障码信息进行检修。

（3）检查充电唤醒电路、BMS 唤醒电路、连接确认电路、CP 电路连接是否正常：若电路连接异常，则重新连接或更换故障线束及插接件；若电路连接正常，则进入下一步。

（4）检查动力蓄电池的总正、总负继电器及其控制电路和电源电路是否正常：若继电器自身故障，则更换继电器；若电路连接异常，则重新连接或更换线束及插接件；若均正常，则进入下一步。

（5）检查车载充电机的电源、唤醒电路：若电路连接异常，则重新连接或更换线束及插接件；若电路连接正常，则表明车载充电机存在故障，应检修或更换车载充电机。

对于慢充系统，如果动力蓄电池总正、总负继电器可以正常闭合，说明慢充系统的唤醒、控制电路正常；此时若车辆无法充电，主要是由慢充接口、车载充电机、高压配电箱、动力蓄电池之间的高压电路等故障所致。对于此类故障，应先检查高压电路是否正常，高压配电箱内部熔断器是否正常；然后检查车载充电机、动力蓄电池内部是否正常。

对于快充系统，如果出现动力蓄电池总正、总负继电器无法闭合的故障，其主要原因有唤醒电路、PE 电路、CP 电路连接故障，搭铁电路断开，快充接口、快充线束及插接件故障、VCU、动力蓄电池的低压控制电路故障等。对于此类故障，应检查各电路的连接是否正常，如连接异常，则重新连接或更换线束及插接件；检查高压配电箱、VCU、动力蓄电池及继电器是否正常，如异常，则维修或更换故障部件。

对于快充系统，如果出现动力蓄电池总正、总负继电器正常闭合但无法充电的故障，其主要原因可能是高压配电箱快充继电器故障、高压熔断器熔断、快充线束及插接件故障、动力蓄电池系统故障等。对于此类故障，应检查高压电路是否正常，高压配电箱内部熔断器是否正常，动力蓄电池系统内部是否正常。

【项目实训】

项目实训工单 5　纯电动汽车充电系统的故障诊断

纯电动汽车行驶一定距离或一段时间后，就要对纯电动汽车进行充电。项目实训工单 5 主要是通过对实训车辆充电系统进行故障诊断，掌握纯电动汽车充电系统的常见故障以及故障诊断方法等，培养实践技能。该实训不限定具体车型，故障类型由指导教师事先设定。后附项目实训工单 5。

【项目小结】

本项目主要讲解纯电动汽车充电设备的要求与类型、车载充电机与非车载充电机的基本知识、纯电动汽车的充电方法和充电方式及充电注意事项，以及纯电动汽车充电系统的故障诊断等；通过项目实训工单 5 的实训部分，学生可以掌握纯电动汽车充电系统的故障诊断；通过实训考核和理论考核，可以巩固学习效果，最终培养分析问题和解决问题的能力以及充电系统故障诊断技能。

参考文献

[1] 孙逢春，林程. 纯电动汽车工程手册（第一卷）纯电动汽车整车设计[M].北京：机械工业出版社，2019.

[2] 孙逢春，肖成伟. 纯电动汽车工程手册（第四卷）动力蓄电池[M].北京：机械工业出版社，2019.

[3] 孙逢春，贡俊. 纯电动汽车工程手册（第五卷）驱动电机与电力电子[M].北京：机械工业出版社，2019.

[4] 崔胜民.新能源汽车概论[M].北京：人民邮电出版社，2019.

[5] 孙惠芝，张潇月.智能网联汽车概论（配实训工单）[M].北京：机械工业出版社，2020.

[6] 杨效军，朱小菊.纯电动汽车结构与原理（配实训工单）[M].北京：机械工业出版社，2018.

工业和信息化精品系列教材
新能源汽车技术

NEW
ENERGY AUTOMOBILE

现代汽车概论

新能源汽车概论

智能网联汽车概论

新能源汽车整车控制技术

新能源汽车电池及管理系统检修

新能源汽车电机及控制系统检修

新能源汽车电气技术

新能源汽车的维护与故障诊断

纯电动汽车结构原理与故障诊断

混合动力汽车结构原理与故障诊断

新能源汽车电力驱动系统综合故障诊断

新能源汽车装配工艺

电学基础与高压安全

人邮教育
www.ryjiaoyu.com

教材服务热线：010-81055256
反馈／投稿／推荐信箱：315@ptpress.com.cn
人邮教育服务与资源下载社区：www.ryjiaoyu.com

ISBN 978-7-115-56694-2

9 787115 566942 >

定价：59.80元

纯电动汽车结构原理与故障诊断
实训工单

袁红军 华 奇 主 编
蔡 龙 虞 琳 副主编

人 民 邮 电 出 版 社
北 京

目 录

项目实训工单 1　纯电动汽车高压系统的检测与维护 1

项目实训工单 2　纯电动汽车动力蓄电池系统的故障诊断 9

项目实训工单 3　纯电动汽车驱动电机系统的故障诊断 17

项目实训工单 4　纯电动汽车整车控制器的故障诊断 25

项目实训工单 5　纯电动汽车充电系统的故障诊断 33

目录

......1

......9

......17

......25

......31

项目实训工单 1

实训参考题目	纯电动汽车高压系统的检测与维护			
实训实际题目	由指导教师根据实际条件和分组情况，给出具体题目，包括实训车型、具体检测项目等。检测项目以高压主要部件为主，根据分组情况可以分配不同的高压部件进行检测。			
学生姓名		班级		学号	
组长姓名		同组同学			
实训地点		学时		日期	
实训目标	（1）能够依据实训实际题目和要求，独立完成实训前的各种准备。 （2）能够结合实训汽车识别所有的高压部件。 （3）能够根据检测规范，结合维修手册操作规定，制订项目检测方案。 （4）能够使用安全防护用品和专用工具，规范完成高压部件绝缘电阻的检测实训。			

一、接受实训任务

小李同学在某汽车 4S 店实习，即将实习结束，要进行综合考核，考核分实训和理论两部分，其中实训占 70%，理论占 30%。实训考核是小李同学模仿维修技师完成实训任务。

某汽车 4S 店接受了一辆待检测与维护纯电动汽车的预约，据车主反映，该车已行驶 6 个月，需要对高压系统进行一次全面的检测与维护；该汽车 4S 店委派实习生小李同学等，提前做好准备，负责接待客户，并进行纯电动汽车高压系统的检测与维护，同时做好各项记录。

二、实训任务准备

（1）实训车辆登记。车型：_____；车辆的识别代码：_____。

（2）实训车辆里程数：_____；电量：_____。

（3）实训车辆检查。有无剐蹭痕迹：□无　　□有；仪表能否正常显示：□能　　□否；
能否正常行驶：□能　　□否；有无其他缺陷：□无　　□有。

（4）故障灯检查。有无故障灯：□无　　□有。

（5）实训车辆拟检测项目：_____。

（6）实训车辆拟维护项目：_____。

（7）实训车辆高压系统检测与维护资料是否完整：□完整　　□不完整（原因：_____）。

（8）对纯电动汽车高压系统的基本知识是否熟悉：□熟悉　　□不熟悉。

（9）本次实训所需要的安全防护用品准备情况：□齐全　　□不齐全（原因：_____）。

（10）本次实训所需要的专用仪器设备准备情况：□齐全　　□不齐全（原因：_____）。

（11）本次实训所需时长约为_____。

（12）实训完是否需要检验：□需要　　□不需要。

（13）其他准备：_____
_____。

三、制订实训计划

（1）根据本次纯电动汽车高压系统的检测与维护实训任务，完成物料的准备。

完成本次实训需要的所有物料

序号	物料种类	具体物料名称和型号	数量
1	实训车辆		
2	安全防护用品		
3	专用仪器设备		
4	资料		
5	充电设备		
6	其他物料		

（2）根据高压系统检测规范及要求，制订高压系统的检测与维护操作流程。

高压系统检测与维护操作流程

序号	作业项目	操作要点

（3）根据实训计划，完成小组成员任务分工。

操作员（1人）		客户（1人）	
协作员（若干人）		记录员（1人）	

操作员负责高压系统的检测与维护；客户负责高压系统的检测与维护结果的验收；协作员负责协助操作员完成高压系统的检测与维护；记录员负责做好高压系统的检测与维护实训过程的记录。

（4）指导教师对制订的实训计划进行审核。

审核意见：

年　　月　　日　　签字：

四、实训计划实施

（1）从进入实训场地开始，到实训结束，完整记录实训过程的详细实施步骤、实施内容和实施结果。

例如：实施步骤 1，实施内容是准备好实训车辆，实施结果是把实训车辆放置在绝缘垫上；实施步骤 2，实施内容是做好个人防护，实施结果是穿好绝缘服、绝缘鞋，戴好绝缘帽和绝缘手套。

实施步骤	实施内容	实施结果

（2）实训结论。

检测项目	检测工具	检测结果	标准值

五、实训小组讨论

讨论题 1：讨论实训车辆有哪些高压部件。

_____

_____

_____

_____

讨论题 2：绘制实训车辆的高压部件连接示意图。

_____

_____

_____

_____

讨论题 3：讨论纯电动汽车高压系统检测项目有哪些。

_____

_____

_____

_____

讨论题 4：总结本次实训的优点和不足是什么。

_____

_____

_____

_____

六、实训质量检查

请指导教师检查本组实训结果，并针对实训过程中出现的问题提出改进措施及建议。

序号	评价标准	评价结果
1	实训任务是否完成	
2	实训操作是否规范	
3	实施记录是否完整	
4	实训结论是否正确	
5	实训小组讨论是否充分	
综合评价	□优　　□良　　□中　　□及格　　□不及格	
问题与建议	问题： 建议：	

实训成绩单

项目	评分标准	分值	得分
接受实训任务	明确任务内容，理解任务在实际工作中的重要性	5	
实训任务准备	实训任务准备完整	5	
	掌握纯电动汽车高压系统的基本知识	5	
	能够正确识别高压部件	5	
制订实训计划	物料准备齐全	5	
	操作流程合理	5	
	人员分工明确	5	
实训计划实施	实训计划实施步骤合理，记录详细	10	
	实施过程规范，没有出现错误	10	
	能够正确对实训车辆进行检测	15	
	能够对实训得出正确结论	10	
实训小组讨论	实训小组讨论热烈	5	
	实训总结客观	5	
实训质量检查	实训任务完成，操作过程规范，实施记录完整，结论正确	10	
实训考核成绩			

七、理论考核试题	成绩：

（一）名称解释（每题 2 分，共 10 分）

1．新能源汽车

2．纯电动汽车

3．B 级电压

4．高压系统

5．高压配电箱

（二）填空题（每空 1 分，共 40 分）

1．到 2035 年，我国新能源汽车要占汽车总销量的_____以上，其中纯电动汽车占新能源汽车的_____以上。

2．新能源汽车的技术体系是"三纵三横"式的，"三纵"是指_____、_____和_____，布局整车技术创新链；"三横"是指_____、_____、_____，构建关键零部件技术供给体系。

3．纯电动汽车主要由_____、_____、_____、_____和_____等组成。

4．动力蓄电池是纯电动汽车的_____，是纯电动汽车的能量来源。动力蓄电池主要包括_____、_____、_____等。目前纯电动汽车采用的动力蓄电池主要以_____蓄电池为主。

5．纯电动汽车的动力蓄电池系统都安装有_____。维护和检修车辆时，需先将_____，断开_____，以防止人员接触车辆时造成电击伤害。

6．为了提高效率，减小布置空间，驱动电机、电机控制器和变速器集成为一体成为_____。

7．整车控制器是纯电动汽车的中枢，它根据驾驶员输入的_____和_____的信号，向_____发出相应的控制指令，对_____进行启动、加速、减速、制动控制。

8．纯电动汽车的驱动形式主要有_____、_____和_____。

9．纯电动汽车高压系统主要包括_____、_____、_____、_____等。

10．安全防护用品主要有_____等。

（三）选择题（可单选，也可多选，每题 2 分，共 20 分）

1. 纯电动汽车具有以下特点：（　　）。
A．零污染　　　　　　　　　　B．能源效率高
C．安全性好　　　　　　　　　D．节约能源

2. 电源变换器主要类型有（　　）。
A．DC/DC 变换器　　　　　　　B．DC/AC 变换器
C．AC/DC 变换器　　　　　　　D．AC/AC 变换器

3. 纯电动汽车变速器主要类型为（　　）。
A．多挡变速器　　　　　　　　B．无级变速器
C．单挡变速器　　　　　　　　D．两挡变速器

4. 纯电动汽车动力蓄电池的电压为 320V，需要给 300V 的永磁同步电机供电，需要使用的电源变换器为（　　）。
A．DC/DC 变换器　　　　　　　B．DC/AC 变换器
C．AC/DC 变换器　　　　　　　D．AC/AC 变换器

5. 万用表可测量的项目主要包括（　　）。
A．电压　　　　　　　　　　　B．电感
C．电流　　　　　　　　　　　D．电阻

6. 纯电动汽车高压配电箱中的熔断器主要有（　　）。
A．车载充电机熔断器　　　　　B．DC/DC 变换器熔断器
C．PTC 熔断器　　　　　　　　D．驱动电机熔断器

7. 纯电动汽车辅助电气设备主要包括（　　）。
A．电动空调　　　　　　　　　B．电动助力转向系统
C．悬架系统　　　　　　　　　D．导航系统

8. 纯电动汽车高压系统维护与检修的专用工具主要有（　　）。
A．绝缘工具　　　　　　　　　B．高压放电仪
C．车辆诊断测试仪　　　　　　D．举升机

9. 以下部件属于纯电动汽车高压系统部件的是（　　）。
A．驱动电机　　　　　　　　　B．电动空调
C．蓄电池管理系统　　　　　　D．24V 蓄电池

10. 纯电动汽车三合一控制器主要包括（　　）。
A．车载充电机　　　　　　　　B．高压配电箱
C．DC/DC 变换器　　　　　　　D．驱动电机控制器

（四）判断题（每题 1 分，共 10 分）

1. 纯电动汽车、混合动力纯电动汽车和燃料电池纯电动汽车都属于新能源汽车。　（　　）
2. 维修人员对纯电动汽车高压系统进行检查维修时，必须佩戴必要的安全防护用品，如绝缘鞋、绝缘手套、绝缘垫、防护眼镜等，其耐压等级必须大于 1000V。　（　　）

3. 橙色线缆以及所连接部分和带高压标志的都是高压零部件。　　　　　　　（　　）

4. 拔掉后的高压维修断开装置、高压连接器或接口需做绝缘处理。　　　　　（　　）

5. 操作工具不得随意摆放，不可放在口袋中，更不能放在高压零部件上，使用后需放置到指定位置。
　　　　　　　　　　　　　　　　　　　　　　　　　　　　　　　　（　　）

6. 纯电动汽车高压操作区域应张贴警示标志和隔离带，以防非预期人员进入或进行操作。　（　　）

7. 纯电动汽车高压操作时，保证至少两人在场：一人操作，一人保持一定距离观察，起到安全提醒作用。
　　　　　　　　　　　　　　　　　　　　　　　　　　　　　　　　（　　）

8. 纯电动汽车时高压线束与地之间绝缘电阻大于 10MΩ；屏蔽层接地情况，接地电阻小于 1Ω。
　　　　　　　　　　　　　　　　　　　　　　　　　　　　　　　　（　　）

9. 纯电动汽车维修保养完成后整车上电，通过车载绝缘检测设备实施绝缘检测，如有绝缘故障及时处理。
　　　　　　　　　　　　　　　　　　　　　　　　　　　　　　　　（　　）

10. 纯电动汽车动力蓄电池和一些高压部件都带有电容，断开电源后电容仍然会存储部分电量，为了避免发生触电事故，需要用高压放电仪对纯电动汽车的高压端口进行放电。　（　　）

（五）简答题（每题 5 分，共 20 分）

1. 纯电动汽车工作原理是怎样的？

2. 纯电动汽车直流充电和交流充电有何区别？

3. 纯电动汽车高压配电箱有什么功能？包含哪些主要部件？

4. 纯电动汽车高压系统检测维修时如何做好个人安全防护？

实训考核成绩		理论考核成绩	
综合考核成绩		指导教师签字	

项目实训工单 2

实训参考题目	纯电动汽车动力蓄电池系统的故障诊断
实训实际题目	由指导教师根据实际条件和分组情况，给出具体题目，包括实训车型、具体故障等。故障以动力蓄电池或蓄电池管理系统的典型故障为主，根据分组情况可以设置不同的故障。

学生姓名		班级		学号	
组长姓名		同组同学			
实训地点		学时		日期	

实训目标	（1）能够依据实训实际题目和要求，独立完成实训前的各种准备。 （2）能够结合实训汽车动力蓄电池系统的具体故障现象，初步判断故障范围和故障原因。 （3）能够根据故障范围和故障原因，结合维修手册操作规定，制订故障诊断方案。 （4）能够使用安全防护用品和专用工具，规范完成动力蓄电池系统的故障诊断与维修实训。

一、接受实训任务

小李同学在某汽车 4S 店实习，即将实习结束，要进行综合考核，考核分实训和理论两部分，其中实训占 70%，理论占 30%。实训考核是小李同学模仿维修技师完成实训任务。

某汽车 4S 店接受了一辆待维修纯电动汽车的预约，据车主反映，该车仪表显示动力蓄电池系统有故障；该汽车 4S 店委派实习生小李同学等，提前做好准备，负责接待客户，并进行纯电动汽车动力蓄电池系统的故障诊断与维修，同时做好各项记录。

二、实训任务准备

（1）实训车辆登记。车型：_____；车辆的识别代码：_____。

（2）实训车辆里程数：_____；电量：_____。

（3）实训车辆检查。有无剐蹭痕迹：□无　　□有；仪表能否正常显示：□能　　□否；
　　　　　　　　　能否正常行驶：□能　　□否；有无其他缺陷：□无　　□有。

（4）故障灯检查。有无故障灯：□无　　□有。

（5）实训车辆故障现象：_____。

（6）初步判断故障范围和故障原因：_____。

（7）实训车辆动力蓄电池系统维修资料是否完整：□完整　　□不完整（原因：_____）。

（8）对纯电动汽车动力蓄电池系统的基本知识是否熟悉：□熟悉　　□不熟悉。

（9）本次实训所需要的安全防护用品准备情况：□齐全　　□不齐全（原因：_____）。

（10）本次实训所需要的专用仪器设备准备情况：□齐全　　□不齐全（原因：_____）。

（11）本次实训所需时长约为_____。

（12）实训完是否需要检验：□需要　　□不需要。

（13）其他准备：_____
_____。

三、制订实训计划

（1）根据本次纯电动汽车动力蓄电池系统故障诊断实训任务，完成物料的准备。

完成本次实训需要的所有物料

序号	物料种类	具体物料名称和型号	数量
1	实训车辆		
2	安全防护用品		
3	专用仪器设备		
4	资料		
5	充电设备		
6	其他物料		

（2）根据动力蓄电池系统检测规范及要求，制订动力蓄电池系统的故障诊断操作流程。

动力蓄电池系统故障诊断操作流程

序号	作业项目	操作要点

（3）根据实训计划，完成小组成员任务分工。

操作员（1人）		客户（1人）	
协作员（若干人）		记录员（1人）	

操作员负责动力蓄电池系统的故障诊断；客户负责动力蓄电池系统故障诊断结果的验收；协作员负责协助操作员完成动力蓄电池系统的故障诊断；记录员负责做好动力蓄电池系统故障诊断实训过程的记录。

（4）指导教师对制订的实训计划进行审核。

审核意见：

年　　月　　日　　签字：

四、实训计划实施

（1）从进入实训场地开始，到实训结束，完整记录实训过程的详细实施步骤、实施内容和实施结果。

例如：实施步骤 1，实施内容是准备好实训车辆，实施结果是把实训车辆放置在绝缘垫上；实施步骤 2，实施内容是做好个人防护，实施结果是穿好绝缘服、绝缘鞋，戴好绝缘帽和绝缘手套。

实施步骤	实施内容	实施结果

（2）实训结论。

故障现象	故障代码	故障原因	故障排除方法

五、实训小组讨论

讨论题 1：讨论实训车辆动力蓄电池系统的结构与原理，识别动力蓄电池系统各接口及其连线。

_____

_____

_____

_____

讨论题 2：绘制实训车辆的动力蓄电池系统供电连接示意图。

_____

_____

_____

_____

讨论题 3：讨论纯电动汽车动力蓄电池系统常见故障有哪些。

_____

_____

_____

_____

讨论题 4：总结本次实训的优点和不足是什么。

_____

_____

_____

_____

六、实训质量检查

请指导教师检查本组实训结果，并针对实训过程中出现的问题提出改进措施及建议。

序号	评价标准	评价结果
1	实训任务是否完成	
2	实训操作是否规范	
3	实施记录是否完整	
4	实训结论是否正确	
5	实训小组讨论是否充分	
综合评价	□优　　　□良　　　□中　　　□及格　　　□不及格	
问题与建议	问题： 建议：	

实训成绩单

项目	评分标准	分值	得分
接受实训任务	明确任务内容，理解任务在实际工作中的重要性	5	
实训任务准备	实训任务准备完整	5	
	掌握纯电动汽车动力蓄电池系统的基本知识	5	
	能够判断故障范围和故障原因	5	
制订实训计划	物料准备齐全	5	
	操作流程合理	5	
	人员分工明确	5	
实训计划实施	实训计划实施步骤合理，记录详细	10	
	实施过程规范，没有出现错误	10	
	能够正确对实训车辆进行故障诊断	15	
	能够对实训得出正确结论	10	
实训小组讨论	实训小组讨论热烈	5	
	实训总结客观	5	
实训质量检查	实训任务完成，操作过程规范，实施记录完整，结论正确	10	
实训考核成绩			

七、理论考核试题	成绩：

（一）名称解释（每题 2 分，共 10 分）

1. 蓄电池容量

2. 蓄电池能量

3. 荷电状态

4. 锂离子蓄电池

5. 蓄电池管理系统

（二）填空题（每空 1 分，共 40 分）

1. 动力蓄电池的作用，通过高压配电箱向_____提供电能；通过_____向辅助蓄电池充电，并向_____提供电能。当动力蓄电池电能不足时，通过外部_____或_____向动力蓄电池补充电能。

2. 纯电动汽车使用的动力蓄电池主要是_____；根据形状，可以分为_____、_____、_____。

3. 磷酸铁锂电池的标称电压为_____ V；三元聚合物锂离子电池的标称电压为_____V。

4. 额定容量为 10A·h 的蓄电池，用 5h 放电，放电倍率为_____；用 0.5h 放电，放电倍率为_____。

5. 锂离子单体蓄电池主要由_____、_____、_____、_____和_____等组成。

6. 蓄电池管理系统向上通过 CAN 总线与_____通信，上报_____；接收整车控制器指令，配合整车需要，确定_____输出；向下监控_____，保护动力蓄电池不受过放、过热等非正常运行状态的侵害；充电过程中，与_____交互，管理充电参数，监控充电过程正常完成。

7. 蓄电池管理系统的工作模式主要有_____、_____、_____、_____、_____等。

8. 蓄电池的不一致性是指同一规格型号的单体蓄电池组成蓄电池组后，其_____、_____、_____及其衰退率、_____及其变化率、寿命、温度、自放电率等参数存在一定的差别。

9. 锂离子蓄电池配组方法主要有_____、_____、_____、_____。

10. 动力蓄电池系统的故障一般在仪表上只显示_____、_____及_____三种故障信息，只能很粗略地判断故障位置，并不能精确定位。

（三）选择题（可单选，也可多选，每题 2 分，共 20 分）

1. 纯电动汽车对动力蓄电池具有以下要求（　　　）。

A. 比能量高

B. 安全性好

C. 均匀一致性好

D. 电压高

2. 影响纯电动汽车续驶里程的主要因素为（　　　）。

A. 比能量

B. 比功率

C. 循环寿命

D. 高低温性能

3. 影响纯电动汽车动力性的主要因素为（　　　）。

A. 比能量

B. 比功率

C. 循环寿命

D. 高低温性能

4. 锂离子电池的正极材料主要有（　　　）。

A. 磷酸铁锂

B. 锰酸锂

C. 三元锂

D. 钛酸锂

5. 蓄电池包主要包括（　　　）。

A. 蓄电池组

B. 蓄电池管理系统

C. 冷却部件

D. 高压电路

6. 每个单体蓄电池电压为 3.7V，每一个模块都有 12 个单体蓄电池，结构上采用两两并联再串联的结构，即"2P6S"，整个蓄电池包由 16 个蓄电池模块串联构成，则动力蓄电池总电压为（　　　）。

A. 266V

B. 355V

C. 710V

D. 都不对

7. 以下属于蓄电池管理系统组成的是（　　　）。

A. 检测模块

B. 均衡电源模块

C. 冷却模块

D. 控制模块

8. 提高动力蓄电池一致性的途径主要有（　　　）。

A. 生产过程的控制

B. 配组过程的控制

C. 使用与维护过程的控制

D. 充电过程的控制

9. 以下故障属于动力蓄电池系统的线路或连接件故障的是（　　　）。

A. 正极、负极接触器故障

B. 蓄电池之间虚接

C. 单体蓄电池内阻偏大

D. 电源线短路

10. 纯电动汽车动力蓄电池故障警告灯和动力蓄电池高压断开故障警告灯同时点亮，可能故障原因为（　　　）。

A. 动力蓄电池模组低压断路

B. 高压互锁故障

C. SOC 过低

D. 系统误报

（四）判断题（每题 1 分，共 10 分）

1. 单体蓄电池串联的主要目的是增加蓄电池电压；并联的主要目的是增加蓄电池容量；混联的主要目的是既增加蓄电池电压，又增加蓄电池容量。（　　　）

2．纯电动汽车的动力蓄电池系统主要由电芯、蓄电池管理系统、冷却系统、线束、结构件和外壳构成。
（　　）

3．单体锂离子蓄电池的最高充电终止电压为 4.2V，不能过充，否则会因正极的锂离子丢失太多而使蓄电池报废。
（　　）

4．纯电动汽车动力蓄电池系统携带的能量越多越好。
（　　）

5．动力蓄电池系统至少配备两个高压接口和一个低压接口，高压接口用于连接电机控制器和车载充电机；低压接口用于给车载低压电器送电。
（　　）

6．我国纯电动汽车动力蓄电池以方形锂离子蓄电池为主。
（　　）

7．三元锂电池能量密度高，但安全性较低，循环寿命短，成本高；磷酸铁锂电池能量密度低，但安全性好，循环寿命长，成本低。
（　　）

8．纯电动汽车动力蓄电池的工作温度要保持在 10~50℃。
（　　）

9．纯电动汽车动力蓄电池的冷却主要分为风冷和液冷两大类，其中以液冷为主。
（　　）

10．一级故障表明动力蓄电池功能已经丧失，请求其他控制器立即（5s 内）停止充电或放电。
（　　）

（五）简答题（每题 5 分，共 20 分）

1．纯电动汽车蓄电池管理系统主要有哪些功能？

2．为什么国内纯电动汽车动力蓄电池以锂离子蓄电池为主？

3．纯电动汽车对动力蓄电池的热管理有哪些要求？

4．纯电动汽车动力蓄电池系统故障如何分级？各级故障会产生何种影响？

实训考核成绩		理论考核成绩	
综合考核成绩		指导教师签字	

项目实训工单 3

实训参考题目	纯电动汽车驱动电机系统的故障诊断		
实训实际题目	由指导教师根据实际条件和分组情况，给出具体题目，包括实训车型、具体故障等。故障以驱动电机或电机控制器的典型故障为主，根据分组情况可以设置不同的故障。		
学生姓名		班级	学号
组长姓名		同组同学	
实训地点		学时	日期
实训目标	（1）能够依据实训实际题目和要求，独立完成实训前的各种准备。 （2）能够结合实训汽车驱动电机系统的具体故障现象，初步判断故障范围和故障原因。 （3）能够根据故障范围和故障原因，结合维修手册操作规定，制订故障诊断方案。 （4）能够使用安全防护用品和专用工具，规范完成驱动电机系统的故障诊断与维修实训。		

一、接受实训任务

小李同学在某汽车 4S 店实习，即将实习结束，要进行综合考核，考核分实训和理论两部分，其中实训占 70%，理论占 30%。实训考核是小李同学模仿维修技师完成实训任务。

某汽车 4S 店接受了一辆待维修纯电动汽车的预约，据车主反映，该车仪表显示驱动电机系统有故障；该汽车 4S 店委派实习生小李同学等，提前做好准备，负责接待客户，并进行纯电动汽车驱动电机系统的故障诊断与维修，同时做好各项记录。

二、实训任务准备

（1）实训车辆登记。车型：_____；车辆的识别代码：_____。

（2）实训车辆里程数：_____；电量：_____。

（3）实训车辆检查。有无剐蹭痕迹：□无　□有；仪表能否正常显示：□能　□否；

　　　　　　　　　能否正常行驶：□能　□否；有无其他缺陷：□无　□有。

（4）故障灯检查。有无故障灯：□无　□有。

（5）实训车辆故障现象：_____。

（6）初步判断故障范围和故障原因：_____。

（7）实训车辆驱动电机系统维修资料是否完整：□完整　□不完整（原因：_____）。

（8）对纯电动汽车电驱动系统的基本知识是否熟悉：□熟悉　□不熟悉。

（9）本次实训所需要的安全防护用品准备情况：□齐全　□不齐全（原因：_____）。

（10）本次实训所需要的专用仪器设备准备情况：□齐全　□不齐全（原因：_____）。

（11）本次实训所需时长约为_____。

（12）实训完是否需要检验：□需要　□不需要。

（13）其他准备：_____
_____。

三、制订实训计划

（1）根据本次纯电动汽车驱动电机系统故障诊断实训任务，完成物料的准备。

完成本次实训需要的所有物料

序号	物料种类	具体物料名称和型号	数量
1	实训车辆		
2	安全防护用品		
3	专用仪器设备		
4	资料		
5	充电设备		
6	其他物料		

（2）根据驱动电机系统检测规范及要求，制订驱动电机系统的故障诊断操作流程。

驱动电机系统故障诊断操作流程

序号	作业项目	操作要点

（3）根据实训计划，完成小组成员任务分工。

操作员（1人）		客户（1人）	
协作员（若干人）		记录员（1人）	

操作员负责驱动电机系统的故障诊断；客户负责驱动电机系统故障诊断结果的验收；协作员负责协助操作员完成驱动电机系统的故障诊断；记录员负责做好驱动电机系统故障诊断实训过程的记录。

（4）指导教师对制订的实训计划进行审核。

审核意见：

年　　　月　　　日　　签字：

四、实训计划实施

（1）从进入实训场地开始，到实训结束，完整记录实训过程的详细实施步骤、实施内容和实施结果。

例如：实施步骤 1，实施内容是准备好实训车辆，实施结果是把实训车辆放置在绝缘垫上；实施步骤 2，实施内容是做好个人防护，实施结果是穿好绝缘服、绝缘鞋，戴好绝缘帽和绝缘手套。

实施步骤	实施内容	实施结果

（2）实训结论。

故障现象	故障代码	故障原因	故障排除方法

五、实训小组讨论

讨论题 1：讨论实训车辆电驱动系统的结构形式与原理。

讨论题 2：绘制实训车辆的电机控制器连接示意图。

讨论题 3：讨论纯电动汽车驱动电机或电机控制器（二选一）常见故障有哪些。

讨论题 4：总结本次实训的优点和不足是什么。

六、实训质量检查

请指导教师检查本组实训结果，并针对实训过程中出现的问题提出改进措施及建议。

序号	评价标准	评价结果
1	实训任务是否完成	
2	实训操作是否规范	
3	实施记录是否完整	
4	实训结论是否正确	
5	实训小组讨论是否充分	
综合评价	□优　　□良　　□中　　□及格　　□不及格	

问题与建议	问题： 建议：

实训成绩单

项目	评分标准	分值	得分
接受实训任务	明确任务内容，理解任务在实际工作中的重要性	5	
实训任务准备	实训任务准备完整	5	
	掌握纯电动汽车电驱动系统的基本知识	5	
	能够判断故障范围和故障原因	5	
制订实训计划	物料准备齐全	5	
	操作流程合理	5	
	人员分工明确	5	
实训计划实施	实训计划实施步骤合理，记录详细	10	
	实施过程规范，没有出现错误	10	
	能够正确对实训车辆进行故障诊断	15	
	能够对实训得出正确结论	10	
实训小组讨论	实训小组讨论热烈	5	
	实训总结客观	5	
实训质量检查	实训任务完成，操作过程规范，实施记录完整，结论正确	10	
实训考核成绩			

七、理论考核试题	成绩：

（一）名称解释（每题 2 分，共 10 分）

1. 电机功率密度

2. 驱动电机系统

3. 电驱动系统

4. 异步电机

5. 永磁同步电机

（二）填空题（每空 1 分，共 40 分）

1. 将_____转换成_____的电机称为电动机；将_____转换成_____的电机称为发电机；为纯电动汽车行驶提供_____称为驱动电机，驱动电机既是电动机，又是发电机。

2. 纯电动汽车驱动电机的类型主要有_____、_____、_____和_____。

3. 按照永磁体在转子上位置，永磁同步电机永磁转子结构可分为_____和_____两大类。

4. 电机控制器主要由_____、_____、_____和_____组成。

5. 电机控制器在纯电动汽车中的作用主要是连接_____与_____。它根据整车的需求，从动力蓄电池获得_____，经过_____的调制，获得驱动电机需要的_____，提供给驱动电机，使得驱动电机的转速和转矩满足整车的加速、减速、制动、停车等需求。

6. 与减速比为 9~10.5 的单挡变速器相比，两挡变速器的低速挡减速比设置为 11~12，满足_____和_____，而且所需驱动电机_____可以降低；高速挡减速比设置为 5~9，满足_____要求，而且所需驱动电机_____可以降低。

7. 电机控制器的发展趋势是提高功率密度，到 2025 年，乘用车电机控制器功率密度将达到_____；到 2030 年，乘用车电机控制器功率密度将达到_____；到 2035 年，乘用车电机控制器功率密度将达到_____。

8. 根据故障的危害程度，驱动电机系统的故障可分为_____、_____、_____、_____4 个等级。

9. 驱动电机系统的故障模式主要有_____故障模式、_____故障模式、_____故障模式、_____故障模式、_____故障模式、_____故障模式。

10. _____用以检测驱动电机转子位置和转速；_____用以检测驱动电机的绕组温度，提供散热风扇启动信号，保护驱动电机，避免过热。

（三）选择题（可单选，也可多选，每题 2 分，共 20 分）

1. 纯电动汽车对驱动电机具有以下要求（　　）。

A. 低速大转矩　　　　　　　　　　　　B. 能够实现能量回馈

C. 高可靠性与安全性　　　　　　　　　D. 电机电压高

2. 纯电动汽车常用的变速器为（　　）。

A. 自动离合变速器　　　　　　　　　　B. 单挡变速器

C. 两挡变速器　　　　　　　　　　　　D. 无级变速器

3. 纯电动汽车常用的驱动电机为（　　）。

A. 直流电机　　　　　　　　　　　　　B. 异步电机

C. 永磁同步电机　　　　　　　　　　　D. 开关磁阻电机

4. 纯电动汽车驱动电机主要性能指标有（　　）。

A. 峰值功率　　　　　　　　　　　　　B. 峰值转矩

C. 最高转速　　　　　　　　　　　　　D. 电阻

5. 纯电动汽车电机通电后不启动，"嗡嗡响"，可能的原因是（　　）。

A. 定子、转子绕组断路　　　　　　　　B. 电机负载过大或被卡住

C. 绕组绝缘老化　　　　　　　　　　　D. 转子不平衡

6. 纯电动汽车驱动电机在空转时不能启动的原因可能是（　　）。

A. 电源未接通　　　　　　　　　　　　B. 逆变器控制原因

C. 定子绕组故障　　　　　　　　　　　D. 绕组匝数不对

7. 以下故障属于驱动电机系统的损坏型故障模式的是（　　）。

A. 击穿　　　　　　　　　　　　　　　B. 退磁

C. 松动　　　　　　　　　　　　　　　D. 短路

8. 以下故障属于驱动电机系统的一般故障的是（　　）。

A. 散热器漏液　　　　　　　　　　　　B. 冷却管路堵塞

C. 线束松动　　　　　　　　　　　　　D. 电机外壳腐蚀

9. 以下故障属于驱动电机系统的严重故障的是（　　）。

A. 电机轴承异常磨损　　　　　　　　　B. 温度传感器击穿

C. 冷却风机烧损　　　　　　　　　　　D. 电压电流传感器击穿

10. 以下故障属于驱动电机系统的致命故障的是（　　）。

A. 主要零部件功能失效　　　　　　　　B. 性能发生较明显的衰退

C. 影响行车安全　　　　　　　　　　　D. 车辆不能正常行驶

（四）判断题（每题 1 分，共 10 分）

1. 纯电动汽车没有主减速器和差速器。　　　　　　　　　　　　　　　　　（　　）

2. 异步电机主要由静止的定子和旋转的转子两大部分组成，转子与定子之间没有任何连接和接触。

（　　）

3. 异步电机的转子没有永磁体，它靠通电才能产生磁场；断电后，磁场消失。　　　（　　）

4. 永磁同步电机绕组分为集中式绕组和分布式绕组，它们都适合用于纯电动汽车的驱动电机。

　　　　　　　　　　　　　　　　　　　　　　　　　　　　　　　　　　　　　　（　　）

5. 纯电动汽车变速器内部一般有驻车机构，没有换挡机构。　　　　　　　　　　　（　　）

6. 电子断开差速器的主要作用是防止驱动电机转速过载。　　　　　　　　　　　　（　　）

7. 驱动电机、电机控制器和变速器三合一电驱动系统正逐渐成为纯电动汽车的主流配置。（　　）

8. 纯电动汽车电机控制器的电容器损坏属于严重故障。　　　　　　　　　　　　　（　　）

9. 造成纯电动汽车不能正常行驶，但可以从发生故障地点移动到路边等待救援的故障，属于一般故障。

　　　　　　　　　　　　　　　　　　　　　　　　　　　　　　　　　　　　　　（　　）

10. 纯电动汽车电机控制器检测到驱动电机或电机控制器温度升高后，将该信息通过 CAN 总线传输给整车控制器，接收到高温信息后，整车控制器控制冷却电子水泵开始运转进行强制散热。　　（　　）

（五）简答题（每题 5 分，共 20 分）

1. 纯电动汽车电机控制器主要有哪些功能？

2. 为什么国内纯电动汽车驱动电机以永磁同步电机为主？

3. 纯电动汽车使用两挡变速器比使用单挡变速器，有何优点？

4. 驱动电机绝缘电阻低，原因主要有哪些？

实训考核成绩		理论考核成绩	
综合考核成绩		指导教师签字	

项目实训工单 4

实训参考题目	纯电动汽车整车控制器的故障诊断		
实训实际题目	由指导教师根据实际条件和分组情况，给出具体题目，包括实训车型、具体故障等。故障以整车控制器的典型故障为主，根据分组情况可以设置不同的故障。		
学生姓名		班级	学号
组长姓名		同组同学	
实训地点		学时	日期
实训目标	（1）能够依据实训实际题目和要求，独立完成实训前的各种准备。 （2）能够结合实训汽车整车控制器的具体故障现象，初步判断故障范围和故障原因。 （3）能够根据故障范围和故障原因，结合维修手册操作规定，制订故障诊断方案。 （4）能够使用安全防护用品和专用工具，规范完成整车控制器的故障诊断与维修实训。		

一、接受实训任务

小李同学在某汽车 4S 店实习，即将实习结束，要进行综合考核，考核分实训和理论两部分，其中实训占 70%，理论占 30%。实训考核是小李同学模仿维修技师完成实训任务。

某汽车 4S 店接受了一辆待维修纯电动汽车的预约，据车主反映，该车仪表显示整车控制器有故障；该汽车 4S 店委派实习生小李同学等，提前做好准备，负责接待客户，并进行纯电动汽车整车控制器的故障诊断与维修，同时做好各项记录。

二、实训任务准备

（1）实训车辆登记。车型：＿＿＿＿＿＿＿＿；车辆的识别代码：＿＿＿＿＿＿＿＿＿＿＿。

（2）实训车辆里程数：＿＿＿＿＿＿＿＿＿＿＿；电量：＿＿＿＿＿＿＿＿＿＿＿。

（3）实训车辆检查。有无剐蹭痕迹：□无　　□有；仪表能否正常显示：□能　　□否；
　　　　　　　　能否正常行驶：□能　　□否；有无其他缺陷：□无　　□有。

（4）故障灯检查。有无故障灯：□无　　□有。

（5）实训车辆故障现象：＿＿＿＿＿＿＿＿＿＿＿＿＿＿＿＿＿＿＿＿＿＿＿＿＿＿。

（6）初步判断故障范围和故障原因：＿＿＿＿＿＿＿＿＿＿＿＿＿＿＿＿＿＿＿＿。

（7）实训车辆整车控制器维修资料是否完整：□完整　　□不完整（原因：＿＿＿＿＿＿）。

（8）对纯电动汽车整车控制器的基本知识是否熟悉：□熟悉　　□不熟悉。

（9）本次实训所需要的安全防护用品准备情况：□齐全　　□不齐全（原因：＿＿＿＿＿＿）。

（10）本次实训所需要的专用仪器设备准备情况：□齐全　　□不齐全（原因：＿＿＿＿＿＿）。

（11）本次实训所需时长约为＿＿＿＿＿＿＿＿＿＿＿＿＿。

（12）实训完是否需要检验：□需要　　□不需要。

（13）其他准备：＿＿＿＿＿＿＿＿＿＿＿＿＿＿＿＿＿＿＿＿＿＿＿＿＿＿＿＿＿＿＿＿＿
＿＿＿。

三、制订实训计划

（1）根据本次纯电动汽车整车控制器故障诊断实训任务，完成物料的准备。

完成本次实训需要的所有物料

序号	物料种类	具体物料名称和型号	数量
1	实训车辆		
2	安全防护用品		
3	专用仪器设备		
4	资料		
5	充电设备		
6	其他物料		

（2）根据整车控制器检测规范及要求，制订整车控制器的故障诊断操作流程。

整车控制器故障诊断操作流程

序号	作业项目	操作要点

（3）根据实训计划，完成小组成员任务分工。

操作员（1人）		客户（1人）	
协作员（若干人）		记录员（1人）	

操作员负责整车控制器的故障诊断；客户负责整车控制器故障诊断结果的验收；协作员负责协助操作员完成整车控制器的故障诊断；记录员负责做好整车控制器故障诊断实训过程的记录。

（4）指导教师对制订的实训计划进行审核。

审核意见：

年　　月　　日　　签字：

四、实训计划实施

（1）从进入实训场地开始，到实训结束，完整记录实训过程的详细实施步骤、实施内容和实施结果。
例如：实施步骤1，实施内容是准备好实训车辆，实施结果是把实训车辆放置在绝缘垫上；实施步骤2，
实施内容是做好个人防护，实施结果是穿好绝缘服、绝缘鞋，戴好绝缘帽和绝缘手套。

实施步骤	实施内容	实施结果

（2）实训结论。

故障现象	故障代码	故障原因	故障排除方法

五、实训小组讨论

讨论题 1：标注出实训车辆整车控制器所有接口的名称。

讨论题 2：绘制实训车辆的整车控制器原理图。

讨论题 3：讨论纯电动汽车整车控制器常见故障有哪些。

讨论题 4：总结本次实训的优点和不足是什么。

六、实训质量检查

请实训指导教师检查本组实训结果，并针对实训过程中出现的问题提出改进措施及建议。

序号	评价标准	评价结果
1	实训任务是否完成	
2	实训操作是否规范	
3	实施记录是否完整	
4	实训结论是否正确	
5	实训小组讨论是否充分	
综合评价	□优　　□良　　□中　　□及格　　□不及格	
问题与建议	问题： 建议：	

实训成绩单

项目	评分标准	分值	得分
接受实训任务	明确任务内容，理解任务在实际工作中的重要性	5	
实训任务准备	实训任务准备完整	5	
	掌握纯电动汽车整车控制器的基本知识	5	
	能够判断故障范围和故障原因	5	
制订实训计划	物料准备齐全	5	
	操作流程合理	5	
	人员分工明确	5	
实训计划实施	实训计划实施步骤合理，记录详细	10	
	实施过程规范，没有出现错误	10	
	能够正确对实训车辆进行故障诊断	15	
	能够对实训得出正确结论	10	
实训小组讨论	实训小组讨论热烈	5	
	实训总结客观	5	
实训质量检查	实训任务完成，操作过程规范，实施记录完整，结论正确	10	
实训考核成绩			

七、理论考核试题	成绩：

（一）名称解释（每题 2 分，共 10 分）

1. 整车控制器

2. 高压上下电控制

3. 充电过程控制

4. 驾驶员意图解析

5. 远程控制

（二）填空题（每空 1 分，共 40 分）

1. 整车控制器需要有足够多的_____，能够快速准确地采集各种输入信息，至少具备两路 A/D 转换通道用于采集_____和_____，应该具有多个开关量输入通道，用于采集_____，同时应该具有多个用于驱动车载继电器的功率驱动信号输出通道。

2. 整车控制器应该具备多种通信接口，CAN 通信接口用于与_____、_____和_____通信，RS232 通信接口用于与_____通信，同时预留一个 RS-485/422 通信接口，这可以将不支持 CAN 通信的设备兼容，例如某些型号的车载触摸屏。

3. 整车控制器通过采集_____、_____和_____等驾驶信息，同时接收 CAN 总线上_____和_____发出的数据，并结合整车控制策略对这些信息进行分析和判断，提取_____和_____，最后通过_____发出指令来控制_____的工作，保证车辆的正常行驶。

4. 当驾驶员踩下加速踏板时，整车控制器向_____发送_____信号，_____控制驱动电机按照驾驶员的意图_____。

5. 整车控制器分析_____、_____和_____等信息，并结合制动能量回收控制策略，在满足_____的条件下对_____发送电机模式指令和转矩指令，使得驱动电机工作在_____模式，在不影响制动性能的前提下将制动回收的能量储存在_____中，从而实现_____，提高车辆能量利用效率。

6. 当动力蓄电池电量较低时，整车控制器发送控制指令关闭_____，将电能优先用于保证_____。

7. 整车控制器系统功能结构主要包含_____、_____、_____及_____。

8. 动力蓄电池是纯电动汽车动力的唯一来源。整车控制器与蓄电池管理系统通过整车_____进行信息交互。

9. 整车控制器发送给动力蓄电池系统的命令包括_____、_____和_____指令。

10. 整车控制器对整车运行状态进行_____。发生故障时及时报警，采取安全措施并发送错误代码，确保车辆安全行驶。

（三）选择题（可单选，也可多选，每题 2 分，共 20 分）

1. 纯电动汽车整车控制器的主要功能包括（ ）。

A. 控制车辆行驶   B. 控制车辆转向

C. 控制制动能量回收   D. 控制动力蓄电池能量分配

2. 整车控制器向电机控制器发送的指令主要有（ ）。

A. 电机使能信息   B. 电机模式信息

C. 电机转矩信息   D. 行驶速度信息

3. 电机控制器向整车控制器上报驱动电机的各种参数及故障报警信息，主要参数包括（ ）。

A. 电机转矩   B. 电机转速

C. 电机电压   D. 电机电流

4. 整车控制器开关量输入主要有（ ）。

A. 钥匙信号   B. 挡位信号

C. 充电开关   D. 动力蓄电池电压信号

5. 整车控制器模拟信号输入主要有（ ）。

A. 加速踏板信号   B. 制动踏板信号

C. 动力蓄电池电压信号   D. 空调启动信号

6. 纯电动汽车启动时，整车控制器需要给以下部件发送上电请求命令：（ ）。

A. 驱动电机系统   B. DC/DC 变换器

C. 空调控制系统   D. 动力蓄电池系统

7. 纯电动汽车行驶过程中对驱动电机的控制方式有（ ）。

A. 恒功率控制   B. 恒转矩控制

C. 恒电压控制   D. 恒电流控制

8. 以下故障属于整车控制器的二级故障的是（ ）。

A. IGBT 故障   B. MCU 直流母线过电压

C. MCU 过电流故障   D. 加速踏板信号故障

9. 以下故障属于整车控制器的四级故障的是（ ）。

A. 驱动电机温度传感器异常   B. 低压系统欠电压故障

C. 制动系统故障   D. DC/DC 变换器异常故障

10. 整车控制器的连接故障包括（ ）。

A. 整车控制器与车载充电机的连接故障   B. 整车控制器与驱动电机的连接故障

C. 整车控制器与 DC/DC 变换器的连接故障   D. 整车控制器与蓄电池管理系统的连接故障

（四）判断题（每题 1 分，共 10 分）

1. 整车控制器作为车载网络的主节点，负责信息的组织与传输、网络状态的监控、网络节点的管理以及网络故障的诊断与处理。（　　）

2. 整车控制器和各输入、输出模块使用的电源由动力蓄电池提供。（　　）

3. 整车控制器 A/D 采集模块主要采集加速踏板和制动踏板开度信号及蓄电池电压信号。（　　）

4. 整车控制器 CAN 通信模块负责与整车其他设备通信，主要设备有电机控制器、各种传感器、蓄电池管理系统及充电机等。（　　）

5. 动力蓄电池温度达到 50℃，会强制车辆在一个比较短的时间内停车。（　　）

6. 动力蓄电池电量低于 30%，限速行驶。（　　）

7. 纯电动汽车充电时，插上充电枪，充电机开始工作，整车控制器自动被触发上电。（　　）

8. 纯电动汽车充电过程中的信息必须通过整车控制器进行传递。（　　）

9. 制动能量回收时，驱动电机从电动机模式转换为发电机模式向动力蓄电池充电。（　　）

10. 纯电动汽车所有信号都要通过 CAN 总线传输给整车控制器。（　　）

（五）简答题（每题 5 分，共 20 分）

1. 纯电动汽车整车控制器主要有哪些功能？

2. 纯电动汽车整车控制器工作模式主要有哪些？

3. 动力蓄电池系统实时监测并上报给整车控制器的参数主要有哪些？

4. 纯电动汽车整车控制器故障如何分级？每级故障有何影响？

实训考核成绩		理论考核成绩	
综合考核成绩		指导教师签字	

项目实训工单 5

实训参考题目	纯电动汽车充电系统的故障诊断		
实训实际题目	由指导教师根据实际条件和分组情况，给出具体题目，包括实训车型、具体故障等。故障以充电系统的典型故障为主，根据分组情况可以设置不同的故障。		
学生姓名	班级		学号	
组长姓名	同组同学			
实训地点	学时		日期	
实训目标	（1）能够依据实训实际题目和要求，独立完成实训前的各种准备。 （2）能够结合实训汽车充电系统的具体故障现象，初步判断故障范围和故障原因。 （3）能够根据故障范围和故障原因，结合维修手册操作规定，制订故障诊断方案。 （4）能够使用安全防护用品和专用工具，规范完成充电系统的故障诊断与维修实训。		

一、接受实训任务

小李同学在某汽车 4S 店实习，即将实习结束，要进行综合考核，考核分实训和理论两部分，其中实训占 70%，理论占 30%。实训考核是小李同学模仿维修技师完成实训任务。

某汽车 4S 店接受了一辆待维修纯电动汽车的预约，据车主反映，该车充电系统有故障；该汽车 4S 店委派实习生小李同学等，提前做好准备，负责接待客户，并进行纯电动汽车充电系统的故障诊断与维修，同时做好各项记录。

二、实训任务准备

（1）实训车辆登记。车型：_____；车辆的识别代码：_____。

（2）实训车辆里程数：_____；电量：_____。

（3）实训车辆检查。有无剐蹭痕迹：□无　　□有；仪表能否正常显示：□能　　□否；

　　　　　　　　能否正常行驶：□能　　□否；有无其他缺陷：□无　　□有。

（4）故障灯检查。有无故障灯：□无　　□有。

（5）实训车辆故障现象：_____。

（6）初步判断故障范围和故障原因：_____。

（7）实训车辆充电系统维修资料是否完整：□完整　　□不完整（原因：_____）。

（8）对纯电动汽车充电系统的基本知识是否熟悉：□熟悉　　□不熟悉。

（9）本次实训所需要的安全防护用品准备情况：□齐全　　□不齐全（原因：_____）。

（10）本次实训所需要的专用仪器设备准备情况：□齐全　　□不齐全（原因：_____）。

（11）本次实训所需时长约为_____。

（12）实训完是否需要检验：□需要　　□不需要。

（13）其他准备：_____

_____。

三、制订实训计划

（1）根据本次纯电动汽车充电系统故障诊断实训任务，完成物料的准备。

完成本次实训需要的所有物料

序号	物料种类	具体物料名称和型号	数量
1	实训车辆		
2	安全防护用品		
3	专用仪器设备		
4	资料		
5	充电设备		
6	其他物料		

（2）根据充电系统检测规范及要求，制订充电系统的故障诊断操作流程。

充电系统故障诊断操作流程

序号	作业项目	操作要点

（3）根据实训计划，完成小组成员任务分工。

操作员（1人）		客户（1人）	
协作员（若干人）		记录员（1人）	

操作员负责充电系统的故障诊断；客户负责充电系统故障诊断结果的验收；协作员负责协助操作员完成充电系统的故障诊断；记录员负责做好充电系统故障诊断实训过程的记录。

（4）指导教师对制订的实训计划进行审核。

审核意见：

年　　月　　日　　签字：

四、实训计划实施

（1）从进入实训场地开始，到实训结束，完整记录实训过程的详细实施步骤、实施内容和实施结果。

例如：实施步骤 1，实施内容是准备好实训车辆，实施结果是把实训车辆放置在绝缘垫上；实施步骤 2，实施内容是做好个人防护，实施结果是穿好绝缘服、绝缘鞋，戴好绝缘帽和绝缘手套。

实施步骤	实施内容	实施结果

（2）实训结论。

故障现象	故障代码	故障原因	故障排除方法

五、实训小组讨论

讨论题 1：讨论纯电动汽车充电系统常见故障现象有哪些。

讨论题 2：讨论纯电动汽车充电时要注意哪些事项。

讨论题 3：讨论纯电动汽车慢充和快充有什么不同，如何选择。

讨论题 4：总结本次实训的优点和不足是什么。

六、实训质量检查

请实训指导教师检查本组实训结果，并针对实训过程中出现的问题提出改进措施及建议。

序号	评价标准	评价结果
1	实训任务是否完成	
2	实训操作是否规范	
3	实施记录是否完整	
4	实训结论是否正确	
5	实训小组讨论是否充分	
综合评价	□优　　□良　　□中　　□及格　　□不及格	
问题与建议	问题： 建议：	

实训成绩单

项目	评分标准	分值	得分
接受实训任务	明确任务内容，理解任务在实际工作中的重要性	5	
实训任务准备	实训任务准备完整	5	
	掌握纯电动汽车充电系统的基本知识	5	
	能够判断故障范围和故障原因	5	
制订实训计划	物料准备齐全	5	
	操作流程合理	5	
	人员分工明确	5	
实训计划实施	实训计划实施步骤合理，记录详细	10	
	实施过程规范，没有出现错误	10	
	能够正确对实训车辆进行故障诊断	15	
	能够对实训得出正确结论	10	
实训小组讨论	实训小组讨论热烈	5	
	实训总结客观	5	
实训质量检查	实训任务完成，操作过程规范，实施记录完整，结论正确	10	
实训考核成绩			

七、理论考核试题	成绩：

（一）名称解释（每题 2 分，共 10 分）

1. 车载充电机

2. 交流充电桩

3. 恒压充电

4. 恒流充电

5. 放电深度

（二）填空题（每空 1 分，共 40 分）

1. 纯电动汽车的充电设备是指与_____或_____相连接，并为其提供_____的设备。

2. 车载充电机由_____、_____、_____、_____等组成。

3. 车载双向充电机既可以给纯电动汽车_____进行充电，又可以在必要时将_____的电逆变成_____，给负载_____，或回馈到_____。通过车载双向充电机的应用，未来纯电动汽车不仅仅是一个_____，还将成为一个移动的_____。

4. 交流慢充方式是用_____充电接口，把_____输入纯电动汽车的_____，经过汽车内部的_____把_____转成_____后再输入_____，完成充电。

5. 直流快充方式是用_____充电接口，把_____转化成_____，输送到纯电动汽车的_____，电能直接进入_____充电。

6. 纯电动汽车充电系统故障分为_____、_____、_____和_____。

7. DC/DC 变换器故障主要表现 DC/DC 变换器未正常工作，解决方案是检查_____，检查_____，检查_____等。

8. 动力蓄电池继电器未闭合，解决方案是检查_____，检查_____。

9. 动力蓄电池继电器正常闭合，但充电机无输出电流，解决方案是检查_____，检查_____，检查_____。

10. 充电桩显示车辆未连接，解决方案是检查_____。

（三）选择题（可单选，也可多选，每题 2 分，共 20 分）

1. 纯电动汽车对充电设备的基本要求是（　　　）。

A. 安全性　　　　　　B. 效率高　　　　　　C. 外形尺寸小　　　　　　D. 使用方便

2. 车载充电机的作用主要有（　　　）。

A. 将交流电变成高压直流电　　　　　　B. 将交流电变成低压直流电

C. 将低压直流电变成高压直流电　　　　　　D. 改变交流电电流的大小

3. 非车载充电机的作用主要有（　　　）。

A. 将交流电变成高压直流电　　　　　　B. 将交流电变成低压直流电

C. 将低压直流电变成高压直流电　　　　　　D. 改变交流电电流的大小

4. 检查低压蓄电池的电压，正常值应大于（　　　）；否则，应为低压蓄电池充电或更换低压蓄电池。

A. 12V　　　　　　B. 10V　　　　　　C. 11.5V　　　　　　D. 11V

5. 交流慢充方式可以使用的设备主要有（　　　）。

A. 交流充电桩　　　　　　B. 标准家用电源插座

C. 预装的充电墙盒　　　　　　D. 家用 220V 普通插座

6. 正确掌握充电时间，以下说法不正确的是（　　　）。

A. 设置充电时间

B. 充电时间越长，电量越满

C. 红灯亮时，应立即停止运行，进行充电

D. 参考平时充电频次、充电时间和充电电量

7. 关于充电，以下说法不正确的是（　　　）。

A. 早晚分开充电，可以节省在途充电时间

B. 选择阴凉处充电，避免阳光直射，减少电池负担

C. 边开空调边充电，电池充满，车内也非常凉快

D. 低谷充电

8. 纯电动汽车仪表盘上的 SOC 显示为（　　　）就需要充电。

A. 5%　　　　　　B. 10%　　　　　　C. 20%　　　　　　D. 30%

9. 对于慢充系统，如果出现动力蓄电池总正、总负继电器可以正常闭合，但无法充电的故障，其主要原因可能是（　　　）。

A. 车载充电机故障　　　　　　B. 高压配电箱故障

C. 整车控制器故障　　　　　　D. 动力蓄电池系统故障

10. 对于快充系统，如果出现动力蓄电池总正、总负继电器正常闭合但无法充电的故障，其主要原因可能是（　　　）。

A. 高压配电箱快充继电器故障　　　　　　B. 高压熔断器熔断

C. 快充线束及插接件故障　　　　　　D. 动力蓄电池系统故障

（四）判断题（每题 1 分，共 10 分）

1．充电桩可以根据不同的电压等级为各种型号的纯电动汽车充电，其输入端与交流电网直接连接，输出端都装有充电插头，用于为纯电动汽车充电，一般分为常规充电和快速充电两种充电方式。
（　　）

2．纯电动汽车动力蓄电池的充电过程由蓄电池管理系统进行控制和保护。（　　）

3．纯电动汽车的充电接口都是一样的。（　　）

4．当纯电动汽车充电系统发生严重故障时，应快速开到 4S 店进行维修。（　　）

5．车辆长期不用时，电池存储一般采用半电存储，可以为 30%～60%。（　　）

6．动力蓄电池过充，容易引发电池热失控风险的故障。（　　）

7．车载充电机在额定输入电压、额定负载下，效率应不低于 85%，功率因数应不低于 0.90。
（　　）

8．交直流充电桩是可以同时对纯电动汽车进行交流充电和直流充电。（　　）

9．车载充电机充电接口（慢充口）有 7 个孔，中间三个大圆孔分别接中线（火线）、地线、交流电源（零线），用来传导交流电。（　　）

10．非车载充电机充电接口（快充口）有 9 个孔，中间两个大孔分别接直流正极和直流负极。
（　　）

（五）简答题（每题 5 分，共 20 分）

1．纯电动汽车动力蓄电池充电方法主要有哪些？

2．纯电动汽车充电方式主要有哪些？

3．交流慢充方式有哪些优点和缺点？

4．直流快充方式有哪些优点和缺点？

实训考核成绩		理论考核成绩	
综合考核成绩		指导教师签字	